現代中国の
社会保障制度

田多英範【編】

流通経済大学出版会

はしがき

　中国が世界から注目されている。軍事や政治面のみならず、経済、社会、地球環境、観光等あらゆる面で世界の目を集めるようになった。そうした動きに伴って学問的関心も中国に注がれはじめた。また冷戦構造の崩壊や経済のグローバル化の下で、人の交流がかつての体制や国境を越えて盛んとなり、中国から日本へあるいは日本から中国への人の往来も格段に多くなった。

　こうした状況の変化は日本の学界や大学にも及んだ。日中間を相互に訪問する研究者や留学生が急増した。日本の学会、たとえば編者が所属している社会政策学会への参加者に中国人研究者を多くみかけるようになった。またそこでは中国の社会保障制度の諸問題がテーマとして取り上げられ、それについて中国人研究者が研究発表をおこなうケースも多くなった。こうなれば当然のこととして日中間で学問的交流がすすむことになる。

　編者が勤務する流通経済大学もその例外ではない。流通経済大学は、1980年代半ばから後半にかけて首都経済貿易大学（前身は北京経済学院）および北京物資学院との間で学術交流協定を結び、とくに大学院において留学生を積極的に受け入れるようになった。かくして、交流協定を結んだ両大学の若手教員であった留学生たちと編者との社会保障制度・政策に関する研究が始まった。本書はこうした学問的国際交流の産物である。

　編者は、かつての留学生の誘いに応じて、1999年9月にはじめて（中国山西省で生まれた編者が1945年に引き揚げてきたことを考えると、54

年ぶりに）中国を訪問し、首都経済貿易大学で講義や講演をおこなう機会を得た。その時の中国の印象は鮮烈であった。数世紀の歴史が同居するような中国の雑多な有り様をつぶさにみて、かなり均質な像を描いていた編者の福祉国家観は一部変更を余儀なくされるかもしれないという衝撃を受けたのである。その強烈な印象から中国に対する関心が強まり、以後短期間の旅行が多かったが、毎年中国を訪れるようになった。

　その中の1回である2000年7月の中国旅行の際、元留学生6,7名と北京で夕食をともにした。その席で編者は、半ば冗談半ば本気で、中国の社会保障制度に関する本を書かないかとみんなに問いかけた。意外にもみんなは即座に書きたいと答えた。日本に戻って、同僚の朱思琳氏や友人の社会学者鍾家新氏（現在明治大学助教授）、さらには編者が非常勤講師として担当している早稲田大学大学院の授業に出席していた中国人留学生にも声をかけた。結果的には忙しくてこの企画に参加できなくなった鍾氏を含め4人がこの誘いに応じてくれた。本書はその時から動き出した。

　いまはインターネットがあるから連絡はかなり密に取れるので議論もできるし、修正も困難ではなかろうと、当初論文の作成を比較的安易に考えていた。ところが実際はそう簡単ではなかった。まずインターネットがあるからといって、異なる問題意識や意見を調整できるほど相互の意思疎通が十分にできるというわけではなかった。それは、直接向き合ってしかも時間をかけて話し合ってこそ実現できるものである。また必ずしも中国にいる執筆者全員が日本語によるインターネットメールを利用しているわけでもなかった。

　こうした意見調整上の穴を埋めるべくおこなったのが、2001年12月の北京郊外における2泊3日の研究合宿であった。参加者は、張京萍、呂学静、陳紅、郭暁宏、馮喜良氏（いずれも流通経済大学大学院修士、博士課程の修了者。なお、馮氏は当企画には参加していないが、この時の首都経済貿易大学での会合や講演で編者の通訳をしてくれた社会学者）

の北京在住者5人と、朱思琳、尚珂氏（北京物資学院教員、当時流通経済大学大学院修士課程在学中）と編者の日本からの参加者3人の、計8人であった。参加者全員が朝から晩まで熱心に議論したこの合宿はまことに実り多いものであったが、やはり時間が足りなかった。

　それからインターネットメールでの意見の調整が再び始まった。中国在住者には忙しい大学での仕事の合間を縫って何度も書き直しをしてもらい、相当に調整はすすんだ。が、もとより100％納得のいく調整はできなかった。とはいえ、そのやりとりの中で編者は中国の社会保障制度改革についてある程度理論的な仮説の提示が可能であるとの感触をもち始めた。そこで、この感触を前提に、最初に原稿を受け取ってからかなり時間がたったことや恐らく意見の調整はどこかで折り合いをつけねばならないであろうことを考慮して、この春に出版の気持ちを固め、最後の詰めに入った。こうして出版にこぎ着けたのが本書である。難産といえば難産であった。

　なお、本書の出版に際しては流通経済大学の国際交流基金による支援があった。出版事情が著しく悪化しているなか、このような支援を受けられたことはまことにありがたい。また、北京での研究合宿等では首都経済貿易大学に大変お世話になった。心からお礼を申し上げたい。

2003年11月8日　田多　英範

目　次

序章　生活保障制度から社会保障制度へ……………田多英範　1

　1　社会保障制度とは何か……… 2
　2　計画経済期の生活保障制度……… 9
　3　社会保障制度体系の構築……… 16

第1章　財政改革と中央政府の新たな役割
　　―積極的な財政政策の実施と社会保障制度の構築………朱思琳　27

　はじめに………27
　第一節　「統収統支」財政体制の形成………28
　　1　「統収統支」の二重構造………29
　　2　中央政府の役割―国家としての蓄積、分配と投資………31
　　3　地方政府の役割―計画の実施主体………33
　　4　国有企業の役割―福祉の供給………36
　第二節　租税国家への転換………38
　　1　地方財政請負制の実施と地域経済の活性化………39
　　2　利改税改革と国有企業の変化………41
　　3　複式予算の導入と政府役割の転換………45
　　4　分税制改革と租税国家の成立………48
　第三節　積極的な財政政策の実施と社会保障制度の整備………53
　　1　積極的な財政政策の出動　………53
　　2　社会保障制度の整備………58
　おわりに………63

第2章　医療保険改革
………………李蓮花　69
——体制移行からみたその背景、特徴と限界——

はじめに………69

第一節　計画経済体制下の医療保険制度………70
 1　労働者と公務員の医療保険制度………71
 2　農村合作医療制度の出現と普及………74
 3　旧医療保険制度の特徴と計画経済体制における役割………75

第二節　農村合作医療の解体と医療供給の市場化………79
 1　農村合作医療制度の解体………79
 2　医療機構の「経営改革」………81
 3　80年代の市場化の弊害………82
 4　医療保険改革の初期実験………84

第三節　90年代の都市部医療保険改革………85
 1　経済改革の加速と医療保険改革の背景………85
 2　「両江モデル」から「都市部従業員基本医療保険制度」へ
  ………87
 3　新制度の効果と問題点——鎮江市と威海市のケースを中心に
  ………93

第四節　体制移行と医療保険改革………97
 1　「漸進主義」的経済改革と医療保険改革の各段階………98
 2　医療保険改革の体制移行的性格………100

第3章　年金保険制度の改革
………………………………陳紅　105

はじめに………105

第一節　年金保険制度の創設とその展開………105
 1　年金保険制度の創設（1949－57年）………106
 2　年金保険制度の調整期（1958－66年）………110

3　「文化大革命」の後退期（1966-76年）………112
　　　4　年金保険制度の再建期（1976-84年）………113
　　　5　伝統的な年金保険制度の特徴………114
　第二節　年金保険制度改革への転換………116
　　　1　改革の経済的背景………116
　　　2　改革の制度的背景………119
　　　3　改革の社会的背景………121
　第三節　都市部年金保険制度の改革………126
　　　1　年金制度改革の経緯………126
　　　2　現行年金保険制度の概要………137
　　　3　現行年金制度の評価………139
　　　4　さらなる改革の動き………144
　第四節　農村部年金保険制度の発展………145
　　　1　創設の歩み………145
　　　2　制度の概要と特徴………148
　　　3　制度に対する評価………149

第4章　労働災害保険制度の改革……………………郭暁宏　153

　はじめに………153
　第一節　改革開放前の労働災害保険制度………154
　　　1　従来制度の歴史的沿革………154
　　　2　従来の労災保険制度の枠組み………158
　　　3　従来の労災保険制度の特徴………158
　第二節　労働災害保険制度の改革………160
　　　1　労災保険制度改革の背景と従来制度の問題点………160
　　　2　労災保険制度の改革………164
　第三節　「試行弁法」の概要と実施状況………168

1　「試行弁法」の概要………168
　　2　「試行弁法」と旧制度の比較………179
　　3　労災保険業務上の主な特徴………179
　第四節　今後の課題とその後の動き………180
　　1　今後の課題………180
　　2　その後の動き………184

第5章　失業保険制度の創設……………………呂学静・于洋　187

　第一節　待業保険制度の創設………187
　　1　計画経済下の雇用問題………187
　　2　国営企業待業保険制度創設の背景………190
　　3　待業保険制度の概要と特徴………192
　　4　待業保険制度の実施状況………197
　　5　待業保険制度の問題点………199
　第二節　待業保険制度の改正………200
　　1　待業保険制度改正の背景………200
　　2　改正待業保険制度の内容と特徴………203
　　3　改正待業保険制度の実施状況………209
　　4　改正待業保険制度の問題点………211
　第三節　失業保険制度の創設………215
　　1　失業保険制度創設の背景………215
　　2　現行の失業保険制度………220
　第四節　失業保険制度の実施状況………226
　　1　失業保険基金の収入………226
　　2　失業保険基金の支出………235
　　3　失業保険制度と再就職センター………245
　　4　失業保険制度改革の方向………250

第6章　最低生活保障制度の創設……………………呂学静　255

はじめに………255
第一節　中国の公的扶助制度の変遷（1980年代迄）………256
  1　社会救済制度の展開………256
  2　中国社会救済制度の特徴………264
第二節　都市住民救済制度の改革（1990年代を中心に）………265
  1　都市の救済制度改革の背景………265
  2　都市住民最低生活保障制度の創設とその内容………269
  3　都市住民最低生活保障制度の実施状況………273
  4　都市住民最低生活保障制度の問題点………274
  5　今後の対策………278
第三節　農村の救済制度の改革………279
  1　農村の救済制度の変遷………279
  2　農村最低生活保障ラインの設定………282
  3　農村の最低生活保障制度の問題点………283
おわりに………285

第7章　公的介護制度の模索……………………………張京萍　287

はじめに………287
第一節　1980年代以前の貧弱な公的介護………287
  1　公的介護制度の基礎………288
  2　具体的な公的介護関係制度………290
  3　貧弱な公的介護………293
第二節　1980年代以降の公的介護制度の動向………295
  1　高齢者介護問題の社会問題化………295
  2　公的介護制度創設への動き………299
第三節　1990年代における公的介護制度の整備………304
  1　関連制度の整備………304

2　公的介護制度の整備………306
　　3　社区サービスによる介護の拡大………312
　第四節　1990年代以降の介護サービスの特徴………316
　　1　集団組織による介護費用負担………317
　　2　施設外介護への集団組織による出資………317
　　3　社区サービスの役割………318
　　4　社区サービスとしての高齢者介護………319
　第五節　21世紀初頭の公的介護の諸問題………320
　　1　経済収益の追求と介護保障との矛盾………320
　　2　公的介護の性格の変化………323
　　3　施設責任の明確化………323
　　4　「高齢者権益保障法」の適切履行………324
　第六節　公的介護サービスの体制づくり………324
　おわりに………326

索引………329

編著者略歴………337

序　章

生活保障制度から社会保障制度へ

田多　英範

　1990年代後半以降、とくに朱鎔基首相の下で、社会保障制度改革が強力に推し進められた。それをきっかけにして中国で社会保障制度への関心がにわかに高まった。社会保障制度を研究する中国人研究者たちが多くなり、その日本語による業績も数多く発表されるようになった。こうした中国の社会保障制度改革の動きは、日本の社会保障制度を中心に研究している者にとってもまことに興味深い。本書はこうした最近の中国における社会保障制度改革を分析・検討することを主要なテーマとしている。

　本書は、第1章から第7章によって構成されている。第1章は、1970年代末以降の市場経済化の中で中国の中央政府、国家がどのような変質を遂げたかを検討している。経済計画期のいわば資産国家ともいうべき国家は、市場経済化の中で租税国家へと変質した。社会主義的な国家から資本主義的な国家への変質がみられたのである。しかし、変化はそれだけではすまなかった。同時に福祉国家的な国家への変貌もみられた。ここで福祉国家的な国家というのは、一方で経済をコントロールしつつ、他方では社会保障政策を開始して貧困・格差問題に対処する国家というほどの意味である。先進資本主義諸国では租税国家化してから一定の時間が経過したのちに福祉国家への転換がみられるのに対して、中国では租税国家化するとほぼ同時に福祉国家的な国家への変質がみら

れたのである。これは、中国が後れて市場経済化したことと社会主義の看板を下ろしていないことによるものであろう。

こうして市場経済化の中で国家による社会保障政策・制度が注目されるようになり、かつての単位(職場)・企業による労働保険制度は大幅に改革され、市場経済に対応した社会保障制度が構築され始めた。第2章以降において、こうした社会保障制度の動きを各制度ごとに詳細に分析した。その際、ほぼ共通した方法として、まず経済計画期の制度を論じた上でその特徴を摘出し、次いで文化大革命期にいかなる変貌を遂げたかをみている。さらに、1980年代以降の市場経済化の中でどのような改革がおこなわれたかをみ、その特徴を検討した。詳細は各章をみていただきたいが、こうした制度の動向を全体としてとらえたばあい、市場経済化をすすめる中で、社会主義的な生活保障制度[1]が市場経済ないしは資本主義に対応した社会保障制度に作り替えられる過程だと理解した。

とはいえ、上述のような解釈は決して容易に受け入れられるほど常識的な考え方ではないであろう。そこで、このとらえ方についてここでやや詳しく論じておきたい。

1　社会保障制度とは何か

〈社会保障制度の形成〉

中国の社会保障制度分析には特有の困難がある。これまでの日本における社会保障制度研究はほとんどが資本主義社会のそれであったから、体制の違いを意識する必要はなかった。しかし、ここで取り上げるのは社会主義社会としての中国の生活保障制度である。体制の違いを意識せざるをえないのである。社

---

1) 社会保障制度とはせず、生活保障制度としている理由は本文の中で明らかになるであろう。なお、小森田秋夫氏は、計画経済期の「社会主義的福祉」を「生活保障システム」としている。しかし、それは、社会保障制度を含むがそれよりも広い概念として使われているのであって、ここでの生活保障制度と同じ意味で使われているわけではないようである。小森田（1998年、2001年）を参照されたい。

会主義とは何かという大問題はここでは扱えないにしても、そもそも社会主義国に社会保障制度があるのかないのかという問題、いいかえれば社会主義と社会保障制度との関係性については、一応という但し書きがついたものであっても、答えておかなければならないであろう。そのためには、何よりもまず社会保障制度とは何か、について考察しておく必要があろう。社会保障制度は資本主義社会において発達したものであるから、この課題を達成するためには、資本主義社会の社会保障制度を検討することが不可欠である。

資本主義社会と社会保障制度という問題を考えるために、資本主義社会において社会保障制度はいつでも存在するものであろうか、という問いをたててみよう。この問いに対する答えが「否」であることに疑問を差し挟む人はおそらくいないであろう。社会保障制度は、よく知られているように、第1次世界大戦後に初めて現れた新しい制度であり、決して資本主義社会であればいつでも社会保障制度があるわけではないからである。

資本主義世界では1935年にアメリカで初めて社会保障という言葉が使われ[2]、第2次世界大戦後に制度も言葉も世界的に普及・定着した。すなわち、社会保障制度は、資本主義社会においていつでも存在しているものではなく、資本主義が成立してほぼ1世紀たってからはじめて登場したものである。社会保障制度を理解するとき、この事実を軽視してはならない。

では第1次世界大戦あるいは第2次世界大戦後に社会保障制度が創設されたのは、なぜであろうか。結論を先に言えば、それは、資本主義社会のもっとも根本的な矛盾である失業問題が社会の安定を揺るがすほど大きな問題となったからである。

第1次世界大戦後に資本主義各国では大量の失業者が発生し、これが社会不安を引き起こした。戦前1%程度でしかなかったイギリスの失業率が、1920年

---

[2] 世界ではじめて社会保障ということばを公式に使ったのは、アメリカではなく、ソ連であった。ロシア革命直後の1918年10月にソヴィェト政府がつくった「勤労者社会保障規則」である。これについてはたとえば、柴田嘉彦（1989年：18～19頁）、最近では工藤恒夫（2003年：8頁）を参照されたい。

代には一挙に 10% 台ないし 20% 台にまで跳ね上がり、この高い失業率は第 2 次世界大戦勃発まで続いた。ドイツでも戦前 2、3% 程度でしかなかった失業率が 20 年代に 10% 台に跳ね上がり、30 年代初頭にはさらに悪化した。1920 年代に「永遠の繁栄」を謳歌したアメリカでも大恐慌後の 30 年代には 20% 台の失業率となり、4 人に 1 人が失業を余儀なくされた。日本では第 2 次世界大戦後に深刻な大量失業・貧困問題が発生した。政治的な状況をみると、1917 年にロシアで社会主義革命が成功した。世界ではじめて社会主義国が出現し、失業のないといわれる社会を建設し始めたのである。これらが資本主義諸国に大きな衝撃を与えた。

こうした経済的政治的状況を受けてこの時期に多くの国で反体制政党である共産党が結成され、社会主義運動が活発化した。これが社会不安、体制不安の根本であった。そこで、この社会不安・体制不安を鎮静するために各国は何らかの対応を余儀なくされた。それは何よりも社会不安、体制不安の根本原因であった失業問題に向かわざるをえなかった。失業を従来のように個人の責任として放置しておくことができなくなったのである。まず当面は国家財政を通じてこれら失業・生活困窮者を救済し、ついで経済を回復させこれら失業者を雇用労働者化する方法が採られた。この過程で、とくに前者にかかわって整備されたのが社会保障制度である。

社会保障制度形成にかかわるこの失業・貧困者救済には 2 種類の対応があった。1 つは失業保険制度をもたなかったことから、救貧制度で対応するケースである。多くの国がこれにあたる。もう 1 つは、第 1 次大戦前に例外的に失業保険制度をもっていたイギリスのように、失業保険制度で対応するケースである。ここでも結論を先取りしておけば、いずれのばあいも、財政問題あるいは倫理上の問題が起こり、どちらか 1 つの制度ではこの失業問題に対応することはできず、結果的に社会保険制度と公的扶助制度とを組み合わせた形の社会保障制度を創設することにならざるを得なかった。

救貧制度で失業問題に対応した一般的なケースでは、まず失業者を救済しなければならないということから、労働能力をもった者をも対象とするよう救貧

制度それ自体の性格を変えざるを得なかった。しかしその性格を変えつつ公的扶助制度のみで大量失業に対処すると、今度は財政上の問題や倫理上の問題を引き起こした。これらの問題を回避するために他の制度、すなわち失業保険制度の創設が要請された。つまり公的扶助制度との関連で社会保険制度としての失業保険制度が創設され、公的扶助制度と社会保険制度は相互に関連する制度として位置づけられるにいたったのである。一方、イギリスのばあい、大量失業に遭遇した失業保険制度は直ちに財政破綻を起こした。失業保険制度の財政破綻を国家財政の支援で回避し、保険原理を大幅に緩和して無契約給付や延長給付を実施しながら失業保険制度で失業者救済をおこなった。ここでは失業保険制度が公的扶助制度の性格を帯びるようになったといってよい。しかしやがて国家財政も困難に陥り、失業者を短期失業者と長期失業者に分け、前者には失業保険制度が後者には公的扶助制度が対応するようその整備が要請され、実施された。ここでも社会保険制度と公的扶助制度とは有機的な関連性をもたされるにいたったのである。

　このように、いずれの国においても、大量失業・貧困問題に直面してこれに対処しようとすれば、従来の制度（救貧制度だけしかないばあいと失業保険制度と救貧制度の2つの制度がすでにあったというばあいがあった）では対応できず、これを改革して社会保険制度と公的扶助制度とを相互に補完し合う制度に組み替えざるをえなかった。それがやがて社会保障制度として体系化されることになるのである。

〈体系性・普遍性・権利性〉

　このようにして創設される社会保障制度はいかなる特性をもった制度となるのであろうか。その特性は失業者を救済の対象とすることによって決定づけられるのである。

　いまみたように、まず大量の失業者を救済するということになれば、失業保険制度、つまり社会保険制度と公的扶助制度の2つの制度は、「統合」なり「総合」されることにならざるをえない。この社会保険制度と公的扶助制度との統

合なり総合こそが社会保障制度の体系性を意味するのである。つまり、資本主義社会の多くは大量失業に直面すると従来からの社会保険制度や公的扶助制度単独で対応することはできず、両制度を有機的に関連させ、財政的には新たな財源を確保しながら、できるだけ穴のない、漏れの少ない体系的制度を創らざるを得なくなるのである。

つぎに普遍性について検討しよう。失業者を救済の対象に含めるということは、労働者、失業者といった資本主義社会のごく一般的な構成メンバー（物的生産等社会の根幹を支えるメンバーでもある）を救済することを意味する。となれば、特定の者しか対象としない従来の制限主義的救貧制度は、貧困であれば誰でも対象とする普遍主義的公的扶助制度へと質的変化を遂げ、現代的な公的扶助制度とならざるを得ない。社会保障制度にみられる普遍性である。

制限主義的な救貧制度から普遍主義的な公的扶助制度への変質は、同時に以下のような変化を伴うことにもなる。労働者、失業者といった社会のごく一般的な構成メンバーを国家財政によって救済するようになれば、それは事実上国が責任をもって国民一般の生活を維持することとなり、従来の恩恵的な救済は国民の生存権保障としての救済に変質する。いわゆる権利としての社会保障制度への転換がみられるといってよい。こうして国民の生存権を社会保障制度を通じて保障するものとなり、後にこれが制度化、法制化される。社会保障制度の権利性である[3]。

このように社会保障制度は、資本主義社会の矛盾[4]である失業問題を資本主

---

3) 以上の諸点について詳しくは、田多英範（2002年、2003年）を参照されたい。
4) 資本主義と商品経済とは同じではない。商品経済は人類が始まって以来といってよいほど古くから存在するが、資本主義社会は19世紀に確立した、新しい社会である。資本主義とは、単に流通過程だけでなく生産過程をも商品経済化した社会をいう。生産過程の商品経済化、すなわち商品による商品の生産は、生産過程を担う労働力が商品化することによって初めて可能になる。したがって、資本主義を決定づけるのは、あるいは資本主義の基底は労働力の商品化であるということになる。ここからの当然の帰結として、資本主義の矛盾はこの労働力の商品化を実現できないこととならざるをえないであろう。

義経済が処理しきれなくなったときに、その解決ないし緩和手段として登場する制度の1つであるといえる。

〈所得再分配と社会の安定装置〉

　この資本主義の根本的矛盾への対応ということから、社会保障制度はさらに次のような特徴をももつことになる。すなわち、第1に資本主義社会に本来的な第1次所得分配から生じる問題・矛盾を緩和・解決、あるいは調整するための所得再分配の仕組みとして社会保障制度が創設されるということである。つまり、資本主義社会では賃金や利潤の形で所得分配がおこなわれるが、たとえば低所得者とか失業者のように、その所得分配に不十分にしか、あるいはまったく預かれないものが存在する。こうした所得分配上の問題が、たとえば失業・貧困問題として社会問題化したとき、その失敗なり問題を調整なり緩和するための所得再分配の仕組みとして登場するのが社会保障制度だというのである。第2には、第1の特徴が直接導き出すもう1つの制度的特徴であるが、社会保障制度を構成する社会保険制度の保険料は3者負担の形をとるという特徴である[5]。社会保険制度における保険料の3者負担は、要するに第1次分配された賃金、利潤に対して保険料を課す方法である。つまりいったん分配された賃金なり利潤なりから保険料なり税という形でもう一度徴収し、これをさらに再分配して第1次分配の不十分性を解決しようとするものである。

　社会保障制度が以上のようなものと理解されるなら、その機能は自ずと定まってこよう。社会保障制度は、資本主義社会の根本矛盾である失業問題が深刻化したとき、その問題解決ないし緩和策の重要な一環として登場する。なぜ登場するかというと、失業問題の深刻化が社会の不安定化を誘発し、これを鎮静化しなければならなくなるからである。となれば、社会保障制度は、たんに貧困者の生活を保障するのみならず、同時に社会の安定を実現するために登場する制度であるということになる。つまり、社会保障制度は社会の安定装置と

---

5) この点は資本主義社会の社会保障制度を考える上で、きわめて重要な論点である。これについて工藤恒夫（2003年）に多くのことを教えられた。参照されたい。

しての機能なり役割なりをもつことになるのである。

　以上で資本主義社会と社会保障制度の関連が理解できたであろう。資本主義社会の基底は労働力の商品化[6]にある。第1次世界大戦後からこの労働力の商品化が実現できない、という資本主義の根本問題が社会問題化する。すでにみたように、社会保障制度は、資本主義社会の根本矛盾を解決ないし緩和する方法の1つとして出現した制度である。このように社会保障制度が失業問題対策の一環であるとすれば、以下の2つのことが明らかとなる。1つは、失業問題がまだ深刻化していない資本主義社会には社会保障制度は不要である、あるいは存在しないということである。その意味で第1次世界大戦前の資本主義社会に存在していた救貧制度や社会保険制度は社会保障制度と呼べるようなものではなかったのである[7]。これらの制度が上でみた社会保障制度の特性である体

---

[6] エスピン・アンデルセンも、資本主義社会の基本は労働力の商品化にあるとし（2001年、40頁）、社会保障制度はその脱商品化をすすめるものととらえている。さらに各国の社会保障制度を検討し、その脱商品化の程度を基準に周知の福祉国家の類型化を試みている。

　福祉国家なり社会保障制度なりの基本を脱商品化に求めたことには頷けるところが少なくない。ただし、氏も認めているように福祉国家は資本主義を前提としている。とすれば、福祉国家といえども商品経済的に処理できるばあいには極力商品経済によって処理をする。たとえば、経済成長を図って失業者や貧困者を雇用労働者化して、いいかえれば労働力の商品化を実現してこの問題を処理しようとする。福祉国家における完全雇用政策である。氏の脱商品化を軸とした福祉国家論は、この重要な論点を取り込むことができない論理になっているのではないか。

　氏は、福祉国家における脱商品化の根拠を次のようにいう。労働力商品は病気や景気循環、さらには労働者相互の競争によって破壊されやすいので、それらに対抗するために脱商品化としての労働組合の結成や社会政策の実施がみられるのだ（41頁）、と。これでは、脱商品化は資本主義であればいつでもみられ、したがって資本主義はいつでも社会保障政策（社会政策）を実施していることになり、したがってまた資本主義はいつでも福祉国家であるということになりはしないか。救貧制度も社会保障制度も区別されず、社会保障制度や福祉国家の歴史性が無視されるのである。本文でみたように、老人や子どもではなく成人労働者の労働力の商品化を実現できない失業問題との関連で脱商品化をとらえるならば、救貧制度とは質的に異なった社会保障制度、さらには第1次あるいは第2次世界大戦後に登場する福祉国家を正しく理解することができるのではなかろうか。

[7] 従来の社会保障制度研究では、ほとんどのばあいこの点を重視せず、エリザベス救貧制度もビスマルク社会保険制度も等しく社会保障制度の1つかのように論じている。

系性、普遍性、権利性を備えていないことをみてもこのことは明らかであろう。現にこれらの制度はそれぞれ救貧制度、社会保険制度といわれてはいても、決して社会保障制度とは呼ばれていなかったのである。

明らかになる2つ目は、失業のないとされる社会主義社会でも社会保障制度は不要、ないしは存在しないということである。もとより類似の制度は存在する。労働保険といわれる制度である。これらは、上述のような意味での社会保障制度ではなく[8]、むしろ社会主義社会特有の賃金とセットとなった生活保障・維持制度とでも呼ぶべきものである。じじつ、社会保障という言葉を世界で最初に使ったソ連では、社会主義建設が軌道に乗り始めると、失業保険制度を放棄し、社会保障も社会保険に置き換えられていった[9]。また、1970年代までの中華人民共和国では、そもそも社会保障という概念は使われなかった[10]。社会主義国には社会保障制度は存在しないあるいは存在する必要がない、ということを示唆する事実であるといってよかろう。

このような理解を前提に、以下計画経済期の中国の生活保障制度をみてみよう。

2　計画経済期の生活保障制度

計画経済期の中国は、社会主義体制を採っていた。国家がほとんどすべての権限を握り、私的所有制度を廃止し、土地その他の資産を国有化した。社会が存続するには資源や労働の配分を適切におこなうことが不可欠である。その資源配分も国家がおこなっていた。設備投資計画等を国家が決め、決められた計画を単位・企業が実行するといった形をとっていた。生産額や設備投資額を自由に決定する資本主義社会の企業とは著しく異なっていた。経済計画期の中国

---

8) たとえば、張紀潯（2001年）、王文亮（2001年）、中国研究所編（2001年）、大塚正修・日本経済研究センター編（2002年）等日本語による中国社会保障制度研究では、計画経済期の生活保障制度を、資本主義社会の社会保障制度と同じ意味で、社会保障制度として扱っている。
9) 柴田嘉彦（1989年）、22頁。
10) たとえば、本書、295頁を参照されたい。

では国家が、資本主義社会における企業の役割をも一手に引き受けていたといってよい。

　国家はまた、労働配分も直接おこなっていた。いいかえれば労働者の採用（雇用）は国家によって保障・確保されていた。企業には解雇する権限が与えられていなかったから、いったんある単位・企業に採用されたら、文字通りの終身採用（雇用）が保障されていた。単位・企業は、国家の計画に基づいて具体的な生産活動をおこなうが、労働者に対しては賃金を提供すると同時に、資本主義社会では国家が多く担っている生活保障制度・福祉の提供をもおこなっていた。ここで生活保障制度として取り上げるのはまさにこの単位・企業によって提供される福祉にあたるものである。以下、計画経済期における単位・企業の生活保障制度を簡単にみてみよう。

〈労働保険制度〉

　まずもっとも規模の大きな制度として労働保険制度があった。これは、建国以前の1948年に東北人民政府が施行していた「東北労働保険条例」にその原型をみることができるが、49年の建国時の暫定憲法ともいうべき「中国人民政治協商会議共同綱領」でその実施が謳われ、50年に起草され、51年に公布された「中華人民共和国労働保険条例」に基づいて創設された制度である。ここでは、中華人民共和国での労働保険制度が建国早々に創られたということに注目しておこう。

　この労働保険制度の中には労働能力を何らかの形で失ったばあいの事故に対する保障制度がほとんど含まれていた。たとえば、一定の年齢を超える老齢、仕事中か否かを問わず発生する病気やけが、さらには出産・育児等一時的にか永久にか労働ができなくなる事故に対する保険制度、すなわち老齢保険、医療保険、労災保険、生育保険等がその労働保険制度に含まれていた。なお、これらの事故は資本主義体制とか社会主義体制といった体制を超えて存在するものであることに注意する必要があろう。当初その対象者は大規模な国有企業[11]の

---

11) 計画経済期の当該企業は正確には国営企業とすべきである。しかし、現在は、市場経済化に伴って国有企業といわれるようになっているので、煩雑を避け国有企業で統一した。

労働者のみであったがすぐに拡大され、都市の労働者をほとんど包含する制度となった。個別の制度についていますこし詳しくみておこう。

医療保険制度。これは、労働者が業務外において病気やけがをしたばあい、その治療に必要な診療費、手術費、入院費および薬剤費は基本的には単位・企業の労働組合が管理する労働保険基金から支給され、本人はほとんど負担をしないで治療を受けることのできる制度である。国有企業の労働者を対象者とする制度で、1950年代半ばには都市部のほとんどの企業の労働者を対象とするようになった。

国有企業の労働者を対象とした年金保険制度も労働保険制度に含まれていた。給付される年金額は、定年退職時の標準報酬額に一定の比率をかけて算出されるが、一般的にはその50～70%くらいであった。年金受給権は保険料の拠出期間によるのではなく、一定期間以上の労働期間によって発生することとなっていた。労災保険、生育保険制度も同じように同制度に含まれていた。

この労働保険制度は保険制度であるが、事故に遭遇したときに保障を受ける当事者が保険料を負担するのではなく、単位・企業が全額負担する仕組みであった。保険料は、従業員賃金総額の3%とされ、納付された保険料総額の70%を単位・企業労働組合が管理し、医療、労災、養老、生育事故に対する費用をまかなっていた。残りの30%は中華全国総工会（全国労働組合に相当）が管理し、全国範囲での調整基金として使われる。毎月1回決算し、残高があればそれは中華全国総工会に上納され、赤字となったばあいには中華全国総工会に調整を申し込み、不足分を補充する。その管理は直接的には単位労働組合が当るが、単位・企業に資金不足が生じて社会的な調整を必要とするばあいには、全国組織としての中華全国総工会がこれをおこなうこととなっていた。財政方式は年金制度も含めて当初から賦課方式であった。この労働保険制度の直接的な管理は単位・企業労働組合や中華全国総工会が当たっていたが、総括的な管轄は労働部でおこなっていた。

ついで国家機関・事業部門職員の年金制度や公費医療制度ができた。財政は国家からの負担で成り立っていた。年金や医療保障等の内容は労働保険制度と

ほぼ同じであった。また、人民公社ができた後、農民を対象とする農村合作医療制度ができた。この農村合作医療制度ができたことにより 1975 年段階で、90% 以上の国民（農民も含めて）が何らかの医療保障制度に包摂されることになった。ただし、農民に対する年金制度は、1980 年代以降になると実験的な試みが若干みられたものの、70 年代まではそのような試みも含めて存在しなかった。

〈社会救済制度等その他の制度〉
・社会救済制度

さらに資本主義諸国の公的扶助制度にあたる、社会救済制度もあった。自然災害等災害によって生活困難に陥った者や身寄りのない貧困者などの生活を保障する制度である。社会救済制度には家屋救済（自然災害等の理由で住居を失った者に対して、政府が住居建設資金の一部を給付する）、医療救済（貧困世帯または貧困者に対し医療費を給付する）、以工代賑（被災民と生活貧困者を水利工事、道路建設に従事させて給与を支払う形で援助する）、食糧救済、衣服救済（食糧、衣服、布団などの現物を給付する）、現金救済等があった。この制度は民生部（内務部）によって管轄されていた。

農村の社会救済は、人民公社等の集団経済主体による「五保戸」制度としておこなわれていた。それは、主に農村地域の「三無」（身寄り、所得、労働能力をもたない）老人、身体障害者、孤児などの貧困者に対して、最低限の衣、食、住、年少者の教育、葬儀を保障するための社会援助制度である。

しかし、すでにみたように、中華人民共和国では雇用は終身採用・雇用によって保障されており、失業による貧困者は基本的には存在しないとされていた。したがって、公的扶助制度は「90 年代に入るまではそれほど重要な問題ではな」[12]く、ほとんど整備されていなかった。それは上述のように、わずかに「災害被害を受けた農村では行なわれていた」[13] 程度であった。その災害救済

---

12) 鈴木賢（2002 年）、78 頁。
13) 鈴木賢（2002 年）、78 頁。

は労働部ではなく、民生部（内務部）が管理していた。

・**単位福祉制度**

また、単位・企業の労働組合は、他の福祉制度、たとえば託児所、食堂、幼稚園、住宅等をも責任をもって単位のメンバーに保障することになっていた。労働保険制度に対して単位福祉制度と呼ばれるものである。

・**社会優待制度**

中華人民共和国には、もう1つの福祉関連の制度があった。中国独特の社会優待工作である。これは革命に貢献した者や軍人さらには公務員に対しておこなわれるものである。革命烈士の遺族、革命による障害軍人、人民解放軍の現役および退役軍人等に対する生活保障である。これは民生部（内務部）の管理であった。

〈経済計画期生活保障制度の諸特徴〉

以上のような経済計画期の生活保障制度には以下のような特徴をみいだすことができる。すでに明らかなように、この時期の生活保障制度は労働保険制度が機軸だったから、これを中心にその特徴をみておこう。

まず第1の特徴は、労働保険制度を軸にした生活保障制度が非常に早い時期に創設されたことである。すでにみたように、労働保険制度等生活保障制度は、ほとんど1950年代にできている。つまり、中華人民共和国の建設と同時にこれら生活保障制度が創られた。ということは、社会主義国中国においてこれらの生活保障制度は、社会にとって外部的なものではなく、むしろ賃金とともに労働者の生活を支える内在的な、社会主義そのものの制度として創設されたと考えるべきものであるということになる。

この特徴は、さらに第2の特徴としても現れる。この期の生活保障制度は、資本主義社会の社会保障制度のような所得再分配のための制度ではなく、むしろ1次分配としてこの制度が実施されていたということである。この時期の中国では「国有企業の財務会計が国家財政に組み込まれているため、収入上納前に、従業員への給与、年金、医療およびその他の福祉サービスの費用がすべて

控除され」14)ていた。このことは何を意味するか。要するに経済計画期の生活保障制度に必要な費用は、国家に上納する前に第1次分配として確保されていたということを意味する。資本主義社会のように、いったん分配された利潤なり賃金なりに対して一定比率の保険料を徴収するのではなく、経済活動の成果から生活保障制度のための費用・保険料等を、賃金と同じように、まず控除するのである。つまり、この生活保障制度は社会主義的な分配そのものの重要な一環を構成するものであることを意味する。したがって、社会主義のもとでの生活保障制度に必要な費用は「すべて国家と社会の資金（社会的消費基金の一部）によってまかなわれ、被保険者である勤労者・住民の負担がな」15)いのである。

これに対して資本主義社会の社会保障制度は、いまやあまりそれが問題とされないほど当然視されているように、まさに所得再分配のための制度である。ということは、賃金なり利潤なりという形で第1次分配がおこなわれたあと、この再分配の制度に必要な費用が保険料や税として、第1次分配の成果に対して課され、徴収されるということになる。工藤氏がいうように16)、労働者の保険料負担があるか否かは、まさにそれが第1次分配としておこなわれているのか、第2次分配として実施されているのかを示す重要な指標である。特徴の1と2を合わせて考えるなら、こうした生活保障制度は社会主義を構成する柱の1つであったということになろう。

第3の制度的特徴は、完全雇用、終身雇用が厳格に守られていたということから、中国の生活保障制度には失業保険制度がなく、公的扶助制度も未整備のままであったということである。これも社会主義的であるといってよかろう。社会主義社会には失業者は存在しないということになっている。失業者がいなければ失業保険制度は不要であろうし、公的扶助制度も自然災害等に対応するもの以外はほとんど意味をなさないものとなろう。すでに1でみたように、社

---

14) 本書、36頁。
15) 工藤恒夫（2003年）、16頁。
16) 工藤恒夫（2003年）、136頁。

会保障制度が社会の安定を揺るがすほどに大きくなった資本主義社会の根本的矛盾への対応策であるとすれば、中国のこの時期の生活保障制度は、肝心の失業保険制度と公的扶助制度とを整備しておらず、資本主義社会と同じ意味での社会保障制度があったと考えることはできない。むしろ雇用を国家・社会が保障する社会には失業保険制度を軸とした体系的な社会保障制度は存在しないと考えるのが合理的であろう。

　第4の制度的特徴は、まえの第2の特徴からほぼ必然的に出てくる特徴であるが、中国のこの時期の労働保険制度は労働者の拠出義務がなく、すべてが国家なり企業なりの負担で成り立っていたということである。拠出義務がないばあい、とくに年金保険制度に関して受給権利がいかにして発生するかといえば、拠出期間ではなく一定の労働期間が満たされることによって発生するとされていた。また財政方式も積み立て方式ではなく、むしろ完全賦課方式であった。

　このように理解すれば、失業問題を基本的に抱えていないとされる社会主義社会では、その問題を解決するための制度、社会保障制度は存在せず、あったのは賃金を補完する生活保障制度であったということになろう。事実、ソ連においても、中国においてもそうであった。すでに触れたように、社会保障という言葉が最初に使われたのはソ連であった。しかし、その言葉は、1922年の「社会保険に関するテーゼ」において「賃労働に従事する人々の国家社会保障を、…企業の負担による社会保険に取り替える」というように、やがて社会保険に置き換えられ、30年には「失業者、貧困者の救済という…機能は、基本的には、社会主義のもとではすでに必要がな」[17]いということから、失業保険制度も放棄し、公的扶助制度も大きな意義をもたないものとなっていった。33年に社会保険のすべてを労働組合が管理することで制度がほぼ確立したという[18]。一方、すでにみたように、中国では最初から社会保障という言葉は使われず、むしろ労働保険制度が使われた。つまり、社会の第1次分配では解決

---

17) 柴田嘉彦 (1989年)、111頁。
18) 柴田嘉彦 (1989年)、20〜25頁。

できない矛盾を解決ないし緩和するために新たに再分配の方法として創られた社会保障制度は、社会主義社会には必要がなく、事実そのような制度はなかったといってよかろう。資本主義社会の社会保障制度と社会主義社会における生活保障制度は似て非なるものである、ということになる。

3 社会保障制度体系の構築

〈市場経済化と社会保障改革〉

中国では1970年代の末から市場経済化がすすめられ、かつての計画経済期の経済のあり方が大幅に改革されるに至った。それは農村から始まり、80年代半ばには都市にも及んだ。その主要な内容は、従来の国家・政府が持っていた権限の多くを地方や企業等に譲渡することであった。

企業には経営自主権が与えられるようになった。倒産が認められ、解雇が認められるようになった。国家によっておこなわれていた労働配分も労働力市場を通じておこなわれるようになった。労働者は企業に雇用されるとき、国家から配置されるのではなく、企業と労働者の契約にもとづいて雇用されるようになった（固定工制度から労働契約工制度へ）。最初は新規労働者のみであったが1990年代にはほぼ全員がこの契約制に基づいて雇用されるようになった。このように改革開放政策の下で労働力の商品化がすすめられ、企業は自主的な判断で経営をおこなうことができるようになったのである。労働力の商品化がすすんだという事実をみれば、現在の中国では、単に市場経済化したというのではなく、すでに資本主義的な生産がおこなわれるようになっていると考えることができるであろう。

労働力の商品化を推進する市場経済化は、労働力市場で労働力を販売できない者や、企業活動の中で解雇される者たちを創り出すようになった。企業が経営を重視するようになったことの結果として、労働保険にかかわる費用負担が過重と感じられるようになり、これを一部か全部放棄するような企業が出現した。その極端な形が企業倒産であることはいうまでもない。このように市場経

済化は、当然従来からの労働保険制度を中心とした生活保障制度に改革を迫ることになった。

そこで、1980年代後半から労働保険制度の改革あるいは社会保障制度改革がおこなわれ始めた。「国民経済発展7次5ヵ年計画」(1985-89年)の中で、中国の国情に応じた社会保障制度体系を作る方針が打ち出された。この時中国で初めて「社会保障」という言葉が使われた。しかし、当初改革は遅々としてすすまず、90年代になってやっと本格的にすすみ始めた。とくに、朱鎔基氏が首相になってからその勢いは一段と強まった。行政機構にも労働社会保障部が作られ、初めて社会保障が国家機構名に使われた。こうした改革を通して社会保障制度が整備され始めた。最近のところでみる限り、都市に限定されたものではあるが、中国において社会保障制度体系が確立しつつあるといえよう。

〈改革の実態〉

では、具体的にどのような社会保障制度改革がおこなわれたのであろうか。それぞれの制度について簡単にみておこう。

・医療保険制度改革

医療保険制度では試行錯誤を繰り返し、1999年に従来の制度を都市部従業員基本医療保険制度に組み替えた。国有、非国有を問わず、また営利、非営利事業体を問わず都市のすべての事業体の従業員、つまり公務員、労働者、職員等雇用されている者ほとんどすべてを対象とした制度を創ったのである。この医療保険制度の特徴は、個人口座と社会プール基金とを併用したところ(あるいは個人口座と社会プールの結合)にある。保険料負担は従来の企業負担から従業員、企業、国の3者負担に変えられた。個人負担は、本人賃金の2％、事業所負担は総賃金の6％前後ということになっている。従業員の個人負担分保険料すべてと企業の保険料の一部(拠出分の30％程度)は個人口座に、残りは社会プールに振り込まれ、個人口座と社会プール基金に分けて保管される。個人口座はその運用益とともに個人所有で、相続も認められている。個人口座と社会プール基金の使い方は地域によって違いがあり、必ずしも統一的には

なっていないが、その1つを記しておけば、外来診療のばあい個人口座から引き出す形で給付を受け、個人口座を使い果たしたら一定額までは個人負担し、それを超えたばあいに社会プール基金から給付を受ける。入院のばあいは社会プール基金から給付を受ける。ただし、この社会プール基金からの給付は無制限ではなく、一定の限度がある。

・年金保険制度

　1997年の「統一企業従業員基本養老保険制度の創設に関する決定」に基づき、年金保険制度もすべての都市企業の従業員を対象とするよう改革された。その全体は、公的年金部分としての国家基本養老年金、企業年金としての企業補充年金、個人貯蓄年金としての個人積み立て年金とで構成されるが、ここでは強制保険としての国家基本養老保険制度のみを取り上げる。国家基本養老保険制度は、原則として全業種の全企業の従業員に適用される。つまり、外資系、個人、私営といった非国有企業をも含めたすべての企業の従業員が加入しなければならない。国家基本養老保険制度は、いくつかの実験的試行を繰り返したのち、都市部従業員基本医療保険制度と同様、個人口座と社会プール基金とを結合させた年金制度として創られた。その保険料も医療保険制度と同じように、従来の企業負担のみから従業員、企業、国の3者負担に変えられた。企業の保険料負担は、全従業員の賃金総額の20%を超えない範囲で拠出される。従業員の保険料は、本人賃金の4%以下から出発し2年ごとに1%ポイントずつ引き上げられ、最終的に8%にすることになっている。個人負担の全額と企業負担の一定部分が個人口座に（合計本人賃金の11%相当額）、残りは社会プール基金に振り込まれ、それぞれ別々に管理される。個人口座分は職場が変わっても継続され、また本人が死亡したばあい相続の対象ともなる。基本養老保険制度の年金は、基本養老金と個人口座養老金とから構成される。支給開始年齢は60歳で、保険料納付期間15年以上で受給資格が発生する。15年未満のばあいは、基本養老金を受給する資格は得られず、個人口座に積み立てられた保険料は全額個人に払い戻される。基本養老金の金額は、当該の自治区、直轄地あるいは市の前年度の従業員平均月給の20%とされている。また個人口座から毎

月個人口座養老金として、本人の個人口座積立金総額の120分の1が支給される。この120は、当該年金が10年間の有期年金として設計されていることから算出された数字である。

・労災保険制度

労災保険制度も、1994年の労働法制定を契機に、さらには96年の企業労働者災害保険試行弁法の公布によってかつての労働保険制度から独立し、単独の制度となった。中国国内にあるすべての企業およびその従業員が適用対象となった。保険料は地方政府と企業が負担し、従業員個人の負担はない。業務上の原因による従業員の負傷、死亡あるいは職業病に対する補償をおこない、またその労災のリハビリ、あるいは労災そのものの予防をも含む総合的な制度となった。

・生育保険制度

さらに、1994年に国務院が公布した「企業職工生育保険試行弁法」に基づき、生育保険制度がかつての労働保険制度から独立した。この制度は、妊娠した女性労働者の保護、雇用保障、賃金保障あるいは出産においては出産・育児休業の保障等を内容としており、出産・育児に伴う医療費や育児休業期間の賃金手当等が給付される。保険料は、賃金総額の1%を上限に企業が全額負担する。

・失業保険制度

この時期の社会保障制度改革においてとくに注目しなければならないのは、1999年の失業保険制度の創設である。

改革開放政策は、すでにみたように、1980年代半ばから都市の国有企業におよんだ。「3人の飯を5人で食う」といわれる国有企業は市場経済に適合するよう改革されることになった。このような国有企業改革は必然的に余剰人員の排出を伴う。しかし、社会主義を標榜している中国において失業者を出してまで国有企業の改革を推しすすめることは困難であった。そこで国有企業改革をすすめるために、すなわちそこから排出される失業者を受け止めるために待業保険制度を1986年に創った。国営企業待業保険暫定規定に基づく国有企業

待業保険制度である。中国で初めての失業保険制度である。

この待業保険制度は、市場経済化がさらに進められた1993年には国有企業待業保険規定に基づいて改革された。つまり対象者を拡大したり、保険金の給付条件を実情にあわせたりしたのである。とはいうものの、この時期までは、非国有企業からの失業者も事実上は含めていたにしても、制度的には国有企業からの失業者のみを対象としていた。また失業者を失業者と認めていなかった。したがって依然国有企業待業保険制度であった。

1990年代以降、とりわけ「南巡講話」以降の一層の市場経済化の中で失業者が大量発生するという現実を前にして失業者の存在を公式に認めざるを得なくなった。90年代後半以降中国における経済改革は一段とそのスピードを上げた。なかでも国有企業改革の一層の促進が政策課題となった。80年代から課題とされていた国有企業改革は80年代にはほとんどすすまず、90年代に先送りされてこの時期にいよいよ本格化したのである。その国有企業改革にともなって発生する大量の過剰人口を何らかの方法で処理しなければならなかった。このような国有企業改革に伴う失業問題の深刻化に対して、これまでの中国にはなかった、失業という言葉を冠した失業保険制度が99年に初めて創設された。これは従来のように国有企業従業員のみを対象とするというものから都市部のほとんどすべての企業の従業員を対象とするものに拡大され、保険料も従来の国有企業のみの負担からすべての企業および企業の従業員、さらには国家も負担する、いわゆる3者負担制に変えられた。

・**公的扶助制度**

同じく1999年に都市住民最低生活保障制度ができ、生存権保障を明記したいわゆる現代的な公的扶助制度が整備された。これは、90年代後半以降の国有企業改革を中心とした経済改革の中で要請されたものである。すなわち、すでにみたこの一段の経済改革で排出された失業者を当面は失業保険制度で受け止めるが、失業保険金の支給期間を超えてなお就業できない長期失業者も相当数みられるようになった。この長期失業者が貧困者となるのはいうまでもなく、何らかの方法で対応しなければならない。そこで、都市住民最低生活保障制度

が創設された。先進資本主義諸国のようなナショナルミニマムの保障という形では必ずしもなく、むしろ各都市、省で最低生活基準を定め、これ以下に陥っている住民には公的救済がおこなわれるようになった。その費用は、地方政府の財政予算に計上される社会救済専用の費目によってまかなわれるばあいと、地方政府および企業・事業体等の単位が分担するばあいとがある。最低生活保障水準は各地域で定められ、高いところと低いところで大きな格差がみられる。その救済は、恩恵的におこなわれるのではなく、権利として主張でき、不服申し立てもできるものとなっており、先進資本主義諸国の公的扶助制度とほぼ同じものとなった。ただし、不正受給を防ぐためか、受給世帯を公表している。

・管理機構の整備

こうしたいくつもの制度からなる社会保障制度を管理する行政官庁は、従来は労働部、民生部（内務部）等いくつにも分かれていたが、1998年の大規模な行政機構改革によって新設された労働社会保障部が都市の社会保険制度を一括管理することになった。ただし、公的扶助（最低生活保障）制度は従来通り民生部の管轄となっている。

〈社会保障制度改革の特徴とその意味〉

以上みたような1990年代後半以降の社会保障制度改革の要点を簡単に整理するなら、以下のようになろう。すなわち計画経済期にはなかった失業保険制度を創設し、経済計画期にはほとんど整備されていなかった公的扶助制度が都市住民最低生活保障制度の創設を通じて整備された。社会保険制度にはいわゆる3者負担方式が導入された。年金保険制度ではシンガポール、チリ方式といわれる個人口座制が導入され、これと社会プールとを結合させた新しい制度が創られた。医療保険制度でも個人口座と社会プールとを結合させる制度改革がおこなわれた。また、これらの諸制度を管轄する省庁として労働社会保障部が設立され、従来の生活保障制度のばらばらな管理体制をここに統一した。

ところで、このような1990年代後半以降の中国における社会保障制度改革には、どのような特徴がみられ、それはいかなる意味をもつのであろうか。

一連の改革においてまず取り上げられるべき第1の特徴は、失業保険制度と公的扶助制度が創設されたことであろう。すでにみたように、計画経済期には失業が存在しないことになっており、したがって失業保険制度は不要だった。ところが市場経済化をすすめ、国家による労働配分によらず、労働力市場で労働力が売買されるようになった。同時に国有企業改革が実施された。その結果失業者が大量に発生した。市場経済において失業とは即貧困、生活困難に陥ることを意味する。失業者の大量発生は社会の不安定化を招くことになり、何らかの対応をしなければならないが、中国のばあい政府が社会主義を標榜しているのでなおさらこれを放置できず、国有企業改革と同時に失業保険制度を創設した。この失業保険制度の失業給付は、他の資本主義諸国と同様、有期である。たとえば2年を超えてなお失業状態にあるばあい、失業給付は受けられず貧困状態が続く。これらの失業貧困者をも受け止められる制度として、失業保険制度に接続する形で都市住民最低生活保障制度が創設された。要するにあふれ出す失業者の救済は失業保険制度のみでは間に合わず、これでカバーできない失業貧困者たちの受け皿として新たに公的扶助制度・都市住民最低生活保障制度が創設されたのである。

　この失業保険制度および公的扶助制度の創設は、いかなる意味をもつであろうか。すでに1でみたように、体系的社会保障制度の形成にとって失業保険制度と公的扶助制度の存在は不可欠である。失業問題を軸にこれらが整備されることによってはじめて社会保険制度と公的扶助制度は統合あるいは総合される。そして両制度の統合によってはじめて社会保障制度として体系化される。とすれば、失業保険制度と公的扶助制度の創設は中国において社会保障制度体系を創る契機となったことを意味しよう。その意味で社会保障制度改革の中で両制度が創設されたことはきわめて大きな意味をもつといえる。すなわち、この時期の社会保障制度改革といわれる一連の動きは、いまだ都市に限定されているものの、市場経済に対応した社会保障制度体系の創設過程であったといい得るのである。1990年代後半以降の社会保障制度改革はまさに社会保障制度改革というにふさわしい改革であった。

しかも、この両制度の整備とともにそれらの制度は、社会保障制度の特性である体系性、普遍性、権利性をももつようになっている。体系性についてはいまみたので、後2者についてさらに論じてみよう。都市住民最低生活保障制度は、都市住民を対象としたものではあるが、その都市の一定の最低基準を下回って窮乏生活を余儀なくされている者は、失業者を含め誰でもこの対象となりえることになっている。この制度に普遍性がとりあえず付与された、といってよかろう。さらにはこの都市住民最低生活保障制度では明確に生存権保障が謳われ、不服申し立ての権利も認められている。普遍性が付与されると同時に権利性も付与されたのである。かくして中国の生活保障制度は、改革を通じて、社会保障制度の基本的な特性を備えるにいたり、その水準はともかく、少なくとも制度的には都市住民の生存権を普遍的に保障する体系的な社会保障制度となりつつあるといえよう[19]。

この改革にみられる第2の特徴は、社会保険制度の保険料負担の構造が企業、個人、国の3者負担の構造に変えられたことである。

計画経済期の労働保険制度の保険料は単位・企業が全額負担していたのに対し、改革後には社会保険制度の保険料は、企業のみならず個人、さらには国も負担するようになった。こうした保険料の3者負担制の導入はどのような意味をもつであろうか。すでにみたように、単位・企業が全額負担する計画経済期の労働保険制度の保険料は、賃金とセットになって第1次分配として確保されていた。ところが今回の改革で、利潤の分配を受けた独立経営体としての企業（含・国有企業）、あるいは賃金の分配を受けた労働者に対して保険料負担が求められるようになった。いったん利潤なり賃金なりという形で、つまり所得の第1次分配として経済活動の成果を分配された経済主体から改めて保険料負担を求め、これを財源に第2次分配として給付をおこなうよう変更したのである。

---

19) 現在の中国ではまだ都市と農村の間に高い壁があって、自由に行き来ができない。ここでは、この壁の存在を前提に農村とは区別された都市において社会保障制度ができたといっている。その壁とは、いうまでもなく、都市戸籍と農村戸籍のことである。都市には都市戸籍をもっている者のみが住むこと働くことができ、農村戸籍しかもっていない者の都市への流入は制限されている。詳しくは王文亮（2003年）を見よ。

すなわち、第1次分配としての社会主義的な労働保険制度は、保険料負担を3者負担制にする改革を通じて、第2次分配としての資本主義的な社会保険制度に組み替えられた、といえるのである。なお、社会保険制度への国家負担は、国家財政と労働保険財政とが切り離され、補助的な負担となったといってもよかろう[20]。

　一連の社会保障制度改革にはさらに第3の特徴として、社会の安定装置としての社会保障制度体系が構築されたということも、あげておかなければならない。失業問題は、市場経済化、資本主義化をすすめることによって必然的に生じる社会的な矛盾である。いいかえれば資本主義においてはその第1次分配が社会の構成員全員には均霑せず、その分配に預からない者、失業者が出てくる。その失業は資本主義社会の不安定化を招くもっとも基本的な要因である。じじつ、中国でもこの失業問題は為政者たちを深刻に悩ませている。社会不安のもっとも基本的な要因となるこの失業問題は第1次分配では処理できない問題であることから、それに対して新たに第2次分配、あるいは所得再分配の方法を使って対応する体系的な社会保障制度を創らなければならなかった。社会保障制度は、かつてのたんなる住民のための生活保障制度ではなく、それに加えて社会の安定を実現するという重要な任務を負ったものとして創設されたのである。すなわち、市場経済化をすすめた中国において社会の安定装置としての社会保障制度体系が確立したということができるのである。

　以上のように考えれば、朱鎔基首相によっておこなわれた社会保障制度改革は、市場経済化に対応する、まさに資本主義的な社会保障制度体系を中国において構築する改革であったということができるのである。

20）小森田秋夫（2001年）、168頁。

引用・参考文献

張紀濤(2001年)、『現代中国社会保障論』創成社。
中国研究所編(2001年)、『中国は大丈夫か？社会保障制度のゆくえ』創土社。
エスピン・アンデルセン(2001年)、『福祉資本主義3つの世界』(岡沢憲夫・宮本太郎監訳)、ミネルヴァ書房。
小森田秋夫(1998年)、「脱社会主義と生活保障システム」(東京大学社会科学研究所編『20世紀システム 5』東京大学出版会)。
―――(2001年)、「生活保障システムの再構築」(末廣昭・小森田秋夫編『自由化・経済危機・社会再構築の国際比較Ⅰ：論点と視角』東京大学出版会)。
工藤恒夫(2003年)、『資本制社会保障の一般理論』新日本出版。
王文亮(2001年)、『21世紀に向かう中国の社会保障』日本僑報社。
―――(2003年)、『中国農民はなぜ貧しいのか』光文社。
柴田嘉彦(1989年)、『ソ連社会保障の研究』校倉書房。
鈴木賢(2002年)、「社会保障制度」(鄭杭生・奥島孝康編『中国の社会』早稲田大学出版部)。
田多英範(2002年)、「日本における社会保障制度体系の確立(上)」(『流通経済大学論集』第36巻第4号)。
―――(2003年)、「社会保障制度と失業問題」(『週刊社会保障』第57巻2241号)。

第1章

財政改革と中央政府の新たな役割
―積極的な財政政策の実施と社会保障制度の構築―

朱　思　琳

はじめに

　1978年からの中国の経済改革は、従来の社会主義計画経済に市場メカニズムを導入して近代化を実現しようとする実験で、注目されている。その理由は、社会主義という体制にそれと対立する市場メカニズムを導入できるのか、一旦導入したら、社会主義の理念は存続できるのかという疑問が多くの人によってもたれているからである。

　本章は、以上の中国の経済改革を財政の側面からとらえ、1978年以降の財政改革、とりわけ1994年分税制改革以降の変化に注目し、財政収入と支出の変化にともなう政府の役割の転換を分析する。そして、一連の税財政改革を中国租税国家の形成過程としてとらえることを考えている。

　中国経済の全般的な研究に比べて、中国財政に関する研究の蓄積は比較的少ない。その中で、神野教授は「公有制を原則として維持しつつ、市場経済を導入」する中国の経済改革が中央政府に集中していた権限の地方政府及び国有企業への分散を通じて、地域経済及び国有企業の活性化を促進する特徴を分析し、市場経済化と税財政改革のジレンマを指摘した[1]。1980年代の改革の産物であ

---

1) 神野直彦(1994)を参照。

る地方財政請負制及び国有企業経営請負制は、地方政府の権限と国有企業の自主権を任意に拡大した。これは、地域経済の活性化をもたらしたと同時に、財政収入、特に中央財政収入の急減を引き起こした。

その主な原因は予算外資金の急増による財政資金の流失にあった。その結果、中央政府のマクロコントロール能力及び財政調整能力が低下し、地域間の経済不均衡が拡大した[2]。1992年の複式予算の導入と1994年の「分税制」改革の実施は、財政収入、特に中央財政収入の状況を大きく改善し、中央政府の資産国家から租税国家への転換をひとまず実現した。それだけではない。これらの税財政上の諸改革は、財政支出の構造にも大きな変化をもたらした。すなわち、以前の基本建設投資を中心とする財政支出構造が徐々に文化教育衛生事業及び社会基盤整備を中心とする新たな財政支出構造へと転換しているのである。こうした支出構造の変化を見ると、租税国家化した中国中央政府は、同時に先進諸国の福祉国家的な調整国家化をも進めているとみることができる。社会主義国であった国が遅れて市場経済化を進めた中国のばあい、租税国家化と調整国家化とは同時に進められるということになるのであろう。

そこで、本稿の課題を次のように設定する。まず第1に、1990年代後期財政改革の新たな動向を分析することによって、これは単なる市場経済化の推進に伴う政府役割の一層の転換というより、租税国家確立過程の延長であることを確認する。第2に、以上で確認された事実は改革開放及び市場経済化の流れの中で、どのような位置付けをするかを明らかにしたい。

第一節 「統収統支」財政体制の形成

1949年に成立した新中国は国内外で極めて厳しい状況に直面していた。国内の経済についてみてみると、農業、軽工業と重工業は10年前と比較してそれぞれ25%、30%、70%も減少し、同時に深刻なインフレに見舞われ、崩壊

---

2) 朱思琳(1997)を参照。

寸前の状況であった。それだけでなく、国内の政治状況も国民党との内戦がまだあり、混乱が続いていた。一方、第2次世界大戦後の国際的な冷戦構造が形成される時期であったため、外部の環境もきわめて複雑であった。新政権にとって経済困難の克服は政権維持の最大の課題となっていた。国民経済の困難を乗り越えるために、支出を節約し、収入を整頓し、財政収支の管理を統一しなければならなかった。権限の中央集中という認識に基づいて、政務院(現在の国務院)は1950年3月3日に「国家財政経済工作の統一に関する決定」を公布し、①国家財政収支の均衡、②重要物資需給の均衡、③現金収支の均衡を早急に目指すことを決定した。同年の3月24日に、政務院は「1950年度財政収支の統一管理に関する決定」を公布し、①財政管理権限を中央に集中すること、②財力を中央に集中すること、③各種財政収支は地方税付加を除いて、すべてを国家予算に集中することを決定した。当時の厳しい財政経済状況から速やかな脱却を図るため、政府は長い内戦時代の「分裂」から「統一」への移行を極めて急速に進めていった[3]。その結果、高度に中央集権化された「統収統支」と呼ばれる財政体制が形成された。

1 「統収統支」の二重構造

「統収統支」財政体制は2つの軸から構成されている。1つは、中央政府の地方政府に対する「統収統支」の軸であり、2つ目は政府の国有企業に対する「統収統支」の軸である。前者は計画経済期の政府間の財政関係を象徴しているが、後者は社会主義独特の公的な所有関係を現している。この2つの関係は相互依存、相互強化して、「統収統支」の財政構造を形成している。その上で計画経済が運営されていた。

政府間の「統収統支」財政体制の主な内容は以下のようである。即ち①一切の収支項目、支出方法と支出指標をすべて中央政府が統一的に設定する。1950年3月に設立された全国編制委員会は中央から地方までの統一の全政府機関の

---

[3] 項懐誠(1999)を参照。

人員編制及び給与の供給基準を設定した。②財政収支は地方付加、都市建設付加収入及び小学校、県師範学校の経費を除いて、すべて国家予算に組み込まれ、収入は全部中央に上納され、支出は中央から支給され、年度末の余剰金も基本的に中央に上納される。③財政の権限は中央と大行政区に集中されるが、中央を主とする。これはその後に継続する「統収統支」という財政体制の原型であり、収入をすべて中央に上納する代わりに、その支出を中央が保障するという仕組みが基本的な特徴である。このような「統収統支」財政体制は計画経済期における中央政府と地方政府の従属的な財政関係を規定している。

一方、1956年前後、私営企業に対する大規模な社会主義改造（国有化）が完成したことによって、民間企業の存在が大幅に縮小し、国有企業が国民経済の主体となり、政府と企業の一体化が実現した。政府は国有企業の事実上の所有者として、企業の財務会計基準を設定して、企業の収入を全部吸い上げると同時に、企業の必要な資金を財政部門から無償で支給するという仕組みを作り出した。国有企業の収入上納が税収を超えて、次第に政府財政の重要な収入源となり、財政は公的所有の計画経済体制を反映して、その機能も大幅に拡大された。このように、政府間「統収統支」の軸と並行的に、もう1つ政府企業間「統収統支」の軸が確立された。

以上述べたように、計画経済期に形成された「統収統支」の財政体制は、中央地方政府間の「統収統支」関係だけで構成された単純な仕組みではなく、政府企業間の「統収統支」関係をも組み込んだ複雑な仕組みであった。即ち、中央と地方政府間の「統収統支」関係は、安定的な中央中心の財源の確保を地方に求めると同時に、そのような財源の創出を積極的に推し進める動機をも有している。政府企業間の「統収統支」関係は、速やかに企業の収入を吸い上げることで、政府間の「統収統支」関係を強化すると同時に、同関係によって次第に強化される側面を有しているのである。

政府間の財政関係は、国によってさまざま特徴をもっているが、大きく分けると、連邦国家の地方分権の傾向と単一国家の中央集権の傾向が一般的に指摘される。これは市場経済を主とする先進諸国の中で特に鮮明に現れている。と

ころが、政府と企業間の「統収統支」関係は社会主義公有制の独特の現象で、これによって公有制の性格が規定されている。つまり、中央政府が国を代表して、国有企業を所有し、国有企業の生産を管理し、企業の収入を吸い上げてさらに市場の代わりに分配するという仕組みである。国有企業がその出資者によって、中央政府あるいは地方政府に所属しているため、政府と国有企業の関係はさらに政府間財政関係と複雑に交錯している。このような「統収統支」財政体制のトップに位置していた国家のあり方をここではかりに資産国家と特徴づけておこう。

1950年当時の厳しい財政経済状況の中で、「統収統支」の財政体制の実施はある意味でやむをえなかったと言えよう。その最大の利点は、限られた資金を集中的に国民経済の必要な部門に投入することができるということである。しかしその後、財政経済状況の好転に伴って、地方の側から財政の自主権を求める声が高まってきた。一方、中央政府もすべての地方財政を具体的に管理、チェックすることが事実上不可能であることがはっきりとしてきた。経済状況の好転を前提として、国有企業の管理権限及び一部の投資権限の地方への委譲による地方分権の実施を通じて地方政府の積極性を求めることになる。そうすると地方分権は過剰の投資と経済の過熱を引き起こし、中央のコントロールが効かなくなり、再び集権化に戻るという結果をもたらす。こうしたある種集権と分権の循環が1978年までの30年間近く何回か繰り返されたのである。

2 中央政府の役割―国家としての蓄積、分配と投資

中央と地方及び政府と企業という2つの軸から構成された「統収統支」の財政体制とそれによって支えられた計画経済体制は高度中央集権的な権力構造を形成している。中央政府はその権力構造の頂点に位置している。計画経済期の中央政府の役割は、中央と地方及び政府と企業の2つの軸によって規定されている。まず第1の役割は、地方の財源を地方政府経由で中央に集中し、さらに集中した財源を地域に分配することである。「統収統支」の関係を予算に反映すると次のようになる。つまり地方財政は独立したものではなく、中央財政と

地方財政を含む国家予算の中に組み込まれている。中央政府は国家の代表者として財源の分配を行う。これが可能なのは、財源が中央に集中しているからである。先進資本主義諸国の予算は市場以外の公共部門活動の資金調達に限定されているが、「統収統支」の財政体制は市場メカニズムを排除して、中央政府自ら資源の分配を行うため、政府の役割及び規模は市場経済を主とした国よりはるかに膨大である。もっとも「統収統支」の財政体制の主な収入が租税ではなく、国有企業の収入上納であるため、中央政府は国有企業の代わりに資本蓄積を行い、投資活動の主体の役割を担うとともに、5ヵ年経済計画を基本に年度予算を編成し、基本建設資金を中心とした財源を地方政府に分配する。留意すべき点は、この基本建設支出を中心とする予算の中に大規模な地域財政調整の要素が内包されていることである。もちろんこのような財政調整に関する明確な基準が存在するわけではない。

　第2の役割は、中央政府は直接国有企業から収入を吸い上げ、さらに国有企業に必要な資金を無償で支給することである。市場経済下の民間企業と異なり、国有企業の所有者及び管理者は中央政府である。所有者としての中央政府は企業の生産を管理し、企業の会計基準を設けて分配を決め、企業の収入を吸い上げて自ら蓄積を行う。別途で財政支出を通じて国有企業の設備投資資金及び運転資金などを無償で支給し、さらに全国規模で新規の設備投資を自ら実施するという仕組みである。国有化によって企業が本来持っていた資本蓄積の機能は政府に移され、企業は単なる生産を行なう部門に変質した。政府は公共部門だけでなく、先進諸国における民間設備投資の分野も自分の活動範囲に取り入れ、資本蓄積、資源の分配と設備投資の主体となった。

　この時期の財政収支の変化は上記中央政府の役割を反映している。財政収入について、新中国成立当初、各種の税収は75％を占めていた。その後、1956年の国有化の完成をきっかけに、国有企業収入の国家財政収入に占める比率が急増し、1955年は41.1％で、1959年は57.3％を占めるようになった。これは企業の国有化の過程を反映すると同時に、それに伴って、公有制を特徴とする「統収統支」の財政体制の確立を意味する。その時点で、中央政府はまさに資

産国家というにふさわしい国家に変身した。

　上記の財政収入構造は必然的に支出に反映される。財政支出に占める経済建設支出が最も高い比率を占めていることは明らかである。経済建設、社会文化教育、国防、行政管理、債務支出の中で、経済建設支出の比率は、1954年に50％を超えて、1960年に70.6に達した後、1978年に63.7％となっていた。経済建設支出には先進資本主義諸国でいう公共投資と民間設備投資の両方が含まれているが、その主な内容は、基本建設支出（固定資産の投資）の給付、国有企業の運転資金、企業の潜在力発掘・改造資金、新製品試作費、地下資源の探査費などである。そのうち基本建設支出が中心で、1960年には経済建設支出の77％を占め、1970年には76％を占めていた。このような支出構造は市場経済を主とする国の財政支出と根本的な相異点を構成している。

　計画経済期の財政収支の分析を通じて、当該期の中央政府が自ら蓄積、分配及び投資の役割を担う事実を確認できる。以上の中央政府の役割は「統収統支」の財政体制の基本的な特徴となっている。

3　地方政府の役割──計画の実施主体

　日本の地方公共団体は都道府県と市町村で2つのレベルに分かれるが、中国の行政区分は国以下4段階に分けられる。中央政府の下には、23の省、5の自治区（内蒙古、広西壮族、チベット、寧夏回族、新疆ウイグル族）、4の直轄市（北京、天津、上海、重慶）、2の特別行政区（香港、マカオ）があり、それぞれ日本の都道府県に当たる。省の下には、57の地区及び275の地区級の市がある。地区の下には、2,479の県及び381の県級の市がある。県の下に44,850の郷と鎮がある[4]。本章でいう地方政府は主に省、自治区及び直轄市レベルの地方政府のことを指す。

　中国で議論されている政府間財政関係は、主に中央政府と省、自治区及び直轄市レベルの地方政府との財政関係を指す。これは1950年代に「統収統支」の

---

4)『中国統計年鑑』(2003)を参照。

財政体制が形成された時、財源と権限が中央政府及び省レベルの政府に集中されたことに由来している。その時、省以下の地方政府の予算は省政府の予算に組み込まれ、その仕組みは基本的に今日まで継続している。即ち、中央対地方の「統収統支」関係は各レベルの地方政府間で複雑に交錯しているのではなく、直接中央政府対省、自治区及び直轄市政府の「統収統支」関係であり、省以下の地方政府の財政は省政府に一任されるのである。そこで、省レベルの地方政府は中央政府の厳しい統制を受けると同時に、下位の市、県レベルの地方政府を省政府の統制下に集中させ、集権的な財政構造をさらに強化していたのである。このようなピラミッド式の財政構造が形成されたのには2つの理由が考えられる。①1950年代初頭の国内条件の下で、末端の地方政府を直接管理することは物理的には困難で、それを省政府に任せ、省政府との財政調整に専念することは中央政府にとって現実的であった。②国有化の完成によって、国有企業の財務会計基準が国家財政と連動されることになったため、地方所属の国有企業の収入もスムーズに中央財政に吸い上げられた。したがって、中央政府の省以下の地方財政に対する管理の必要性は低下した。むしろ省政府に任せることによって、財源調達コストの削減が可能であった。

　中央政府の「統収統支」財政体制の統制を受けている省レベルの地方政府は、膨大な下位の地方政府を統制しているため、常に地域利益の形成動機を持っている。しかし、「統収統支」財政体制の下で、地域利益の形成は困難である。このような思惑あるいは利害関係の相違から地方政府と中央政府は常に分権、集権をめぐって激しく交渉することとなる。即ち、中央政府は可能な限り地方の財政収入を予算に取り入れようするのに対して、地方政府は予算外の比較的自由に使える機動的な財源を拡大しようとする。本来なら、統収統支の財政体制を実施する場合、明確な基準に基づいて地方財政の収入と支出を測定しなければならないが、このような基準は存在せず、事実上、毎年中央と地方との個別交渉で地方の財政規模を決定していたのである。

　政府間財政関係で下位に位置している地方政府は、国有企業との関係では逆に上位に位置している。しかし、地方政府と国有企業の関係は政府間財政関係

によって大きく左右される。省レベルの地方政府は中央政府所属の企業を除いて、地域内の国有企業に対して所有者及び管理者の役割を果たしている。企業からの収入上納を受ける一方、企業の必要な資金を無償で支給する。さらにもう1つの役割は中央政府の下位政府として税金の徴収を行なうことである。これらの財源は、一部の工商税付加、農業税付加及び公用事業費付加等を除いて基本的に国家予算に組み込まれる。上記の工商税付加及び公用事業費付加は、「統収統支」体制の下で地方財政に留まる例外的な資金で、予算外資金といわれるものである。予算外資金とは中央政府の規定に基づいて、地方財政部門、国有企業及び事業部門が自ら収支を管理する資金のことである。予算外資金は計画経済期における政府間財政関係を調整する重要な手段の1つであり、地方財政の貴重な機動的財源である。予算外資金の収入が高まれば、地方財政の自己資金の収支は増大するため、分権が進められる状態となるが、逆に集権が進められるときに予算外資金に対する規制が厳しくなり、自己資金の収支の規模は縮小する[5]。

　地方政府の上記の役割は当該時期の財政収入に次のように反映されている。全政府財政収入に地方財政収入の占める比率は、国有化以降かなり高い水準で推移している。1959年に75.6％、改革開放直前の1978年に84.5％を占めている。これに対して、全政府財政支出に地方財政支出の比率は1959年に54.1％と1978年に52.6％となっていた。即ち地方財政収入が高いということは地方財政の自主財源の増大及び地方政府の自主性の拡大を意味するのではなく、むしろ「統収統支」の財政体制における地方政府の従属度が高まっていたことを意味していると考えるべきであろう。

　このような従属の立場によって、地方政府の自主性は長期的に抑圧されていた。そこから現れた地域経済の非効率の問題は計画経済における経済全体の縮図といってもよい。それを改善するため、1958年と1971年に2回ほど大規模な地方分権が行われた。1958年の地方分権は急進的な工業化政策の実施に伴っ

---

5) 予算外資金について、朱思琳(1997)を参照。

て、地方の過剰投資で経済が過熱状態となり、漸く建国初期の困難を乗り越えた国民経済は再び混乱に陥った。この危機を乗り越えるために、財源と権限が再び中央に集中された。1971年の地方分権は、文化大革命の政治的な混乱の影響を受けて、中央政府の権威を一方的に否定したことで、逆に経済の混乱を招く結果となった。このような集中と分散の繰り返しは計画経済時期における政府間財政関係の特徴である。

4　国有企業の役割—福祉の供給

　国有企業はもともと国営企業と呼ばれ、名実共に政府が所有、経営している企業のことである。市場経済の下での民間企業との最大の区別は、利潤の最大化を企業自身の経営目的としないところにある。これは国有企業の収入上納と再生産に必要な資金の財政支給という公有制の性格によって規定されているが、そこから形成された政府と国有企業間の「統収統支」の仕組みは国有企業に独特の役割を与えた。

　国有企業の財務会計が国家財政に組み込まれているため、収入上納前に、従業員への給与、年金、医療及びその他の福祉サービスの費用がすべて控除された。このような政府財政と企業財務会計一体化のどんぶり勘定は、政府企業間「統収統支」関係の特徴である。この「統収統支」関係の下位に位置している国有企業は、資本蓄積機能の退化が進み、むしろ従業員への福祉サービスの供給に特化し、企業というより行政の末端組織として機能していた。この福祉サービスの内容は極めて多岐にわたり、従業員の年金、医療、労災、住宅及び従業員家族への教育施設の提供、従業員家族の医療費用の一部負担まで含まれている。いわば、現代福祉国家の社会保障制度の内容を相当程度網羅していたと考えてよかろう。「統収統支」体制の下で、政府特に中央政府が資本蓄積に特化し、企業が福祉機能に特化するという独特の役割分担構造が形成された。

　国有企業の財務会計と国家財政の一体化は、総財政収入における企業収入の占める割合が高水準に反映されると同時に、財政支出にも以下のように反映されている。文化、教育、科学、衛生、社会扶助、社会福祉などを含む社会文化

教育支出は、1950年から1980年までの30年間に、平均として全財政支出の13％という比較的低い水準で推移していた。この部分の財政支出は新SNA（新国民経済計算体系）における公共部門の分類に基づいて考えれば、基本的に一般政府の範囲に属する内容であり、現代福祉国家の主な財政支出の内容となっている。興味深いのは、社会主義理念を抱えているにもかかわらず、「統収統支」体制の下で、政府は自ら蓄積の主体となったため、経済建設支出の高水準と対照的に、社会文化教育支出の相対的低水準を維持していた。一見、このような財政支出の構造は社会主義の理念に抵触するだけでなく、現代福祉国家の財政構造とも逆行するように見える。しかし、国有企業の役割分担の分析で明らかなように、これは単純に福祉の低水準を意味するものではなく、福祉サービスの相当の部分が国有企業と政府の「統収統支」関係に内包されていることに留意すべきである。

　政府と企業の「統収統支」関係の下位に位置する国有企業は資本蓄積の機能を喪失すると同時に、従業員への福祉サービスの供給に特化した。つまり、福祉的費用を控除した残りは基本的にすべて国家財政に上納した。そこから生じた問題は、こうした関係が個別企業に利益確保のインセンティブを失わせ、その結果として生産効率を低下させたということにある。これを改善するために、政府はさまざまな企業利潤留保制度及び企業基金制度を実施した。つまり、企業に増収インセンティブを与えることによって企業の生産意欲を引き出そうとしたのである。企業利潤留保制度及び企業基金制度に基づいて企業に留まる資金は、国有企業の唯一自由裁量で利用できる資金で、統計上では予算外資金といわれるものである。計画経済期における予算外収入は1952年の13.6億元から1978年の347.1億元に約25倍増となった。予算内の財政収入の増加をはるかに超えている。予算外資金は主に地方財政部門、事業単位と国有企業の3つの部分から構成されているが、国有企業の予算外資金はおよそ全体の60-70％を占めている。予算外資金の増加傾向は、この時期における中央と地方及び政府と国有企業の「統収統支」関係が徐々に緩やかになっていることを意味する。改革開放前夜の1978年の予算外資金は財政収入の約30％に達している。

1950 年代と 60 年代の 10％ 前後と比較して大きく増加したことは間違いないが、「統収統支」財政体制の根幹を動揺させるものではなかった。

　以上、1949 年から 1978 年までの計画経済期の特徴である「統収統支」の財政構造を中央政府、地方政府及び国有企業の視点からそれぞれ分析した。この時期の中国においては、私有制及び市場経済を基本とする社会体制ではないために利益追求の動機が欠けていた。そこで中央政府は分権を通じて地方政府と国有企業の積極性を発揮させて、生産意欲を刺激し、近代化を実現しようとしばしば試みたのである。したがって、「統収統支」をめぐる集権と分権の動向は、1949 年以降の中国財政の歴史過程を見るうえで重要なポイントである。社会主義公有制を基本としている中国財政における集権と分権は、具体的に事務事業主体が中央か地方かによって、集中と分散の形で現れている。公有制財政の特徴として製造業などの工業設備投資も財政に含まれているので、当該期における集中と分散の中心は、設備投資である基本建設支出の権限と資金であった。一方、集中と分散の方法は、国有企業の管理権限の中央集中及び地方委譲である。

　しかしながら、分権を進めると、中央の経済管理機能の低下によって地域間における既存の格差がさらに拡大して、これを調整できなくなる問題が生じてくる。こうした課題に応える安定的な体制は、政治的な混乱の影響も加わってついに創出しえなかった。これに応える経済財政体制の改革という課題は、1978 年の改革開放以降に持ち越されることになる。

第二節　租税国家への転換

　1978 年 12 月に中国共産党第 11 期 3 中全会が開催され、中国は新たな出発を始めた。過去の経験を踏まえ、累積されてきた経済的課題に応えていくための政策がとられたが、財政制度の改革もその重要な一環をなした。即ち、地方と国有企業の機動力を強化するために地方政府と国有企業の財政権限の拡大を試みたのである。ここではそうした改革の流れを、1983－84 年の利改税改革

及び1994年の分税制改革を中心に分析する。

1 地方財政請負制の実施と地域経済の活性化

　計画経済期の経済基盤を支えていたのは「統収統支」の二重構造であったことは既に述べたとおりである。したがって、改革開放に伴う財政改革は当然のことながら中央と地方の政府間財政関係及び政府と国有企業間の政企関係という2つの軸に分かれて展開されることとなった。中央と地方の財政関係の改革については、1970年代後半の中央と地方間のさまざまな財政請負制の試行がその発端であった。財政請負制は従来の中央財政中心型の「統収統支」体制とは逆に、地方財政の収入が一定の比率でまず確保され、さらに増加分については地方に留保できるという地方財政中心の財政体制である。

　1979年当時、全国で4種類の財政体制が並行して存在していた。その中に、江蘇省モデルといわれる一部財政請負制が既に含まれていた[6]。この財政請負制を実施した地方はその財政収入を大きく改善することができた。この事実を背景に、1982年2月、国務院は「『収支区分、各級請負』の財政管理体制の実施に関する暫行規定」を公布し、全国29の省、直轄市、自治区に対して7種類の財政体制の実施を決定し、財政請負制の実施範囲をさらに拡大した。この段階の財政体制の特徴は、一律に財政請負制を実施するのではなく、地域によって対応が異なっていたところにある。北京、上海、天津のような財政収入の豊かな地域は、従来の「統収統支」に近い財政体制を維持することによって全体の財政収入を確保し、民族自治区のような経済的に遅れている地域は、引き続き財政の優遇措置を実施し、広東省と福建省のような一部の沿海地域は、改革開放の最先端として特別区の財政請負制を実施し、他の大部分の地域でもさまざまな形の財政請負制を実施した。

　1988年7月、国務院は「一部の地方が財政請負制を継続することに関する通知」を出し、同年8月、国務院は「地方財政請負方法の改善」を決定し、1988

---

6) 項懐誠(1999)、318-319頁。

年から1990年にかけて、全国の37の省、直轄市、自治区及び計画単列都市すべてにおいて財政請負制を実施することにした。財源の配分だけでなく、関連の投資体制の改革も行われた。1984年10月、国務院は国家計画委員会の「計画体制を改革する若干の規定」を批准、公布し、地方政府に3,000万元以下の投資プロジェクトの審査権限を委譲した。財政請負制の実施を中心とした一連の改革によって、地方政府の権限と財源が大幅に強化されたことは、地域経済活性化の起爆剤となった。既に述べたように、財政請負制は従来の「統収統支」とは異なり、中央への上納部分を限定し、増収の部分をさらに地方有利に配分する仕組みとなっているため、財政請負制の実施は、40年近く続いた財源と権限の中央政府への高度集中構造を根本的に改め、「統収統支」財政体制の解体と地方独自の利益主体の形成を促進した[7]。

広東省、福建省の特別区は、外資導入及び市場経済化の推進を経済発展の原動力として、急速に地域の経済成長を実現し、いち早く豊かになってきた。このように豊かになった地域とそれに取り残された地域間で格差が広がり、さらに地域間の激しい競争を引き起こした。このような地域間の競争は南部地方から北部地方へ、沿海部から内陸部へ波及していった。財政請負制の実施によって活気付けられた地域経済の投資需要が一気に噴出し、全国的に地域主導の投資ブームが形成された。

1980年代から1990年代の前半までの中央と地方の財政収支の変化は、以上述べた当該時期における財政請負制の実施の影響を強く受けているといってよい。

中央財政収入は財政収入全体の約20−30％を占めており、これは1970年代の10％台より少し高く、1960年代の情況と基本的に似ている。徴税事務も従来どおりすべて地方の徴税機構に任せている。しかし、中央財政の支出割合は1980年代に入ってから低下が続いており、1978年47.4％、1985年39.7％、分税制改革直前の1993年に28.3％まで転落し、中央財政の収入とほぼ同じ水準

---

7) 項懐誠(1999)を参照。

となった。これは中央財政の財政調整能力の喪失を意味する危機的な状況である。そもそも中央財政の低水準の収入及び高水準の支出は「統収統支」財政体制の特質から生まれた現象である。そこでは以下の2点が重要である。第1は、地方から中央への財源移転つまり上納が存在していたこと。第2は、中央財政による地域間の財源再分配つまり財政調整が行なわれていたこと、である。しかし、従来の「統収統支」財政体制の上納と分配という資金循環は、財政請負制の実施によって中断された。財政収入の大部分が地方に留まったため、「統収統支」財政体制は事実上機能しなくなった。「統収統支」財政体制の機能麻痺は、中央財政規模の縮小をもたらしただけでなく、これに伴って中央財政の地域財政調整能力をも大幅に低下させた。そうした中央政府の財政調整手段の喪失は、市場経済化による経済構造の変化に伴う地域の格差を放置することになり、結果的にはこれをさらに急速に拡大することになったのである。

2 利改税改革と国有企業の変化

改革開放以降地方財政と地域経済が大きく変貌したことは既に述べたが、当該時期における政府と国有企業の「統収統支」関係も大きな転機を迎えた。改革開放とほぼ同時に、1978年10月、国務院は「国有企業の企業基金試行に関する規定」を、翌年7月には「国有企業の利潤留保を実施する規定」を公布し、国有企業の基金制度及び国有企業の利潤留保制度の創設を打ち出して、国有企業への利潤留保を拡大した。それと関連して、留保資金の使用規制も緩和した[8]。「統収統支」の枠内での企業内留保をめぐる調整は1950年代及び1960年代にも行なわれたため、上記の措置は基本的に従来の政府企業間の「統収統支」関係の延長と考えられる。ところが、1980年代から本格的な外資導入及び国内の非国有企業に対する容認政策の実施に伴う企業所有制の多様化は、改革開放に新たな性格を与えた。即ち、所有制の多様化によって、従来の「統収統支」の枠組みで処理しきれない状況が発生したのである。

---

8) 項懐誠(1999)、304頁。

そもそも「統収統支」の財政体制の下で、国有企業の財務会計が政府財政に組み込まれたため、国家は市場を通さずに企業から収入を吸い上げて、企業の留保と従業員への分配を自ら行ない、地方政府及び国有企業を管理・統制していた。しかし、外資導入によって、外資系企業の私有財産の保障及び自由な経済活動の保障といった市場経済のルールを認めなければならなくなった。そこで1980年9月に中外合資経営企業所得税及び個人所得税を設立し、1982年1月には外国企業所得税を設立した。こうした一連の動きは、中国における市場経済の原理に基づく生産方式の確立過程を意味するものでもあった。これを契機に、中央政府の租税国家への転換が始まったのである。つまり、所有制の多様化につれて、政府と企業との関係が従来の「統収統支」枠組み内の集権と分権を超えて、市場経済のルールに基づいて規範化することが要求された。これに応えたのが1983-84年の利改税改革である。

　利改税改革は従来の国有企業から中央財政への収入上納を廃止し、その代わりに企業所得税を導入する改革であった。それは、国有企業に経営自主権及び納税後の財源を与えることによって、その効率化を求めるものであった。利改税の実施によって、国有企業は生産及び流通の段階でまず流通税を納税する。大部分の製造業企業に製品税を、営業収入がある出版、建築、商業などの企業に営業税を、鉄鋼など一部の製造業企業にたいして増値税を課すこととした。さらに企業に発生する利益について、大・中型の国有企業に対して、55％の国有企業所得税を課し、小型国有企業に8段階の超過累進課税を実施した。納税後の利益は基本的に企業の所有となり、企業が自由に使用できるものとなった。利改税の実施と同時に、従来政府財政から国有企業への無償の資金給付が有償の銀行融資に切り替えられた。即ち、長い間続いた国有企業の財務会計と政府財政の一体化が崩され、国有企業は政府財政の「統収統支」の統制からひとまず自立し、はじめて利益追求主体に変身したのである。これは「政企分離」と呼ばれている[9]。

　9）項懐誠(1999)、333-343頁。

利改税改革以降の「政企分離」によって国有企業の経営自主権が一応認められ、納税後の資金留保も大幅に拡大された。これはいうまでもなく国有企業の自由な経済活動につながる重要な一歩であるが、しかしまだ自由な経済活動の完全な実現を意味するものではない。国有企業の自由な経済活動を制限する要素はまだ存在していた。その1つは所有制問題の未解決である。財政と国有企業間の「統収統支」関係は確かに断ち切られたが、国有即ち国が所有するという点で以前と変わりはない。企業の人事に対して政府は決定的な権限を依然としてもっている。したがって、国有企業はまだ自由な経済活動を遂行できない状態である。しかし、繰り返しになるが、企業の経営自主権及び納税後の資金留保が認められたのもまた事実である。ただ、企業の人事に対する決定権をもっているのは地元の地方政府である。「統収統支」体制下の人事権は単なる行政的な意味をもっていたにすぎないが、地方独自の利益が形成された時期の人事権は経済的な意味をもつようになった。即ち、国有企業の人事任命権は財政請負制を実施した地方政府と利改税を実施した国有企業の癒着の促進剤となった。

国有企業は「統収統支」の統制関係から自立したが、所有問題の未解決で自由な経済活動は保障されていない。地方政府は、一方で企業に対する減税を実施して地方の財政収入を抑え、他方で有利な立場で中央政府との財政請負交渉に臨む。しかし、地域開発を遂行するため、企業に税収以外の費用負担を拠出させ、企業を地域開発の金庫番として利用する。このような地方政府と企業の癒着は1980年代の半ば以降、全国各地で蔓延し、地方主義、諸侯経済と呼ばれていた。この状況から以下2つの問題が生じる。第1は、官僚の腐敗問題である。改革開放期の地方政府の官僚は企業の減免税を決定できる絶大な権限をもっている。利改税の実施によって経営権が与えられた国有企業の経営者も絶大な権限をもっている。このような監視されない権力が市場経済の流れに巻き込まれることによって必然的に構造的な腐敗が生じることになった。

第2は、財政資金の流失である。利改税の実施によって、国有企業内に留まる自己資金は増加した。統計上では、国有企業の自己資金が予算外資金として計上されていることは既に述べたが、改革開放以降、統計上の予算外資金は急

激に増加した。1978年から1992年まで予算外資金の規模は347.1億元から3,854.9億元に約11倍増加し、同時期の財政収入1,132.3億元から3,483.4億元への3倍の増加を大きく上回った。1992年の予算外資金の規模は既に予算内の財政収入とほぼ同じぐらいにまで急増した。予算外資金に占める事業部門の部分は10%から20%、地方財政部門の部分は数パーセント程度で、国有企業関連の部分は約70－80%を占めている。これは言うまでもなく、国有企業の資金留保の拡大を意味する。一方、予算外資金の急増と対照的に全財政収入対GDP比は1978年の31.2%から1992年の13.1%に急速に低下した。即ち、国有企業自己資金の拡大は実現したが、利改税改革で国有企業所得税を中心とした税制を導入したにもかかわらず、財政収入の増加は実現できなかった。その原因は明らかに、国有企業所得税収入の停滞にある。つまり、国有企業所得税の収入が1985年の595.8億元から1994の609.8億元にほとんど増加していない状態で、財政収入に占める割合は29.7%から11.7%に急減した。事実上の大幅な減少は全財政収入の減少と直接つながっている。

　以上述べたことから明らかになったように、国有企業の自己資金としての予算外資金の増加が経営改善によるものではなく、従来なら財政資金となるべきものが利改税によって企業の自己資金に化しただけのものであった。国有企業の経営改善を目的に、利改税改革を実施したが、経営自主権と財源が与えられたにもかかわらず、経営改善は基本的に実現しなかった。その原因は以下の2点が挙げられる。第1、地方政府と国有企業との癒着である。財政請負制の実施によって、地方政府が各地方の利益を追求しはじめたため、地域間の競争が激しくなった。地方政府は地域利益の最大化を図るため、企業への減免税権限を利用して、資金を企業に留保させ、さらに地域開発のために企業にさまざまの名目で資金を拠出させる地域政策を取っている。地方政府のこれらの行動は国有企業の大きな負担となり、企業の経営を圧迫している。つまり、中央政府が推進した国有企業振興策は、地方政府の独自の対応によって実現できなかった。利改税改革によって設立された税制も1988年の国有企業経営請負制の実施によって形骸化し、基本的に機能しなかったのである。

第2、国有企業の福祉の負担問題である。国有企業は「統収統支」の財政体制から自立したにもかかわらず、引き続き従業員の年金、医療保険などの福祉サービスを提供している。さらに大量の余剰人員を抱えながら、事実上政府の雇用対策の機能を担っている。これらの負担が国有企業の経営を圧迫していることは明らかである。したがって、国有企業の改革は単なる企業への経営自主権の委譲及び財源拡大で解決できる問題ではなく、中央と地方の新たな財政関係の構築及び政府役割の転換と深く関連している。

3　複式予算の導入と政府役割の転換

　以上述べたように、地方と国有企業への権限および利益の分散は、政府財政収入の減少、特に中央財政収入の減少という深刻な問題を引き起こした。これは「統収統支」の統制経済から市場経済をベースとする新たな経済体制への転換期に起きた現象であり、地域経済の活性化を促進すると同時に、地域経済の格差の拡大を引き起こした。この事態は財政改革に起因したが、財政の範囲を超えて、「統収統支」の旧体制の崩壊及び新体制の未確立時期における社会問題として現れてきた。

　旧体制から新たな体制への移行期に、旧体制を維持しようとする勢力と改革を推進する勢力との間で激しい論争が繰り広げられるのは、歴史的にも観察できる現象である。論争の背景は国の社会経済制度及び歴史的な条件によって異なるが、論争の過程は新体制の形成過程に影響を与え、その結果は新体制にさまざまの制度的な特徴を与えることになる。転換期の中国における新旧体制に関する論争は、社会主義か資本主義かという独特の形で展開されていた。即ち、「統収統支」の旧体制に後退するかそれともさらに市場経済を推進するかという問題である。結論は1992年の14回共産党大会で正式に打ち出された社会主義市場経済の理論である。

　社会主義市場経済は現有の経済学理論に基づいたというより、中国の緊迫した社会情勢への対応として、1980年代以来の改革を踏まえた上での選択である。狙いは社会主義理念と資本主義の生産方式に基づく市場経済の両立に他な

らない。即ち、社会主義の理念を維持しながら、市場経済の競争原理を最大限に取り入れる。そして、市場経済の負の要素つまりいわゆる市場の失敗を社会主義理念で補完する構想である。そのため、市場経済化を推進するだけでなく、統制経済の政府から市場経済における政府への転換が必要不可欠である。複式予算の導入は政府役割転換の重要な一歩である。

　1991年10月、国務院は「国家予算管理条例」を公布して、1992年度から経常予算と建設予算から構成される複式予算を導入することを決定した。経常予算の収入には、製品税、増値税、営業税などの工商税及び国有企業所得税、農業税、関税、非生産部門の国有企業の赤字補填、国家予算調整基金とその他の経常収入などが含まれている。経常予算の支出には、非生産部門の基本建設支出、工業、農業、商業、文教、科学、衛生事業費と福祉関連支出、福祉救済費、行政管理費、国防費、武装警察部隊支出、対外援助支出、物価補助支出、予備費とその他の経常支出などが含まれている。

　建設予算の収入には、経常予算の余剰金、都市維持建設税、固定資産投資方向調整税、農地占用税などの特定財源と国有企業の収入上納、国有生産部門の企業の赤字補填、国債収入及びその他の収入などが含まれている。建設予算の支出には、生産部門の基本建設支出、企業開発研究及び新製品試作費、企業運転資金追加支出、地質調査費、農業生産支援支出、都市維持建設資金、後進地域発展資金、商業部門簡易建築費及び国債の元利償還支出などが含まれている。

　先進諸国の基準で考えれば、中国の経常予算は一般会計に当たるが、建設予算は特別会計に相当する。複式予算の導入は、従来の蓄積、分配及び投資主体であった政府の役割を公共支出と限定的な経済建設という2つの役割に転換させ、政府の経済活動の範囲を明確に限定した。即ち、中央政府は「統収統支」に基づく生産活動の支配から自らを分離し、生産活動とは直接かかわりなく、公共部門での活動に専念する形となった。政府の活動を支えている財政もそれにともなって、企業活動に対しては外からその果実に第2次的に参与する形となるしかない。

　1994年3月に公布された「中華人民共和国予算法」には次のような内容が

記載されている。「中央政府の公共予算は赤字を計上してはならない。中央予算における必要な建設投資部分の資金は、国内外での国債発行で調達する。地方政府は均衡収支の原則に基づいて予算編成をし、財政赤字を計上しない。関係法律及び国務院の規定がある場合を除いて、地方政府は地方債を発行できない」[10]と。つまり、政府経常支出と建設支出の中で、公共予算としての経常支出が優先的に保障され、さらに建設予算が総需要管理政策の一環として、その実施主体が中央政府であることが法律で規定されたのである。これは租税国家の公権力の確立を意味するものであり、また地方政府の過大な権限に対する抑制をも意味する。

複式予算に基づいて編成された1992年の予算は、経常収支に371.4億元の余剰金が計上され、建設収支に繰り入れ、建設収支に904.9億元の赤字が計上された。その巨額の赤字は、国債発行で455.3億元、海外借款で212.2億元及び残り237.5億元は中央銀行の借入金で補填した[11]。即ち経常予算の均衡収支を前提にして、建設予算は財政力及び国民経済の状況に応じて調整する。赤字が出た場合、今までのように中央銀行から無制限に借り入れて補填するのではなくて、国債発行による補填の方向で調整する。そして、2年間の調整期間を経て、1994年の予算赤字は全額国債発行で補填することになり、これによって、計画経済期の負の遺産として指摘されている予算の超過達成という予算制約のソフト性の問題はひとまず解消されたと言えよう。

複式予算の導入には2つの意義がある。第1、政府の経済活動範囲を明確に限定した。すなわち、市場経済のもとで、民間部分と公共部分の区別及び公共部分における租税で賄う一般経費の部分と租税以外の資金で賄う資本形成部分の区別を、予算という形で明確にした。それによって、政府は「統収統支」に基づいて第1次分配への参与を辞め、生産活動の果実の第2次分配に臨むことになった。そして、第2に、このような政府の活動を支える財源は企業の収入ではなく、租税とした。租税の先取りである国債資金が中央の建設予算の不足

---

10)『中国財政年鑑』(1995)、500頁。
11)『中国財政年鑑』(1994)、31頁。

額を補填するために限定されることと、国債消化についての中央銀行による引き受けが禁止されること及び国債発行の権限が中央政府に集中されたことが重要である。これは1980年代以来の経済過熱及びインフレを誘発する予算のソフト性を是正するだけでなく、中央政府が総需要管理政策の実施主体としての基盤を構築したと言えよう。

4 分税制改革と租税国家の成立

政府役割の公共部門への限定が「統収統支」の財政体制に対する否定であることは既に述べたとおりである。生産活動の主体であることをやめたのであるから、第2次分配の主体に変身した中央政府の財源はいうまでもなく租税で賄わなければならない。しかし、1980年代の利改税は企業の収入を主要な財源とした「統収統支」の財政体制を崩壊させたが、その後できた新たな税制では中央政府にとって必要な税収の確保を実現できなかった。即ち、地方財政請負制導入後に地方政府は、地方財源を拡大するために地方の財政収益の最大化を目標とするようになったからである。

以上のような1980年代の改革によって生じた問題を背景に、分税制改革が登場したのである。1993年12月15日国務院は「分税制財政管理体制の実施に関する決定」を公布した[12]。分税制改革は財政管理体制の改革と税制改革という大きな2つの部分に分けられる。

財政管理体制改革の主な内容は、第1に、中央政府と地方政府の事務配分と支出の区分が新たに規定された。まず、中央支出として以下の項目が挙げられた。国防費、武装警察費、外交と対外援助費、中央部門の行政管理費、中央統括の基本建設投資、中央所属企業の開発研究と新製品試作費、地質調査費、中央負担の農業支援支出、中央負担の国内外債務の元利返済支出、中央負担の公安、検察、司法機関行政管理費と文化、教育、衛生、科学の事業費支出等である。次に、地方支出として地方政府の行政管理費、公安、検察、司法機関支出、一部の武装警察費、民兵事業費、地方統括の基本建設投資、地方企業の開発研

---

12)『中国財政年鑑』(1994)、62頁。

究と試作費、農業支援支出、都市維持建設費、地方文化、教育、衛生等の事業支出と価格補助支出等である。

　第2に、中央政府と地方政府の収入の区分が新たに次のように規定された。まず、中央固定収入が次のように規定された。すなわち、関税、税関が代理徴収する消費税と増値税、消費税、中央所属企業の所得税、地方銀行と外資系銀行及び非銀行金融企業の所得税、鉄道部門・各銀行本社・各保険会社本社が集中的に上納する収入(営業税、所得税、利潤と都市維持建設税)、中央所属企業の利潤上納等である。次に、地方固定収入が次のように規定された。営業税(鉄道部門・各銀行本社・各保険会社本社が集中的に上納する営業税を除く)、地方政府所属企業の所得税(地方銀行・外資系銀行及び非銀行金融企業の所得税を除く)、地方政府所属企業の利潤上納、個人所得税、都市土地使用税、固定資産投資方向調整税、都市維持建設税(鉄道部門・各銀行本社・各保険会社本社が集中的に上納する部分を除く)、家屋税、車船使用税、印紙税、屠殺税、農業牧畜業税、耕地占有税、契約税、遺産と贈与税、土地増値税、国有土地有償使用収入などである。

　そのほか、中央と地方の共通配分収入として、増値税、資源税と証券取引税が規定された。付加価値税は中央75％、地方25％の比率で配分される。資源税は資源の内容によって異なるが、大部分の資源税が地方の収入とされる。ただし海洋石油資源税は例外的に中央の収入とする。証券取引税は中央50％、地方50％の配分比率である。

　第3に、中央政府と地方政府間の財政移転についての規定である。地方の既得利益及び現状を維持しながら漸進的に改革の目標を達成するため、中央財政が地方に対して行なう税収還付額は1993年を基準年度として確定する。1993年の地方実際収入と税制改革及び中央地方間の収入配分状況に基づいて、1993年の地方から中央への純移転額(消費税＋増値税の75％−中央から地方への移転額)を確定する。1993年地方から中央への純移転額を全額地方に還付することで、地方の既得の財政力を維持する。そして1993年の還付額を今後中央から地方への税収還付の基数とする。1994年以降、全国増値税と消費税の平均

1％増加すれば中央から地方への税収還付は0.3％増加する。ただし、1994年以降の地方から中央への純移転額は1993年の基数に達することができない場合、還付額も相応に減少する。

以上の財政管理体制の改革と同時に、1993年12月13日、国務院は「中華人民共和国増値税暫定条例」、「中華人民共和国消費税暫定条例」、「中華人民共和国営業税暫定条例」、「中華人民共和国企業所得税暫定条例」を公布し、大幅な税制改革を実施した[13]。32種類の税目が18種類に簡素化され、流通税と所得税を基幹税として、資源税、特定目的税、財産行為税を補助税とする新たな税体系が構築された。税制改革の主な内容は流通税改革と企業所得税の改革である。

第1、流通税は1985年以来の製品税、営業税と増値税から増値税、営業税と消費税に変更された。即ち、従来の製品税は基本的に増値税に統合された。製品税は完成された製品に対して課税するのに対して、増値税は製品の付加価値部分に対する課税である。ヨーロッパの付加価値税はその原型であるが、日本の消費税とも似ている。1985年の利改税改革の時点で、増値税が既に導入されたが、適応範囲は鉄鋼業など製造業のわずか12種類の製品であった。その後、増値税は適応範囲が拡大され、ついで製品税を吸収して最大の税種となった。増値税が製品全体ではなく、付加価値の部分だけ課税対象とする性質は企業の分業体制を促進する役割を有している。これは部品から製品まで全部企業内で完成する国有企業の非効率を改善する大きな意義をもっている。増値税が流通過程で課税されるので、企業の経営状況と関係なく徴収できるため、税収確保という点で大きな意味をもっている。

第2、企業所得税については、1985年の時点で、国有企業所得税、国有企業調節税、集団企業所得税、私営企業所得税、外国投資企業及び外国企業所得税など全部で5種類の企業所得税が存在していた。国有企業奨金税、国有企業給与調節税、集団企業奨金税、事業単位奨金税など事実上の所得税を含めれば

---

13)『中国財政年鑑』(1994)、554-564頁。

9種類にもなる。多数の企業所得税の存在は政府分配から市場分配への転換期における中国の複雑な現状を反映していると同時に、公平の原則に反しているため、事実上市場分配への転換を阻害している。新たな企業所得税は内国企業所得税と外国投資企業及び外国企業所得税という2種類に統合された。そして、税率も33%に統一した。国有企業に関しては、1985年の55%から33%へ事実上の軽減になった。即ち、国有企業に対する過重の税負担の見直しを通じて、租税の公平性の実現に向かって一歩踏み出したと同時に、国有企業の所有制問題を解決しない限り、企業所得税への期待が困難だという判断が背後にあると考えられる。こうした増値税の確立と企業所得税の減税は、この時期の税制の大きな特徴である。

　税財政ワンセットの改革と関連して、中央税と地方税の徴税機構の分離が必然的に要求される。徴税の地方依存は財源の地方依存と関連して、「統収統支」財政体制の特徴であり、長期的に中央税と地方税の徴税未分離状態は続いていた。しかし、市場経済における公権力は一国を完全に掌握する体制を作り出さなければならない。財政権もそれにともなって身分的、地方的な差別を超越して、平等に行使することが要求される。したがって、その財源を調達する機構の分離即ち各地の国税徴収機構を中央政府が直接掌握することはきわめて重要である。1980年代の改革によって中国の財政体制が大きく変容して、租税が財政の主要な収入源となったが、徴税の地方依存現象は依然として続いていた。これは地方政府と国有企業の癒着を可能にした原因の1つであろう。分税制改革による中央と地方の財政関係の調整は中央税と地方税の区分に新たな意味を与えた。したがって、中央税と地方税の徴税機構の分離は新税制を実施する重要な措置であり、租税国家成立過程の重要な一環である。

　分税制改革の意義について、以下の2点を取り上げる。まず第1に、新税制に実施によって政府と企業の利益分配が改めて税制で固定された。その上に、中央と地方の財源配分も税制で規範化された。中央政府と地方政府の財源配分が新税制によって規定されることは、請負制の任意性の問題を解消し、地方政府が国有企業に対して行政的な権限を行使する動機を最小限にとどめた。同時

に、政府と企業間の利益配分が新税制によって規定されることは、企業経営請負制の任意性を廃棄し、政府と国有企業の分離を加速した。ここで重要なのは、1980年代に形成された財政請負制と企業経営請負制が同時に新税制で規範化されたことである。これによって、中国は漸く資産国家を脱皮して、租税国家としての姿を明確にしてきたといえるのである。

　第2に、財政収入の構造が利潤中心から租税中心に転換しただけでなく、財政支出の内容も経済建設中心から公共支出中心に転換した。「統収統支」財政体制時代に、50％以上を占めていた経済建設支出は減少し、2000年には36.2％に低下した。その中の資本形成としての基本建設支出は、1978年対財政支出比の40.3％から2000年には13.2％に減少した。これは単なる基本建設支出の量的な変化だけでなく、内容的にも大きな変化が生じた。即ち、一般設備投資中心から公共投資中心に転換した。これに対して、社会文化教育支出は1978年の13.1％から2000年の27.6％に上昇した。その中の文教、科学、衛生及び社会福祉救済費は、1978年対財政支出比の11.7％から2000年の18.6％に上昇して、以前最大の支出項目であった基本建設支出を上回る結果となった[14]。即ち、中央政府は蓄積及び投資の領域から撤退して、租税国家の政府として公共支出の主体への転換を基本的に実現したのである。

　分税制改革によって租税国家の枠組みが形成され、それに伴って財政収入対GDP比及び中央財政収入対財政収入比も改善されたので、当面の目標は一応達成したといえよう。しかし、残っている問題は依然として深刻である。第1、地域間格差の問題は改善されていない。「統収統支」の財政体制における地方財政調整の手段が失われ、市場経済における有効な地方財政調整制度がまだ構築されていないため、東部と中部、西部の地域格差は一層拡大する傾向にある。市場経済化によって、所得の分配は市場経由で行われるようになり、個人所得税が設立されたにもかかわらず、所得の捕捉率が低いため、所得再分配の機能はほとんど発揮されていない。したがって所得格差という新たな問題が現れ、

---

14) 朱思琳(1999)を参照。

一段と深刻化している。都市と農村の格差は以前から存在しているが、地域格差と絡んで中西部の農村地域と東部の都市部の格差はさらに拡大した。農村地域の県地方政府は財政収入の増加及び地域経済開発のため、農業税以外に農民からさまざまな費用を徴収する事態が蔓延して、農民の強い不満を引き起こした。第2、国有企業の改革はまだ道半ばである。「統収統支」の財政体制から自立した国有企業は、依然として苦しい経営状態を強いられている。その原因は経営問題のほかに、国有企業の福祉負担という無視できないところにある。国有企業は依然として従業員の年金、医療、労災などの福祉サービスを負担しており、さらに政府の雇用政策の一環として余剰人員を吸収している。政府の一部の機能を負担している以上、財政部門は国有企業に赤字補填、銀行融資など必要な援助をせざるをえない。この相互依存の関係が存在しているため、政府と国有企業の分離は困難である。

第三節　積極的な財政政策の実施と社会保障制度の整備

1997年、東南アジアの金融危機の影響が中国にも波及して、中国経済は輸出の不振から未経験のデフレ傾向に直面した。特に大量の余剰人員を抱えている国有企業を中心とした企業の経営不振が続出したため、経済成長が失速する危険性が出てきた。経済成長の維持は、経済改革の必要条件であるので、景気対策としての内需拡大と国有企業の改革を促進する環境整備としての社会保障制度の構築が緊急の課題となった。このような市場経済化に伴う問題の発生は、租税国家の枠組みを構築した政府に新たな役割を求めている。

1　積極的な財政政策の出動

分税制改革後の中国経済はインフレの沈静化によって、ようやくソフトランディングを実現したが、1997年の東南アジア金融危機の影響で、再び厳しい状況に直面することになった。まず、中国経済の高成長を支えている軸の1つである輸出産業は、東南アジア諸国の通貨下落と景気低迷で大きな打撃を受け

た。そして、輸出産業の低迷はさらに企業全体にその影響が波及する形となり、国内市場の競争が一層激しくなり、国有企業を取り巻く環境は一層厳しくなった。すなわち、常に供給不足の中国経済構造は初めて部分的ではあるが、需要不足に直面した。この影響によって、輸出の低迷、企業在庫の増加及び企業経営の悪化という連鎖反応が起きた。すなわち、輸出産業に牽引されている経済発展は、その脆弱性を露呈した。これを受けて、潜在化していた国有企業経営不振の問題も一気に顕在化して、企業の倒産及び失業者の増加という社会問題になる恐れが出てきた。

以上の新たな状況に対応するため、国務院は1998年8月に緊急景気対策としての1,000億元の長期建設国債を発行して、経済成長の制約になっているインフラの整備に力を入れることによって内需の拡大をはかった。1999年に1,100億元、2000年に1,500億元、2001年に1,500億元、2002年に1,500億元で、連続5年で巨額の長期建設国債を発行して景気対策を実施した。国債発行は1980年代からほぼ毎年のように行われているが、既に述べたように、予算のソフト性で赤字補填に使われていた。総需要管理政策の一環として、内需拡大という明確な政策目標に基づいた連年の大規模な建設国債の発行は今回初めてである。以下、1950年代以来の国債発行の状況を簡単に整理したうえで、今度の景気対策としての国債発行政策の内容を検討しよう。

新中国成立後の1950年代初期、長期間の戦争による経済混乱を克服するために、一時「人民勝利公債」が発行された。これは戦後の経済安定及び回復に大きな役割を果たした。1954年から1958年にかけて、第1次5ヵ年計画の実施にあわせて、毎年経済建設公債を発行し、大規模な経済建設に貴重な資金を調達した。ところが1960年代から1970年代の後期までは、国内の政治変動と国際的な状況で国債が発行されなかった時期である。そして、経済改革以降の1981年から国債発行が再開され、現在まで続いている。

1980年代以降の国債発行の状況を整理すると、次の3つの時期に区分できる。まず、第1に、1981年から1992年までの時期で、単なる財政収入の不足を補足するために国債を発行した時期である。国債資金の使途及び引き受け方

法などは明確になっていないが、いわゆる赤字国債の時期といえるだろう。特にこの時期の、国債の中央銀行による引き受けが通貨の増発、インフレの原因になったのは特徴的である。「統収統支」財政体制の構造的な影響が国債発行にまだ強く残っている時期である。第2に、1993年から1997年までの時期で、複式予算の導入によって経常収支に赤字が計上されないことで、赤字は全部建設収支に限定される時期である。インフレの沈静化に伴い、分税制によって財政基盤が強化された中央政府は国債で調達した資金を運用して、マクロコントロールに乗り出した時期である。いわゆる建設国債の時期といえるだろう。中央銀行による国債の引き受けが禁止されたので、国債発行額が年々増加したにもかかわらず、物価は比較的安定していた。即ち、租税国家の枠組みの中で、国債は租税の先取りという認識に基づいて財政政策をおこない、予算編成は軌道に乗り始めたのである。第3に、1998年から現在までの時期で、内需拡大の景気対策として国債発行を通じて積極的な財政政策を実施する時期である。次に、今度の景気対策としての国債発行の背景と特徴について分析していく。

1998年8月、国務院は「国債の増発で基礎施設の建設促進及び今年度の中央財政予算調整案」を全国人民代表大会常務委員会に提出し、審議の上、批准された。主な内容は次のようである。財政部が1,000億元の追加国債を発行し、予算内における基礎施設の建設の特定財源とする。具体的な投資方向は、水害防止、農業水利建設、鉄道道路、重点空港、郵便通信、都市基盤建設、環境保全、都市農村地域の電力供給網の建設と改善、揚子江、黄河上流地域の生態維持と植林事業、大型食糧倉庫などに限定される。これと関連して、中央予算について次のような調整がある。つまり、本来基礎施設の建設に支出する180億元の予算を、科学技術及び教育への追加支出、国有企業のリストラ人員への基本生活保障支出、年金を強化する支出及び揚子江流域などの水害の救助支援支出に変更する[15]。財政部長の項懐誠は追加国債発行について次の2点を説明した。まず、経済と社会の急速な発展は社会基盤整備の追加投入を要請してい

---

15)『中国財政年鑑』(1999)、8頁。

るから、インフラ建設の強化は、国内の需要を促進し、経済発展を加速できるだけでなく、重複投資を避ける意味でも効果的である。投資構造と経済構造の調整、改善及び経済の長期安定成長に有利である。次に、中央銀行の通貨供給量がやや減少傾向であるが、銀行預金が逆に増加している。そして、物価水準も引き続き低位に安定しているので、長期国債を発行する良い時期である、と16)。

　したがって、今度の景気対策としての国債発行は租税国家の枠組みの中で行なわれ、その上で調整国家乃至現代福祉国家的な性格を強めていると理解できるのである。具体的に以下のような特徴がある。第1、国債で調達した資金の投資方向はインフラ整備に限定されている。これは、従来経済発展の制約になっているインフラ部門に資金を集中的に供給できると同時に、製造業部門への重複投資による過当競争の現象を回避できるという政策的な構想である。すなわち、単なる内需拡大ではなく、資源の合理的な配分を実現するという明確な政策目標を反映しているのである。

　第2は、国債資金の投資が中部、西部地方に傾斜しているという点である。およそ70%の投資は中部と西部地方に集中され、農村地域のインフラ整備への投資は30%を占めている。具体的に、中部、西部地域及び農村地域の道路と電力網の整備、防災能力の強化及び農業水利建設などが重点となっている。これは今までの国債発行と明らかに異なり、中央財政が地域経済の調整役をになり始めたことを示すものであるといってよかろう。

　第3の特徴は、雇用創出という社会政策の視点である。中国では、GDPの成長率を1ポイント上げることによっておよそ125万人の雇用機会を創出できるという研究がある。現在の中国では毎年約700万人の新たな雇用希望者が増加し、さらに約300万人の再就職を求める失業者が出てくるという状況を考えると、一定のGDP成長率を維持することは雇用の維持と社会の安定にとって必要不可欠である。

---

16)『中国財政年鑑』(1999)、10-11頁。

第4の特徴は、国債資金の追加支出によって、予算資金の社会福祉への支出を強化したことである。1998年度予算において基礎施設の建設に支出されるはずの180億元が社会保障関係などに変更された。これをきっかけにしてその後の社会保障関係の支出が増加している傾向をデータで確認できる。

以上のような積極的な財政政策を実施する背景には、20年間の改革開放を経験した中国経済の構造変化がある。市場経済化による生産能力の向上で、一部ではあるが、供給が初めて需要を上回る状況が現れた。市場化による経済成長とその結果としての格差は、当面深刻な問題となっている。東南アジアの金融危機はこの問題をさらに悪化させた。輸出依存度の高い中国経済は、一旦輸出が不調になると、経済にデフレの影響が出てくる。このデフレ状態から脱出するため、一般に消費の拡大、及び公共投資を含む投資拡大による内需拡大の景気対策が求められる。

しかしながら、消費は地域的にきわめて不均衡な状況にある。東部地方と中部、西部地方との格差及び都市と農村の格差はかなり深刻である。例えば東部地方で既に飽和状態になっている家電製品は、中部、西部地方では、所得水準の相対的な低水準及び社会基盤の未整備などの原因で、まだ基本的に普及していない現状である。したがって、現在の中国における消費拡大は地域的な不均衡などの原因で制限されている。

経済成長を支えているもう1つの設備投資については、国有部門以外の民間設備投資は輸出不振の影響で伸び悩んでいる状況である。たとえ設備投資が増加しても、インフラなど比較的に充実している東部沿海地域に集中すると考えられるから、長期的には資源配分の不均衡を拡大するだけである。しかし、そのまま放置すれば企業の倒産、失業の増加という最悪の結果になりかねない。今度の積極的な財政政策はこのような経済の実態に基づいて打ち出されたのである。民間の遊休資金の政府への移転による財政の出動は、有効需要を創出できるだけでなく、資源配分の不均衡による地域格差の解消にも重要な意味をもっている。

中国経済が1998年以降も7%前後の成長率を維持している事実は、積極的

な財政政策の有効性を証明していると考えられる。しかし、積極的な財政政策の実施と関連して、次のような問題に注意を払う必要がある。第1、財政における公債依存度の増加と累積債務の問題である。中央財政収入の公債依存度は2000年には38.8%にも達している。累積債務もGDPの16%ぐらいに達している。これは決して健全な状態ではない。特に国債の償還について考えれば、現在の税制における所得再分配の機能をほとんど果たしていないため、格差がさらに拡大する恐れがある。この点に関しては、今後の税制改革及び財政政策の動向が注目される。第2、建設国債資金の中西部地域への傾斜は地域財政調整の要素が含まれているため、評価できるが、長期的に地域の経済構造にどのような影響を与えるかという総合的な視点が必要である。

2 社会保障制度の整備

東南アジア金融危機の影響で、輸出企業だけでなく、国有企業を取り巻く環境も一層厳しくなった。国有企業全体の経営赤字は1996年18億元から1997年の293億元へ、さらに1998年の558億元に急増した。1997年全国14,923社大・中型の国有企業の中に経営赤字の割合は40.4%であるが、1998年経営赤字の割合は52.7%に上昇した。つまり、輸出が低迷したため、国内市場の競争が激しくなったので、国有企業の効率性と競争力の改善が一層求められることになった。

既に述べたように、「統収統支」の財政体制のもとでは、国有企業は政府の末端組織として従業員の年金と医療保険を負担するだけでなく、政府の雇用政策の受け皿として、従業員の終身雇用を維持しなければならなかった。すなわち、政府は資本蓄積、分配と投資に、国有企業は福祉サービスの提供にそれぞれ特化していた。国有企業に求められているのは、利潤の最大化というより従業員及びその家族への福祉サービスの提供であり、効率の目標というより社会性の目標であった。利改税改革と分税制改革によって、国有企業は企業経営の権限及び蓄積、投資の権限を取り戻したが、依然として福祉サービスの提供という政府の一部の機能を果たしている。これは国有企業の負担超過、経営不振

と赤字転落の直接の原因だと考えられている。

現代福祉国家の形成・展開過程が社会保障制度を資本主義体制内に取り入れ、それを拡充した過程であるとすれば、中国の市場経済化は国有企業に内部化されていた企業ごとの単位制従業員福祉制度が全社会の構成員に広がる過程であるといえよう。その過程に国有企業の改革が含まれているため、国有企業改革は単純な企業レベルをはるかに超えた、社会構造に大きな変化を与える改革と考えなければならない。なぜなら、国有企業改革は資本蓄積及び投資機能の政府から企業への移転だけでは不十分で、福祉サービス供給の企業から政府への移転も必要不可欠としているからである。

1993年3月、第8回全国人民代表大会、大会第1次会議の「政府報告」の中で、社会保障制度について次のように述べている。現段階の中国の経済発展レベルに適合する社会保障制度を段階的に構築しなければならない。重点的に失業保険と労災保険の健全化を図り、年金保険と医療保険の社会性を高め、合理的な負担による社会保障基金制度を設立する。これは社会主義市場経済における社会保障制度構築の幕開けとなった。

1998年3月、第9回全国人民代表大会で、3年間で国有企業の経営赤字問題を根本的に解決するという目標が立てられたため、社会保障制度の構築も緊急な課題として浮上してきた。全体的な社会保障制度に関する詳しい分析は次の各章に委ねるが、ここで、政府支出の構造変化と関連して、政府主導による社会保障制度の構築の過程を確認しておこう。最後に、地方の一事例として上海市社会保障制度の構築過程を概観してみる。

既に述べたように、1980年代に入ってから、財政支出に占める基本建設投資の割合が継続的に低下したことは、資本蓄積と投資の機能の政府から国有企業への移転を裏付けている。しかし、財政支出の増加部分は社会文化教育に限られている。社会保障関連の支出は特に増加した傾向はない。これは、社会保障制度がまだ構築されていないため、社会保障の機能は依然として国有企業によって維持されているからである。利改税改革以降、国有企業は社会保障の負担をしながらも、一応「統収統支」の財政体制から独立した。しかし、過重な

社会負担による経営不振で、赤字に転落した企業が現れてきた。1985年以降、政府は毎年300-500億元の国有企業の赤字補填をせざるを得ない状況である[17]。1998年、労働社会保障部の設立によって、企業単位の福祉制度から社会保障制度へと改革が急速に進められた。それと関連して、財政支出に占める社会保障関係の部分は大きな伸びを見せた。1998年の社会保障関係の支出は595.6億元で、財政支出の4.5％を占めていたが、2000年の同支出は1,517.6億元で、財政支出に占める割合が8.6％になり、2001年の当該支出は1,987.6億元で、財政支出に占める割合も9.5％に増加した[18]。

　財政支出の増加によって、政府主導の社会保障制度の構築が進んでいるが、まだたくさんの問題が存在していることに注目したい。第1、社会保障関連の財政支出はまだ少ないため、一部の地域で社会保障基金の不足が指摘されている。第2、地域間の格差が存在していることである。中央政府は年金制度、医療保険制度などの基本的な制度の枠組みを作り、これに基づいて、地方政府は各地域の実態と現状を踏まえた上で、各地方の制度基準を作るという仕組みである。第3、全体の7割を占めている農村人口が現在の社会保障制度から除外されていることは、制度としての最大の欠陥と言わざるを得ない。市場経済化に伴う社会保障制度の構築は、新たな市場経済条件の下で国民統合の方法の模索である。これらの問題の解決は、今後の社会保障制度の充実過程に求めなければならない。

　地域ごとに形成されている社会保障制度は、地域の経済情況、自然と文化などの影響と制約を受けると同時に、これらの要素を特徴として制度の中に取り込んでいかざるを得ない。ここで、地域の一事例として、上海市の社会保障制度の構築過程を分析する。その際、政府支出の変化に伴う役割転換の実態を考察すると同時に、行政の末端組織と住民の間の媒体としての社区の存在と役割についても考察を行なう。

---

17)『中国財政年鑑』(2002)、351-352頁。
18)『中国財政年鑑』(1994)各年版を参照。

上海は中国最大の工業都市である。人口が1,300万人で、全国の約1%を占めている。面積が6,340平方キロメートルで、日本の大分県とほぼ同じである。2000年の域内国民総生産は4,551億元で、全国の約5%を占めている。財政収入は498億元で、支出は622億元である。それぞれ3.7%と3.9%を占めている[19]。上海の事例を取り上げる理由は、上海市を代表的な例としてというより、上海の事例が中国の今後の発展方向を示すと考えられるからである。まず、上海市財政支出の変化による政府の役割の転換を確認する。1978年、政府の基本建設支出の市財政支出に占める割合は45.2%で、ほぼ半分近くであるが、2000年の同割合は21.3%に減少した。これに対して、科学、教育、文化衛生事業費の市財政支出に占める割合は、1978年の11.8%から、2000年に21.8%にまで上昇した[20]。基本建設支出の減少は、「統収統支」財政体制の下で政府主導による設備投資構造の根本的な変化を意味する。即ち、政府は設備投資の領域から撤退して、その投資の重点が都市建設及び公共投資などの社会基盤の整備に限定されるようになった。政府役割の重心は従来の経済建設から科学、教育、文化及び衛生事業などの公共領域に転換している。このような財政収支の変化は、基本的に財政全体の動向と一致している。

1992年以降、上海市政府は全国で比較的早い段階で社会保障制度の構築に本格的に乗り出した。1997年7月「国務院の統一した企業従業員基本年金保険制度の設立に関する決定」が公布されてから、上海市は国務院の決定に基づいて、1993年から独自に実施していた年金保険制度を調整した。1999年末の時点で、年金保険に加入した上海市の企業は6万5千社あまりで、従業員数は437万人、従業員全体の98.2%に達している。定年者数は1990年に159.1万人で、年金及び医療費の支出は68億元であるが、2000年に234.2万人になり、年金及び医療費の支出は347.9億元に急増した。それと同時に、上海市は年金保険制度の郊外農村地域への拡大を、政府の1997年の主な仕事として推進し

---

19) 『上海統計年鑑』(2001)を参照。
20) 『上海統計年鑑』(2001)、128頁。

た。1999年年末の時点で、農村年金保険の加入者数は121万人に達し、加入すべき人員の90%になっている[21]。

1995年、上海市は「上海市失業保険方法」を公布して、失業救済金申告制度を実施した。1999年2月に、国務院の「失業保険条例」に基づいて、上海市政府は「上海市失業保険弁法」を公布した。それまでの失業保険の方法について若干の調整を行った。失業保険に加入する範囲が拡大されたと同時に、保険料が以前より高く設定され、そして、中高年失業者に重点的に支給されることになった。1999年度の失業保険金の支給は99万回で、前年度比43.5%増となった。これは一時帰休の労働者の会社からの退社と再就職を促進した。

従来の企業従業員家族生活困難補助の改革も同時に行われている。1996年11月に公布された「上海市社会救助弁法」では、社会救助の対象は、都市部の街道事務所或は農村部の郷、鎮政府の審査認定後、本人もしくは配偶者の勤め先から給付されることになっていた。その後の改革によって、1999年10月1日から、都市部の最低生活保障金は市と区の財政がそれぞれ50%ずつ負担して、社会救助管理所によって給付されることになった。農村部の最低生活保障金は従来の区(県)、鎮(郷)、村それぞれ40%、40%と20%から区(県)と鎮(郷)それぞれ50%ずつ負担することに変更された。1999年度、都市部住民の46.6万人に社会救助を実施し、11.3万人に都市住民最低生活保障金を支給した。農村部住民の1.6万人に最低生活保障金を支給した[22]。

政府主導の社会保障制度の構築が行われていると同時に、一方、地域住民の相互扶助を中心に、区政府と街道事務所の行政の支持を得た上で、1990年代の後半から社区サービスセンター(社区服務中心)が登場した。最初は一時帰休及び失業者に再就職の斡旋或は再就職の場を一部提供していたが、後に、地域の高齢者に必要なサービスを提供したり、地域の住民に衛生保健などの身近なサービスを提供したりして、地域住民の相互扶助及び自助活動の場となってき

---

21) 『上海統計年鑑』(2000)、435-436頁。
22) 『上海統計年鑑』(2000:442頁)を参照。

ている。1999年の時点で、上海市では区レベルの社区サービスセンターが10あり、街道レベルの社区サービスセンターが122ある。そして、住民委員会レベルの社区サービスセンターが2,739ある。住民委員会レベルのサービスセンターに所属している専任職員は3,946人で、さらに11,215の各種の施設を管理している。1999年に街道の社区サービスセンターに登録した一時帰休の労働者数は約41万人で、社区サービスセンターの斡旋で再就職したのは17.3万人で、登録者数の約42％になっている。その中に社区サービスセンターの施設が直接吸収したのは26,118人である。すなわち、社区サービスセンターは再就職の斡旋を行うと同時に、それ自身も再就職の受け皿になっている[23]。

以上述べたように、政府による社会保障制度の整備が進められていると同時に、地域住民の自助と相互扶助を中心とする社区サービスセンターの登場は、現段階の中国における社会保障制度整備の一側面を反映している。即ち、国有企業改革は企業単位の福祉サービスから全社会をカバーする社会保障制度への転換を要請する。しかし、現段階における社会保障関連の財政支出はまだ十分に期待できるものとはなっていない。地域住民の自助と相互扶助を中心とする社区サービスセンターは、このような状況のもとで誕生したといえる。ただし、社区サービスセンター誕生の意義はそれだけではない。市場経済における地域社会の新たな役割を示唆しているのではないかと思われる。

おわりに

1984年の利改税改革と1994年の分税制改革は、新たな税制を導入することによって、旧体制を支える2つの軸—中央政府と地方政府及び中央政府と国有企業の「統収統支」の構造を崩し、市場経済に対応する租税国家を形成した。中国の社会主義公有制は、国が企業を所有するという「統収統支」の構造を制度的な基盤としていた。その財政上の特徴は国の財政収入に企業からの上納金

---

23)『上海統計年鑑』(2000)、442頁。

が大部分を占めていたことにあった。企業を所有しただけでなく、国は5ヵ年計画及び年度経済計画を通じて直接企業の生産活動をも指揮していた。これは国営企業という名称の由来でもある。そして、「統収統支」の支出は、社会主義体制特有の分配機能をもっていた。その中にはいうまでもなく国民経済の蓄積と消費が含まれていたが、同時に、地域ごとに、業種別にその水準がきめ細かくきめられた国有企業従業員の給与、年金及び医療等も含まれていた。改革開放政策のもので、このような計画経済の体制は急速に変貌を余儀なくされたのである。

　市場経済化の推進に伴って、国家の財政基盤は直接生産活動から収入を吸い上げることによってではなく、私有財産権及び独立した経済実体の果実の一定部分を税として徴収することによって維持され、その税収を基に国家は経済社会に第2次的に関与することとなった[24]。このような租税収入によって自らを維持する財政体制の確立は、中国における租税国家の枠組みの確立とみてよかろう。歳入調達が主に企業の利潤、または個人の所得に対して課される租税に依存するという事実は何よりも中国における租税国家の確立を裏付けている。こうした歳入構造の変化は、いうまでもなく市場経済化に伴う国有企業の経営自主権の確立、さらには国有企業以外の民営企業及び外資系企業の急速な増大を背景としているのである。いいかえれば、経済全体に占める国有部分の縮小による私有権の確立を背景としているのである。私有権の確立を中心とする市場経済の形成は「統収統支」の計画経済体制下のいわば資産国家の終焉をもたらし、代わって租税国家の成立を必然化したのである。

　しかも中国のばあい、市場経済化に伴う税制改革によって租税国家の形成のみでなく、同時に現代福祉国家的な調整国家の形成をも見ることができるのである。1990年代後半以降に展開された政策動向としての以下の2点はそのことを示している。第1に、1990年代後半以降の政策的な動向には、積極的な経済成長政策的財政政策の実施がみられたことであり、第2には社会保障制度

---

24) 日本における租税国家の成立については、林健久(1979)を参照。

体系の構築の試みがみられたことである。

まず第1の、建設国債の発行による積極的な財政政策の実施についてであるが、漸くインフレの沈静化を実現した中国経済は、1997年東南アジア発の金融危機の影響を受けて、輸出が低迷し、企業の経営が悪化した結果、失業問題が深刻になった。それを背景に、1998年から、中国政府は大規模な建設国債の発行による積極的な景気刺激的財政政策の実施に踏み切った。その結果、内需拡大の効果によって景気が支えられ、5年連続GDP 7％前後の高成長を維持することができた。

建設国債の発行による積極的な財政政策は次のような特徴をもっている。第1に、財政資金の支出は基本的に社会基盤整備に限定されたので、経済発展の制約になっている社会基盤整備の強化と製造業部門の重複投資の回避を同時に達成できたことである。第2には、国債資金の支出は地域的に傾斜していることである。経済基盤が比較的弱い中部、西部地方及び農村地域に重点的に配分されており、明らかに地域経済の調整という政策的な意図が反映されている。第3に、雇用創出という社会政策の視点が含まれていることである。総需要管理政策を実施するという点でより現代福祉国家の経済政策に近いと考えられる。これは1994年分税制改革で確立された租税国家枠組みの延長と考えられる。

次に第2の、国有企業改革の一環としての社会保障制度の構築である。1997年7月、国務院の年金保険制度の設立に関する決定は、年金制度を初めとして、本格的に社会保障制度の構築に動き出した。国有企業改革の目標はその効率性を高めるところにある。その改革の障害になっているのは、国有企業の従業員年金、医療保険などの負担である。そのほかに、雇用政策の受け皿として、大量の余剰人員の吸収を余儀なくされてきたことも国有企業の効率化の障害となっている。国有企業改革の目標を達成するために、国有企業の社会的な負担を取り除く必要がある。そのために生じた制度的な空白を補填するには、財政主導の新たな社会保障制度の構築が必要不可欠だったのである。

以上述べた積極的な財政政策の実施と新たな社会保障制度の構築は、1980年代からの市場経済化の進展を加速すると同時に、市場経済におけるあるべき

政府の姿を一層鮮明にした。特に新たな社会保障制度の構築は、「統収統支」時代に資本蓄積に特化した政府の役割と従業員の福祉供給に特化した企業の役割の相互転換に伴うものである。このような政府と企業の役割の相互転換を促進したのは市場経済化の浸透である。この過程から生まれてくる社会形態は、市場経済に社会主義理念としての社会福祉制度が溶け込むという意味で、初期段階の資本主義というより現代福祉国家と重なる部分が多いと考えられる。ただし、その形成過程が異なることに留意すべきである。しかし、社会保障制度の構築は、市場経済化の進展によって深刻化した所得格差などの社会問題に対応するために必要不可欠な措置である。制度の構築過程は現代福祉国家の形成過程と異なるにもかかわらず、効率を求める市場経済体制と非効率の社会保障制度の結合という点で極めて近似している。

　上述のように、中央政府が租税国家の枠組みを構築するとほぼ同時に、総需要管理政策の実施及び社会保障制度の構築など調整国家的乃至現代福祉国家的な政策を展開し始めたことは、社会主義市場経済を目指している、きわめて中国的な特徴を示しているといえよう。これは後進国の市場経済化の過程でよくみられる現象というより、社会主義制度から市場経済への移行過程で、制度に内包されていた福祉などの社会政策の継続が社会の安定維持のために求められた結果であると考えられるのである。

参考文献

〔日本語〕

林健久・今井勝人・金澤史男編(2001)、『日本財政要覧』(第5版)東京大学出版会。
―――(1979)、『日本における租税国家の成立』東京大学出版会。
―――(1992)、「財政の制度・運用と問題点」(関口尚志・朱紹文・植草益編(1992)『中国の経済体制改革―その成果と課題』東京大学出版会)。
神野直彦 (1994)、「市場経済化と租税制度―中国の税制と政府間財政関係」『甲南経済学論集』第34巻第4号。
金子勝・圓奕威 (1995)、『中国の分税制改革と問題点』法政大学比較経済研究所、Working Paper.45.

南部稔（1991）、『現代中国の財政金融政策』多賀出版社。
朱思琳（1997）、「上海市地方財政と予算外資金」横浜国立大学国際開発学会編『横浜国際開発研究』第2巻第2号。
―――（1999）、「現代中国における公共事業の変化と地方財政」日本地方財政学会編『地方財政改革の国際動向』勁草書房。
中兼和津次編（2000）、『現代中国の構造変動(2)経済―構造変動と市場化』東京大学出版会。
法政大学比較経済研究所山内一男・菊池道樹編（？）、『中国経済の新局面』法政大学出版局。
愛知学泉大学経営研究所・中国国家経済体制委員会経済体制管理研究所編(1995)、『中国の企業改革―日中共同研究』税務経理協会。
総合研究開発機構編(1996)、『中国経済改革の新展開―日中経済学術シンポジウム報告』NTT出版。

〔中国語〕

国家統計局固定資産投資統計司編（2002）、『中国固定資産投資統計数典(1950-2000)』国家統計局。
国家統計局国民経済総合統計司編（1999）、『新中国五十年統計資料』中国統計出版社。
韓英傑・夏清成編（1995）、『国有企業利潤分配制度新探』中国経済出版社。
姜永華・趙懷坦編（1994）、『財政税収新制度詳解』企業管理出版社。
楼継偉編（2000）、『新中国50年財政統計』経済科学出版社。
劉佐（2001）、『中国改革解放以来税収制度の発展』中国財政経済出版社。
上海市統計局編『上海統計年鑑』中国統計出版社、各年版。
項懷誠編（1999）、『中国財政50年』中国財政経済出版社。
中国財政年鑑編集委員会編『中国財政年鑑』中国財政雑誌社、各年版。
中華人民共和国財政部税制司編（1996）、『中国税収制度』企業管理出版社。
中華人民共和国統計局編『中国統計年鑑』中国統計出版社、各年版。

第 2 章

医療保険改革
―体制移行からみたその背景、特徴と限界―

李　蓮　花

はじめに

　計画経済から市場経済への移行にともない旧制度の抜本改革あるいは新制度の創設を余儀なくされたのは、年金（養老）保険や失業保険、最低生活保障制度など所得保障だけではなかった。人間の基本的ニーズの1つである医療保障もこの20数年の間に劇的な変化を経験したのである。

　改革前の中国の医療保障はその絶対水準が低く、また都市と農村の間に大きな格差が存在したとはいえ、World Bank(1997)が評価したように、比較的低いコストで大多数の国民の基本医療需要を満足させ、経済発展水準に比べては格段に優れた成果を挙げた[1]。ところが、1970年代末からの市場経済改革の過程では新旧体制間の矛盾、医療市場の無秩序化によって医療保障における格差の拡大や効率の低下が顕在化し、高まる社会的不満の一因となった。

　医療保険改革は1980年代中ごろから断片的に行われてきたが、改革が本格化するのは1990年代に入ってからである。何年間かの試行――とりわけ1994年末から実施された「両江モデル」の実験――を経て、1998年12月に中央政

---

[1] その成果はアマルティア・センにも注目され、「人間的発展」の一例として高く評価された（セン2000年、44頁）。

府は「都市部従業員基本医療保険制度の整備に関する国務院の決定」(「国務院関于建立城鎮職工基本医療保険制度的決定」、以下「決定」と略す)を発表した。それにより50年弱存続した労働保険医療制度と公費医療制度が一元的な都市部基本医療保険制度に代替され、計画経済の遺産であった所有制による医療保障の差別が制度上ではなくなった。

　改革の急展開を後追いする形で、最近は日本でも劉曉梅(2000年；2001年)、王文亮(2001年)、張紀濤(2001年)および鈴木亘・李為民(2002年)などによって中国の医療保険改革の経緯と到達点が詳しく紹介された。本章ではこれらの先行研究——および中国国内の鄭功成(1994年；1997年)、宋暁梧ほか (1998年)、左学金ほか (1998年)など——を踏まえた上で、主に計画経済体制から市場経済体制への移行の視点から、社会保障改革の中で「波及範囲が最も広く、最も難しい改革」(宋暁梧ほか1998年、121頁)といわれた医療保険改革の背景、特徴とその限界を検討する。まず第一節では社会主義計画経済時代における医療保険制度を「重工業優先発展戦略」との関係を中心に振り返る。続く第二、三節で医療改革の展開過程をスケッチし、鎮江市と威海市のケースを通じて新しい医療保険制度の特徴と問題点を検討する。最後の第四節では体制移行の視点から今回の医療改革の性格と限界を指摘する。

第一節　計画経済体制下の医療保険制度

　社会主義諸国における生活保障制度の発展が資本主義の社会保障制度と決定的に異なる点は、産業化の進展から発生する各種「社会悪」を事後的に修正するために登場したのではなく、「正義」や「平等」の理念の下で産業化に先立って導入されたことである。中国の旧医療保険制度の3本柱であった労働保険医療制度、公費医療制度および農村合作医療保障制度も建国からまもない1950—60年代に作られた。同時に、後者と前の2者は制度確立の時期や内容、そして役割など様々な面において大きく異なっていた。

1 労働者と公務員の医療保険制度

(1) 労働保険医療制度

1949年、中国共産党が国民党政権から引き継いだのは農業人口が全人口の92%を占め、しかも長年の戦争によって経済が破綻に瀕した極貧国であった(南亮進1990年、9頁)。国民党時代の工業中心地であった上海をはじめ、都市部では失業者や元国民党の兵士、それに農村からの大量の流民が満ち溢れ、都市管理経験の少ない新政権にとっては最大の不安定要素となった。経済の危機的状況を打開し、新政権の権威を都市部で確立させるために、政府は工業と手工業の社会主義的改造、ハイパー・インフレーションの抑制などの経済措置を講じるとともに、失業者の救済を中心とする社会政策を次々に打ち出した。そして政権確立からわずか1年半の1951年3月には、労働者の労災、養老、医療、出産などを一括した「中華人民共和国労働保険条例」(以下、「労働保険条例」と略す)が制定、実施された[2]。その中の医療保険に関する内容は以下のようである。

- 労働保険の適用範囲は従業員100人以上の国営、公私共同経営、私営および合作経営の企業とする；
- 労働保険に関する各種費用(企業からの直接給付と労働組合に納付する労働保険金)はすべて企業行政部門と使用側の負担とする；
- 労働保険料率は全従業員の総賃金の3%とする；
- 納付した労働保険料の30%は中華全国総工会(全国労働組合に相当する)が管理する労働保険総基金へ、70%は各企業の労働組合が管理する労働保険基金へ繰り入れる；
- 被保険者の診療費、手術費、入院費および薬剤費はすべて企業側が負担する；

---

[2] 労働保険制度が短期間で成立できた背景には、ソビエト時代の『労働法』(1931年)の制定、内戦期の東北地域での先行的実践(中江章浩1998年、8頁；衛興華1994年、135頁)などが挙げられる。なお、台湾で1950年8月にほぼ同じ内容の労働者保険制度が創設されたことから、1949年以前国民党政府の労働政策の影響も考えられる (Ku 1997、p.38)。

・治療期間の賃金に関しては、6ヶ月以内の場合は企業が従前賃金の 60－100％を、6ヶ月以上の場合は労働保険基金から 40－60％ を支払う；
・被保険者の被扶養直系親族の手術費、薬剤費の 50％、診療費の全額は企業側が支払うが、入院費他は自己負担とする。

　労働保険医療制度の特色は、それが革命政府の確立とほぼ同時に作られただけでなく、後述する公務員の医療保障よりも先に整備された点にある。それには共産党のプロレタリア階級の代表としての性格を反映する側面もあるが、広範な産業労働者を包摂することによって都市部での政権基盤を固め、新しい社会の到来と政権の正当性をアピールする側面の方がより重要であったと思われる。「労働保険条例」はその後 1953 年と 1956 年の改正で適用対象をさらに拡大し、私有制経済がほぼ消滅した 50 年代半ばには都市部のほとんどの企業に広がった。1956 年末現在、労働保険医療の加入者は 2,300 万人で（国営企業 1,600 万人、集団企業 700 万人）、都市部労働者の 94％ が医療保障を享受できるようになった（王愛文ほか 1998 年、132 頁）。

　（2）公費医療制度
　国家による無料医療を特徴とする公費医療制度はその原型を戦時下の軍人無料医療に求めることができる。政権奪取以後、大量の（元共産党の）軍人が各級政府の管理職に就くようになり、公務員の医療保障が軍人医療から独立した。1952 年 6 月、政務院（今の国務院の前身）は「全国各級人民政府・党派・団体及びその所属部門の国家機関職員に公費医療予防措置を実施することに関する指示」を出し、それに基づいて 8 月に「国家機関職員公費医療予防実施方法」を公布した。公費医療制度の対象は、郷・村以上の各級政府機関の職員と教育・医療・文化等分野の事業体の職員（いわゆる「幹部」）、および在宅休養の 2 級乙等以上の革命障害軍人であった（その後正規大学の大学生も含まれるようになった）。公費医療制度の費用は各級政府の一般予算から支給され、医療行政部門を通じて外来 30％、入院 70％ の比率で配分された。表 2－1 は改革前の公費医療制度の概況である。1979 年と 1953 年を比べてみると加入者数は 3 倍

表2-1　改革前の公費医療制度

年度	加入者数(万人)	給付総額(億元)	一人当たり給付額(元)
1953	400	1.05	26.25
1957	650	1.43	22.00
1962	862	2.75	31.90
1965	855	2.41	28.20
1975	1,113	3.74	33.60
1979	1,429	5.70	39.90

出所：『当代中国財政(下)』、234頁、および『中国第三産業年鑑(1993)』、501、582頁より。

以上増えたが、1人当たり給付額の増加は非常に緩やかであったことが分かる。ちなみに、当時公費医療制度によってカバーされていた人は全人口の2％前後であった。

労働保険医療制度と公費医療制度の創設は、中国の都市部における社会主義医療保障体制の確立を意味するものであった。

（3）文化大革命期における労働保険医療の変質

1950年代から60年代半ばまでの10数年間は、診療受付料や療養費の自己負担など細部の調整を除き、都市部の両制度が比較的順調に拡充した時期であった。しかし、1966年に勃発した文化大革命で社会保険は「修正主義」と批判され、とりわけ労働保険医療制度は大きな打撃を受けた。

文化大革命による生活保障制度の本格的破壊は、1968年12月における内務部の撤廃から始まる。翌1969年2月には財政部から下達された「国営企業財務処理の若干制度に関する改革意見」により国営企業の労働保険料の納付が停止され、企業の年金、医療費等の費用を会計上「営業外支出」に記入することが決定された。さらに1969年には労働保険基金の管理機構であった全国総工会の活動が停止され、労働保険の地域間財政調整も当然行われなくなった（鄭

功成 1994 年、77 頁)。元々微弱であった労働保険の企業間・地域間の連帯は完全になくなり、労働者の医療保障は「企業保障」へとレベル・ダウンしたのである。

労働保険医療の「企業保障」への変質はそれ以前から進行した企業の非経済部門の肥大化をさらに促した。すなわち、企業は生産のための経済組織であるだけでなく、従業員およびその家族の生活を「ゆりかごから墓場まで」保障する生活の場であり、1つの生活共同体となったのである。その中で企業が運営する病院は、企業付属の中・小学校と並んで企業の非生産活動の最も重要な部分となった[3]。

2 農村合作医療制度の出現と普及

他方、改革前の中国で人口の8割以上を占める農村住民の医療保障を担ったのは、非常にユニークで「中国的特色」のある農村合作医療制度であった。

農村合作医療制度とは、「中国の農村地域における、集団と個人の共同拠出によって農村住民に低レベルの医療保健サービスを提供する、一種の相互共済制度である」(鄭功成 1994 年、131-132 頁)。生産力水準が極めて低い農村地域で、ある意味で現代的な相互共済制度が可能であった背景には 1950 年代半ば以降の農村の集団化がある。互助組から初級合作社、高級合作社そして人民公社へと拡大していった集団化は、農業の経営方式を個別経営から集団経営に変えただけでなく、農民の日常生活の面においても集団化ないし「社会主義化」をもたらした。医療もその1つであった。

合作医療制度は 1950 年代後半に一部の農村で実験的に行われ、1959 年 11 月に開かれた全国農村衛生工作会議で衛生部から正式に認められたが、中央からの財政支援も行政指導もなかったため、制度の普及はそれほど速くなかった。その後 1965 年 9 月に発表された「衛生工作の重点を農村に置くことに関する

---

[3] 1997 年になっても企業所属の医療機構数は 1 万 2 千、ベッド数は 67 万床、スタッフ 93 万人の規模であり、非経済部門への費用は企業利潤の 51.4% も占めている(王志強 2001 年)。

報告」によって合作医療制度に注目が集まり、さらに1968年には湖北省楽園人民公社を視察する際に毛沢東主席が「合作医療は素晴らしい」と絶賛したことをきっかけに、文化大革命期の数多い政治キャンペーンの1つとして急速に全国に広がった(王文亮2001年、75頁)。文化大革命が終了する1976年にはほぼ9割の農民がこの制度によって最低限の医療サービスを受けていた。

　農村合作医療制度の具体的な実施方法は地方ごとに異なっていたが、共通点として以下の内容を含んでいた。(a)診療所・衛生所は集団所有である；(b)医師および看護婦の労働は(他の人民公社社員と同じく)点数で計算される；(c)合作医療の費用は主に年末の所得分配の際に天引きされる集団公益金で賄う(衛興華1994年、139頁)。なお給付に関しては、多くの地域で「合医不合薬」の方式──診療費は無料であるが薬剤費は個人が一部を負担する方式──を採用した。

　いい換えれば、農村合作医療制度は無料医療ではなく、あくまでも集団成員間の助け合いであった。都市部の労働保険医療と公費医療が中央政府によって上から作られたのに対し、農村合作医療は終始一貫して自発自生的なものであり、政府の役割は事後承認と普及の促進に限られていた。

3　旧医療保険制度の特徴と計画経済体制における役割

（１）旧制度の特徴

　このように、労働保険医療、公費医療および農村合作医療の3つによって構成された改革前の医療保険制度の主な特徴は以下4点にまとめられる。

　①「普遍主義」[4]：その他の発展途上国および改革開放以降の医療保険制度と比較した場合、従来の医療保険制度の最大の特徴はそのカヴァレッジの広さにあった。世界銀行の報告書によると、1975年現在90％近くの国民(ほぼすべての都市住民と85％の農村住民)が3つの制度のいずれかによってカバーさ

---

[4] ここでいう普遍主義とは医療保険制度の適用範囲を指し、階層間格差の縮小を意味しない。

れていた(World Bank 1997、p.1)。とりわけ公衆衛生と基本医療の普及により
それまで大きな脅威であった伝染病や地方病がほぼ撲滅され、その結果平均余
命が建国後30年の間に30歳も伸びた(1948年の37歳から1981年の68歳ま
で)。当時の極めて低い所得水準と世界一の人口規模を考えると、これは特筆
に価することであり、社会主義体制であったからこそ実現できたことだと言え
よう。

②「三重構造」：ところが、適用対象の「普遍主義」は決して内容の「普遍
主義」とイコールではなかった。すでに見たように、都市部の両制度と農村合
作医療制度の間には、政府の責任や患者負担などの面で決定的な格差が存在し、
制度の性格もまったく異なっていた。さらに、「幹部」のための公費医療と「工
人」(労働者)のための労働保険医療の間にも、同じく無料といっても享受でき
る医療保障の量や質に差があり、結果的には「公費医療(幹部)－労働保険医療
(労働者)－農村合作医療(農民)」という三重構造が形成された。医療保険制度
の三重構造はそのまま、農村住民に対する都市住民、ブルーカラーに対するホ
ワイトカラーの身分の優越性を表すものとなり、「階級なき社会」における新
たな階層化、とりわけ都市と農村の二極化に力を貸した。

③「単位保障」：そして、旧医療保険制度の基幹である労働保険医療では個
別企業(「単位」)を責任主体とする「単位保障」的な性格が強く、企業間あるい
は地域間の連帯はほとんどなかった[5]。これは、改革前の労働保険医療が労働
者の権利に基づく「社会保険」ではなく、国家の責任を強調する「労働保険」
を理念としたこととも関連する(張紀潯2001年、35頁)。前述したようにこう
した「単位保障」は文化大革命期にさらに徹底化され、後日国有企業改革を阻
む主な障害物の1つとなる。

---

5) この点においては、高度の中央集権に基づく旧ソ連や東欧の「国家保障」的社会保障
制度と決定的に異なる。ホワイト氏は中国の社会保障制度の「単位保障」的特徴から
「マイクロ福祉国家」(micro welfare state)と称した(White 1998)。

（2）旧医療保険制度の経済的背景：重工業優先発展戦略

それでは改革前の中国ではなぜ上述の特徴を持つ医療保険制度が作られたのか。その原因は政治、経済、社会など多岐にわたるであろうが、ここでは体制移行の視角から、改革前の計画経済体制の重要な特徴であった「重工業優先発展戦略」との関連を中心に検討してみたい。

中国で社会主義計画経済体制が確立したのは「第一次五カ年計画」（1953－57年）期である（南亮進 1990 年；林毅夫ほか 1997 年）。その以前は毛沢東をはじめほとんどの政策制定者が、各種所有制が共存する社会主義初期段階はしばらく存続するだろうと認識していた。実際、工業、商業および手工業に対する社会主義的改造がほぼ完成した 1952 年の時点で、全国工業総生産における私営・個人企業比率は 51.2％ であり、国営企業の 41.5％ を上回っていたのである[6]。

しかし、社会主義初期段階の経済運営に対する中央政府の認識は、朝鮮戦争後 180 度の転換を見せた。東アジア冷戦構造の定着とともに西側陣営との経済交流が封鎖され、また朝鮮半島や台湾がアメリカの勢力範囲に入ることによって安全保障の脅威が格段に強まったからである。国防力の増強と経済の自立性の保持には、それまで皆無に近かった重工業を発展させる必要があり、それは長年の半殖民地政治・経済からの脱皮という国民の悲願でもあった。しかし、極度の資本不足のため、正常な市場メカニズムによっては重工業を優先的に発展させることが不可能であった。そこで「第一次五ヵ年計画」期にはソ連から大量の資金、設備と専門家を受け入れると同時に、製品と生産要素の価格を大きく歪めることを目的としたマクロ経済政策、集権的な資源配分メカニズム、ミクロ経営体からの経営自主権の剥奪を三者一体とする高度集権的な計画経済体制が急ピッチで作られた（林毅夫ほか 1997 年、19－20 頁）。つまり、工商業の国営化と農業の集団化を通じてすべての資源および経済主体を政府の統制下に置くと同時に、農産物、工業原材料、賃金などの価格を人為的に市場価格以下に抑えることによって資源の重工業への集中を図ったのである。とりわけ農

6）『中国統計年鑑 1984 年』、195 頁。

業と農村は工業化に必要な資本蓄積の最も重要な源泉であり、農業の集団化や農産物の低価格制は生産剰余の農業から工業への移転メカニズムとして働いた[7]。

　労働力と賃金に関しても1956-57年には政府の統制が完全に行きわたることになったが、その象徴たるものが1956年に開かれた全国賃金改革会議であった（小島麗逸1991年、154頁）。この会議を契機に、公私共同経営企業を含むすべての企業の賃金決定自主権が完全に剥奪され、従業員の賃金基準、賃金級数および昇給制度が全国で一元化された。一方、政策的に抑えられた低賃金を補足するものとして、医療や住宅、そして子供の教育まで手厚い現物給付が提供された。また、これらの企業福利の上に終身雇用、ひいては子供による親の職の受け継ぎ（「接班」という）などの雇用保障があったことも忘れてはいけない。要するに、労働保険医療は「低賃金・多就業・高福祉」という計画経済時代の労働政策の一環であったのである（張紀潯2001年、33頁）。

　ところが、重工業優先発展戦略は労働力の豊富な中国の比較優位に適するものではなく、都市部を圧迫する失業問題を解決することができなかった。この問題を解決するために、政府は農業の集団化によって農民を「人民公社」という末端経済組織に固着させ、戸籍制度や食糧配給制度で人口の自由移動を厳しく制限した。また、「知識青年」の「上山下郷」を呼びかけ2,000万人とも言われる若者を農村に送り込んだ。農村合作医療制度の重要な人的資源であった保健所の医師、看護婦の多くは、都市から下放された「知識青年」であった。医療保障に関して言えば、都市住民に対する積極的な保護政策とは対照的に、重工業優先発展のための資金源ではあるが優遇の対象ではない農村住民に対して、中央政府は全く関与しないか、そうでなければ財政負担を伴わない合作医療制度の推奨以上のイニシアティブは取らなかったのである。合作医療制度の

7）工業製品と農産物間の価格差（「鋏状価格差」といわれた）による所得移転は1952年の74億元から1957年の127億元、さらに1978年には364億元にも増加した（粱鴻1999年）。なお、農工間の資源移転の実証分析およびその理論的説明については、（中兼和津次1992年）の第二、三章を参照されたい。

経済的基盤が農業の集団化（人民公社）にあるとはいえ、それは合理的な労働政策あるいは社会政策という側面より政治運動の側面が強かった。

結局のところ、改革前の医療保障制度は重工業優先発展戦略の下で都市住民、なかんずく重工業部門の労働者および公務員を保護・優遇する制度措置であった。正規大学の在学生が公費医療制度の適用対象になったのも、大学生の配属が国の計画に従って重工業優先的に行われたため、いったん大学に入った者は出身と関係なく将来都市部医療保険の被保険者となることに決まっていたからである。驚異的なカヴァレッジを誇りながらも、本質的には幹部と重工業（大・中型国営企業）の労働者の選別的優遇を目的とした旧医療保険制度は、経済改革が進むにつれ根本的な見直しを迫られることになった。

第二節　農村合作医療の解体と医療供給の市場化

「伝統的な社会保障制度は不完全な制度であった。その不完全な制度が社会の安定と国民の基本生活を保障することができたのは、結局、計画経済体制の下で伝統的な企業組織と特殊な農村人民公社が特殊な保障の役割を果たしたからである。このような伝統的な企業組織及び農村集団組織がいったん無くなると、あるいは伝統的な企業が現代企業へ変わり、農村の集団組織が改革されると、従来の社会保障制度はもはや社会安定と国民の基本生活を保障することができなくなった」（傍点——引用者）（鄭功成1997年、88頁）。市場経済改革が医療保険にもたらしたのはまさにこのような変化であった。

1　農村合作医療制度の解体

医療保険における最初の変化は改革の「震源地」でもあった農村から起こった。1970年代の末に、長年の指令型集団経営と度重なる政治運動で疲弊した農村で、個人経営の復活という下からの「反乱」が起きたのである。1978年12月の中国共産党第11期3中全会で正式に認められたこの「生産リンク請負制」は、その後わずか4、5年の間に凄まじいスピードで全国に広がり、農民所得

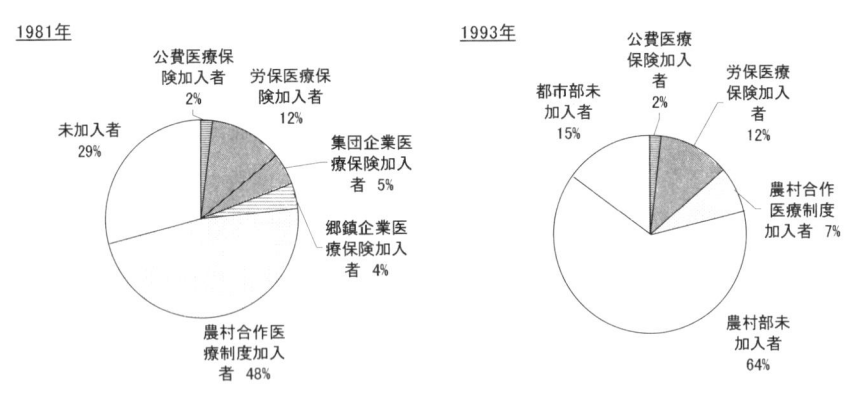

出所：World Bank (1997), *China 2020, Issues and Options for China : Financing Health Care*, Washington D.C.: World Bank, p.15.

図2-1　80年代における医療保険未加入者の増加

の空前の増加とともに集団農業の急速な崩壊をももたらした。人民公社時代の社会主義共同体的な人間関係が地縁、血縁を中心とする従来の社会関係に代替され、合作医療制度もしだいに農民の日常生活から遠ざかっていった。年末の所得分配の際に医療費を天引きする従来の操作方法が不可能になり、集団医療費の調達ができなくなったからである。その結果、農村合作医療制度のカヴァレッジは1976年の90％弱から1980年の68.8％へ、さらに1986年には5.5％へと激減した(衛興華1994年、140頁)。合作医療制度は事実上解体され、農村では医療保険未加入者が急増した。図2-1は80年代から90年代にかけての医療保険未加入者の増加であるが、その大部分を占めるのが農村住民であることは言うまでもない。

　さらに、建国以来保健予防の最前線に立ち、国民の健康増進に大きく貢献した農村の診療所や保健所も医療関係者に請け負われ、利益最大化を追求する経営主体へと変身した。供給側の市場化と、後述する医薬剤価格の上昇および農民の完全自己保障の3者が一体となって、全体的な生活水準が上昇するなかでの医療へのアクセス難を引き起こした。完全な意味での失業問題が存在しない農村において、病気による貧困は農民の生活を脅かす最大の敵となり、実際、農村貧困家庭の3割は病気による貧困であると推測されている。

改革前の農村合作医療制度が人民公社という人為的共同体と強力な社会主義イデオロギーを存在基盤としたとすれば、「生産リンク請負制」の実施とイデオロギーの褪色はこの基盤を根本から揺るがすものであった。農村の理想的な医療保障像として脚光を浴びた合作医療制度の解体の速さは制度の脆弱性と虚構性を物語ってくれる。80年代以降、農村合作医療制度の復活の必要性が政府や一部の学者によって度々主張されてはいるものの、上海の郊県、山東の招遠、江蘇の呉県など比較的裕福な地域で新しい制度として生まれ変わったのを除き[8]、大部分の農村地域では自由放任的な市場原理が医療を支配するようになった。

2　医療機構の「経営改革」

　1980年代半ば、改革の重点が農村から都市へシフトするにつれ、都市部の労働保険医療と公費医療を取り巻く環境にも市場化の影響が出始めたが、80年代は医療保険制度ではなく医療供給側の改革、すなわち医療機構の自主権の拡大と財源の市場化によって特徴付けられる。

　計画経済の最大の弊害は価格の歪曲と労働インセンティブの不足であると認識されたため、初期の都市部の経済改革は人為的に歪められた生産財と消費財価格の是正と、経営者と労働者の経営および労働インセンティブの強化から着手した。しかし、一部の商品に対する政府統制の緩和は医療資材価格の急上昇を招き、その結果医療機構のコスト増と大幅な赤字が目立つようになった（医療サービスの価格は市場化されなかった）。政府は、インセンティブ強化の面で一定の功を奏した国営企業の「請負経営」方式をそのまま病院に導入することによって政府の財政負担を軽減しようとした。1985年以降、病院に対する政府の予算は定額予算に変わり、医療機構も経営の自己責任が求められた。その代わりに、(a)新しい設備と薬剤には新しい価格基準を適用する、(b)病院に

---

[8]　中国社会科学院の朱玲氏は、これらの地域の制度が従来の合作医療とは性質が異なることから、「集資医療保障制度」という別の名称を使用した（朱玲2000年）。

とっては薬剤価格に 15% のマージンの上乗せが認められた(左学金ほか 1998 年、567－569 頁)。これらの政策の利益誘導効果は明らかである。つまり、病院にとって構造的赤字から脱出し医師と職員の収入を増やすためには次々と新しい設備を購入し、薬剤の売上げをできるだけ増やすことが肝要になったのである。

3　80年代の市場化の弊害

上述した農村合作医療制度の解体と医療機構の市場化は、所有制改革や国有企業の人員整理など旧体制の根幹に触れた 90 年代の改革とは違って、基本的には従来の経済システムを維持した上で進められた 80 年代の経営方式改革——農村では「生産リンク請負制」、都市では企業や病院の自主権の拡大と経営の自己責任——の結果といえる。しかし、医療市場の特殊性に対する認識不足と行きすぎた規制緩和は、以下のような深刻な問題を引き起こし、医療改革はそのため曲がり道を歩まざるを得なかった。

①医療資源の偏在：医療保険未加入者の激増によって農村の医療需要は抑制

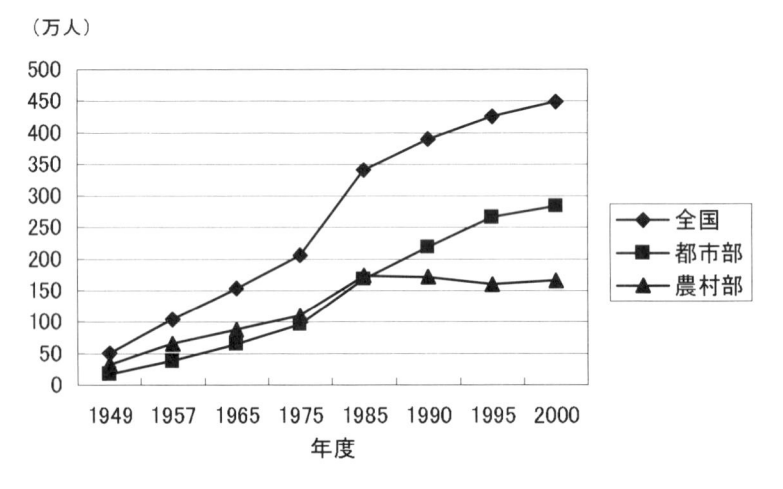

出所：『中国衛生統計年鑑2001年』、456頁より作成。

図2－2　都市と農村の医療スタッフ人数の推移

されざるを得なくなったのに対し、都市部では従来の医療保険が維持されたため、市場原理の下で医療資源は絶えず都市部に集中した。医療スタッフの分布を示した図2-2をみると、80年代後半以降とそれ以前の傾向はまったく異なっていることがわかる。特に1985年の大豊作以後は農民の所得上昇率が頭打ちになり、新卒の医療スタッフがほとんど都市部に留まっただけでなく、農村の医療スタッフはその絶対数が減っていった。また農村地域を中心に、市場メカニズムになじまない公衆衛生部門(伝染病予防や母子保健など)は深刻な財政難と人手不足により十分な役割を果たすことができず、一部の地域で幼児死亡率の逆上昇や消滅したはずの伝染病の再出現などの痛ましい現象も現れた(左学金ほか1998年、582頁)。

②医療機構の畸形的な収入構造：従来、医療機構の財源は政府による財政補助、医療サービス収入および薬剤収入の3つの部分から構成されていた。そのなかで政府の財政補助が定額制となり、手術などの医療サービスの価格が低い水準に統制されていたため、病院は薬剤収入に過度に依存せざるえなくなった。その結果、「過剰処方」や「過剰検査」が氾濫し、医療機構の収入の6割を薬

表2-2　全国医療機構収入の内訳

(単位：%)

年度	医療サービス収入	薬剤収入	外来診療	入院診療	小売り
1990	38.65	61.35	69.67	25.74	4.59
1991	38.00	62.00	68.33	26.42	5.25
1992	38.50	61.50	58.03	27.57	14.40
1993	42.12	57.88	59.53	32.13	8.34
1994	41.45	58.55	60.37	30.71	8.92
1995	41.09	58.91	59.95	30.77	9.28
1996	41.60	58.40	58.64	30.19	11.17
1997	42.24	57.76	57.09	29.73	13.18
1998	41.80	58.20	55.21	28.74	16.05

出所：劉国祥、趙郁馨、万泉、高広穎、杜楽勲(2001)、「中国衛生総費用分配流向測算報告」『中国衛生経済』2001年2月号より。

剤収入（さらにその6割は外来診療の薬剤費）が占めるという畸形的な収入構造が形成された（表2-2）。

③医療費の高騰：改革前はほとんどの医療サービスが公的に提供され、薬品や設備も不足していたので、医療費はさほど大きな問題にならなかった。しかし、需要側の改革を伴わない医療の供給側のみの市場化は、公的医療の需要と供給双方に医療費抑制のインセンティブが働かないため医療費の急増を招いた。なかでも労働保険医療制度の医療費の増加は激しく、企業の従業員賃金総額に対する医療費の比率は1978年の6％から1992年の10％に跳ね上がった。公費医療に関しても、80年代の年平均増加率20.8％は財政総支出の年平均増加率13％を遥かに上回るものであった（王愛文ほか1998年、148頁）。

4　医療保険改革の初期実験

もちろん、1980年代の都市部医療改革の重点が医療機構の経営改革にあったといって、医療保険制度になんの変化もなかったわけではない。80年代から90年代の初頭にかけて各地で実施された改革の試みは主に医療費の急増問題に対する措置であり、基本的に従来の医療保険制度の枠を超えなかった。

第1は、従来の100％給付の代わりに医療費の5％ないし25％を患者が負担する患者負担制の導入であった。一部の地方や企業では、医療費の予算を個人ごとに平均分配しそれ以上の部分はすべて自己負担とする極端な措置も採られた。こうした平均分配が、医療保険の目的であるリスク分散の役割をまったく果たせないことは言うまでもない。第2は、一部特殊費用の社会化であった。ここでいう特殊費用には主に2種類があって、1つは中・小企業の大きな負担となる高額医療費で、もう1つは企業間の年齢構造の格差を反映する退職者医療費であった。「企業保障」から「社会保険」への第1歩はこれらの特殊費用への対策から始まったが、なかでも高額医療費の社会化（「大病統籌」という）は医療費に関するもっとも切実なニーズをカバーし、98年以後新しい医療保険制度の発足後も引き続き残された。第3は、1989年3月から遼寧省丹東、吉林省四平、湖北省黄石、湖南株州など4市で行われた国務院の主導の医療保

険改革の実験であった。しかし4市での改革は、原則の不明確、行政部門間の利害衝突、企業側の消極的態度などが原因となって全国に普及できるモデルの模索までには至らず、実験に終わってしまった。

1980年代の医療改革がもつ限界は経済改革の段階によって規定されたものである。旧制度の部分的、応急的修正ではなくまったく新しい医療保険に向けての改革は、1992年以後の経済改革の深化を待たなければならなかった。

第三節　90年代の都市部医療保険改革

1　経済改革の加速と医療保険改革の背景

1989年の天安門事件以後一時その前途が憂慮された中国の経済改革は、1992年年頭における鄧小平氏の南巡講話をきっかけにふたたび足取りを速めた。10月に開かれた共産党第14回全国大会では経済改革の目標を「社会主義市場経済」の建設に定め、翌1993年11月には「社会主義市場経済の若干問題に関する中共中央の決定」を発表した。「社会主義市場主義」という相矛盾するような用語の理論化を図り、経済改革のグランドデザインを提示したこの文献の中で、社会保障制度改革に関して初めて「社会保障・企業保障・個人保障からなる多層的体系の構築」、「労働保険の各制度の独立運営」、「養老および医療保険における個人口座と社会プールの結合」など重要な原則が明記された。これにより医療保険改革は、養老（年金）保険改革、失業保険改革とならんで社会主義市場経済のための不可欠な一環としての重要性が賦与されたのである。

一方、医療費の増加は1990年代に入ってさらにエスカレートし、政府と企業の大きな負担となった。なかでも図2-3のように高騰した労働保険医療の医療費は、市場競争による国有企業の利潤率の低下、従業員の高齢化と年金負担の増加などと相俟って国有企業の恒常的な経営悪化を招来し、なかには倒産まで追い込まれるケースも少なくなかった。従来の「単位保障」の下で肥大化した非経済部門を抱えている国有企業を、このような制度的遺産を持たない「若い」外資系企業、私営企業と競争させるのはあまりにも不公平であった。国有

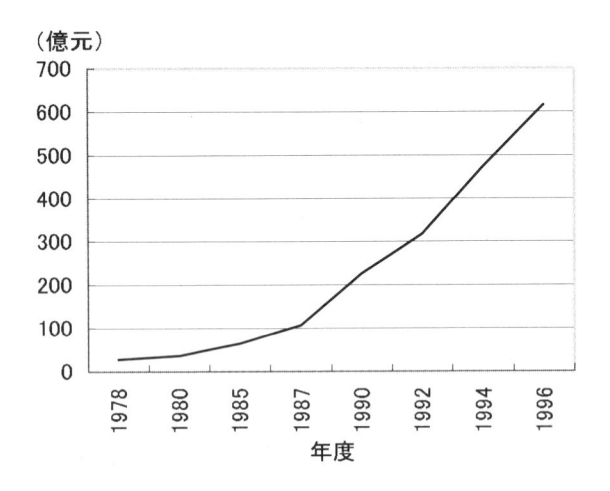

出所：劉暁梅（2000）、「中国における医療保険制度の改革」『海外社会保障研究』No.132、88頁より作成。

図2－3　労働保険医療の医療費支出

　企業から非生産機能を切り離し、彼らを市場経済に相応しい主体として政府から独立させるのが、90年代の社会保障制度改革を貫く政府の目的であり、国有企業の経営者の要求とも合致するものであった（中国経済体制改革総体設計課題組1993年）。

　1990年代の医療保険改革のもう1つの背景は非国有セクターの著しい成長である。国内総生産（GDP）および雇用に占める外資系企業、私営企業、郷鎮企業、自営業などの比重は、1992年を境に飛躍的に高まった。例えば表2－3の都市部雇用構造の変化をみると、国有企業の従業員数が90年代に漸増から縮小へ転じたのとは対照的に、私営企業の従業員数は1992年以後の7年間で10倍以上も増えた。非国有セクターの急速な成長にともない、国有企業中心的な従来の医療保険制度と実際の経済構造とのミス・マッチはますます拡大した。医療保険の適用範囲をこれらの企業に広げることは、非国有セクター従業員の医療保障のためだけでなく、労働力の国有セクターから非国有セクターへの移転をスムーズにさせ、国有企業改革に有利な外部環境を整備するためにも不可欠であった。

表2-3 都市部雇用構造の変化

(単位:万人)

	国有企業	集団企業	外資系企業	私営企業	自営業
1980年	8,019	2,425	-	-	81
1985年	8,990	3,324	6	-	450
1988年	9,984	3,527	31	-	659
1992年	10,889	3,621	221	98	740
1995年	11,261	3,147	513	485	1,560
1999年	8,572	1,712	612	1,053	2,414

出所:『中国統計年鑑2000年』、118-119頁より。

したがって、90年代の医療保険改革は医療費急増の抑制と、計画経済から市場経済への移行にあわせた医療保険の「社会化」(社会保険化)という2つの目標を同時に達成しなければならなかった。

2 「両江モデル」から「都市部従業員基本医療保険制度」へ

(1)「両江モデル」

1994年4月、国務院は80年代に行われた各地の経験と教訓を踏まえ、新たな都市部医療保険改革を実施することを決定し、試行都市として人口50万人前後の江蘇省鎮江市と江西省九江市を選定した。これが、後に新しい医療保険制度の原型となった「両江モデル」である。両市は国務院の指示に基づき各自の試行方案を制定し、1994年12月から次の骨子で改革を実施した。

・新医療保険は、都市部のすべての企業、政府機関および事業体の従業員に適用する。
・保険料は労使双方が負担する。両市および全国の公費・労働保険医療費対賃金総額の比率が10%前後であることを勘案し、初年度の保険料率は使用側10%、被保険者1%とする。
・社会プール基金と個人医療口座を創設する。被保険者拠出は全額個人口座へ、使用側拠出の40%は個人口座、60%は社会プール基金へ繰り入れる

(45歳以上の被保険者の場合、使用側拠出分の個人口座への繰り入れ分は鎮江市で60％、九江市で55％である。図2-4)
・医療費の支払いは3段階に分け、第1段階は個人口座からの支払い、第2段階は患者の自己負担、患者負担額が地域平均賃金年額の5％(スタートライン)を越えると社会プール基金と個人が共同で支払う(第3段階)。但し、給付の上限は設けない(図2-5)。
・離職休養者[9]の医療費は従来どおり地方財政から支払う。一般退職者は新制度に加入するが保険料負担が免除される。なお、退職者にはスタートラインを設けず、第1段階から直接第3段階に入る。

両市での試行は成功したと評価され、1996年には試行都市の数が威海市、蘇州市をはじめ57都市に増えた。

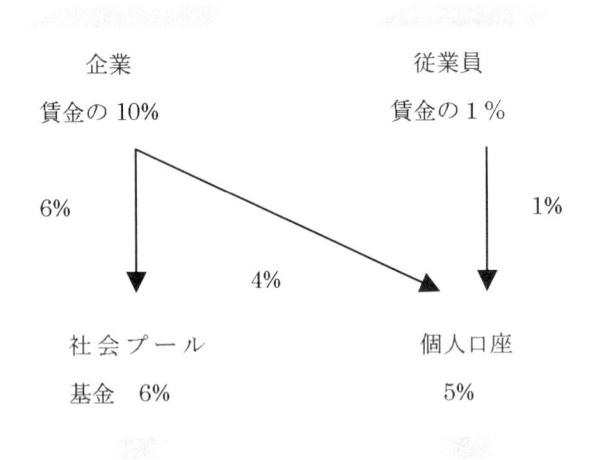

```
       企業              従業員
     賃金の10%          賃金の1％
        │                  │
    6%  │    4%            │ 1%
        ├──────────────┐   │
        ▼              ▼   ▼
     社会プール          個人口座
     基金  6%            5%
```

出所：筆者作成。

図2-4　保険料と両口座の関係

---

9) 離職休養者とは建国前から革命に参加した高位幹部を指す。

```
社会プール基金
＋自己負担段階 ↑
            ┊         スタートライン
            ┊         （賃金年額の 5%）
自己負担段階
            ┊
個人口座段階
```

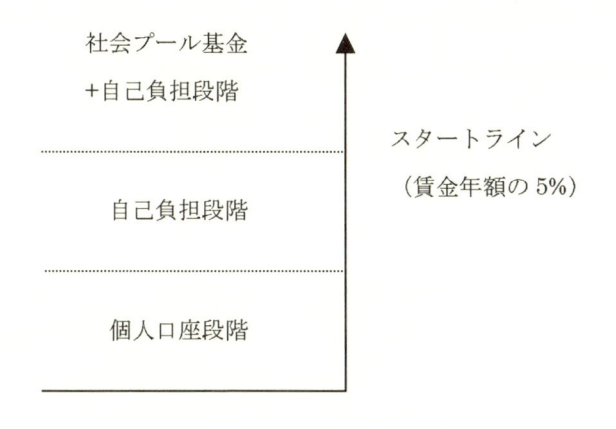

出所：筆者作成。

図 2－5　3 段階給付の図解

（2）地方政府主導の医療改革

「両江モデル」と並行して各地でも地方政府主導の医療保険改革が試みられ、その中から「深圳モデル」、「海南モデル」、「天津・青島モデル」などいくつかの代表的な地方モデルが現れた。

経済特区である深圳市と海南省は計画経済時代の負の遺産が少なく、住民の年齢構造も若いだけでなく、企業の経営業績が良好であるといった好条件が揃っていたことから、1989 年に社会保障制度の総合改革実験地として指定された。医療保険に関しては海南省が 1995 年、深圳市が 1996 年から改革を開始した。

「深圳モデル」は、出稼ぎ労働者と失業者を対象とする「入院医療保険」、深圳市の戸籍を持つ従業員と退職者を対象とする「総合医療保険」、そして離職休養者と障害軍人を対象とする「特殊医療保険」の 3 制度から構成された。農村からの出稼ぎ労働者が多い当市の特徴に合わせ彼らに入院医療保険を設けたのが、「深圳モデル」の最大の特徴と言えよう。入院医療保険の保険料は使用

側または失業保険機構が平均賃金の2％を拠出し、入院の際に患者が医療費の10％を負担するが、外来診療は含まれていない。総合医療保険は「両江モデル」と同じく個人口座と社会プール基金を設置し、保険料は使用側7％、被保険者2％の比率で拠出する。ただし、社会プール基金は主に入院診療(個人負担10％)に、個人口座は外来診療にと使い分ける。個人口座額を超えた外来診療は自己負担となるが、超過部分が地域平均賃金年額の10％を超えると、社会プール基金から超過部分の65－75％が払い戻される。

　これに対し、海南省では個人口座と社会プール基金の対象病種を定め、別々に運用する「分業式」を採用した。つまり、入院診療と糖尿病や高血圧など一部の高額外来診療は社会プール基金から(患者の一部負担はある)、一般外来診療は個人口座から支払い、個人口座がいったん底をついたらそれ以上の部分は完全に自己負担となる。「両江モデル」の「3段階式」に比べ「海南モデル」の「分業式」は個人口座の資産としての性格が強く、医療費上昇の「元凶」といわれた外来治療の無駄遣いの抑制に有効だといわれた(鄭功成1997年、341－343頁)。

　一方、「天津・青島モデル」は個人口座と社会プール基金以外に「企業共済基金」を設けたことから、別称「3金管理式」と呼ばれた。納められた保険料は一定の比率で「3金」(個人口座、企業共済基金、社会プール基金)に配分され、個人口座と企業共済基金は企業が管理する。医療費はまず個人口座から、次に企業共済基金と個人(10－20％)、さらに規定の金額以上の部分は社会プール基金、企業共済基金と個人の三者が分担する。このモデルは医療保障を企業から一挙に社会に移す時に発生しうる混乱を回避するための過渡的措置であり、医療保障における企業の関与を温存させ、企業保障の弊害を完全に克服することができなかった(王文亮2001年、94－97頁)。

　これらの地方モデルは医療保険改革における地方政府の自主性と柔軟な対応を示すと同時に、地域格差が広がる中国で全国画一の制度を設けることは困難であることも示唆した。

(3) 「都市部従業員基本医療保険制度」の創設とその特徴

1998年3月にはそれまで先送りされてきた国有企業改革を最大課題に掲げた朱鎔基内閣が登場し、国有企業改革のための環境整備が急がれた。医療保険改革にもさらに拍車がかかり、1998年12月14日には新しい医療保険制度の構築を目標とした「都市部従業員の基本医療保険制度の整備に関する国務院の決定」が公布され、1999年4-5月には新医療保険の適用薬店、適用医療機構、適用薬品などに関する管理方法も次々と制定された[10]。

新しい「都市部基本医療保険制度」は、基本的に「両江モデル」の枠組みを維持しながら具体的な数字において大幅な修正を加えたものである。ここでは、「両江モデル」と「決定」を比較した表2-4を参照しながら新医療保険制度の

表2-4 「両江モデル」と「決定」の比較

		「両江モデル」	「決定」
共通点	・適用対象は都市部の全ての企業、政府機関、事業体、非営利組織とその従業員 ・保険料は使用側と従業員双方が負担する ・社会プール基金と個人口座を結合する ・既に退職した従業員は新制度に加入するが、保険料の個人部分を免除され、なお個人口座への繰入率などは優遇 ・離職休養者、旧紅軍、二等乙級以上の革命障害軍人は従来制度を維持する		
相違点	保険料率	初年度、使用側10%、被保険者1%	使用側6%前後、被保険者2%前後
	使用側拠出の保険料の配分	40%は個人口座へ、60%は社会プール基金へ	約30%は個人口座へ、約70%は社会プール基金へ
	社会プール基金による給付のスタートライン	地域平均賃金年額の5%	地域平均賃金年額の10%
	社会プール基金による給付の上限	なし	地域平均賃金年額の約4倍

出所：筆者作成。

10) それぞれ「都市部従業員基本医療保険の指定小売薬店に関する暫定方法」(1999、4)、「都市部従業員基本医療保険指定の医療機関管理に関する暫定方法」(1999、5)、及び「都市部従業員基本医療保険の薬品使用範囲の管理に関する暫定方法」(1999、5)である。

特徴を検討してみよう。

　①旧制度が増えつつある都市部の非国有セクターの従業員を制度の枠外に放置していたのに対し、新制度は適用対象を都市部のすべての被用者(但し、都市戸籍を持つ者)に広げた。自営業者を任意加入に留めたこと、農村戸籍の労働者を強制適用から除外したことなどの限界はあるものの、適用範囲の拡大によって国有企業と非国有企業の差別が無くなったことは重要な進歩と言えよう。

　②新制度は「国家・企業・被用者による3者負担」を基本原則に揚げ、被保険者の保険料拠出を「両江モデル」よりさらに強化した。被保険者の保険料率は1%から2%に引き上げられ、使用側の保険料率は10%から6%へと4ポイントも引き下げられた。一方において、「3者」の中の国家の財政責任は必ずしも明確でなく、公務員や事業体職員の使用側分の拠出と管理費の一部に限られていた[11]。その結果、都市部の医療保険は無料医療を特徴とする従来の「国家・企業保障」から、個人の保険料拠出義務と医療保険財政の自立性を強調する「社会保険」へと変身した。

　③そして、新しい医療保険の最大の特徴といえば個人口座と社会プール基金の併用である。両者の併用は、1991年からの養老保険改革に始まり、1993年の「社会主義市場経済の若干問題に関する中共中央の決定」でも確認されたことであるが、所得保障ではなく医療保障への個人口座方式の導入の是非については議論の余地があるだろう。

　④表2-4の「決定」側の数字に「約」、「前後」などが多く付けられたことから分かるように、「決定」は全国統一的な制度の成立を意味するものではない。地方政府に残された政策空間は、上記の個人口座と社会プール基金の結合方式を含めかなり大きい。市場改革の過程で中央に対する地方の自主性が著しく増大したことはよく知られているが、医療改革の展開過程および新制度の規定が示すように、社会保障の分野での分権化はさらに進んでいる。これは同時に、経済格差に加えて社会保障の面においても過去では考えられなかったほど

---

11) 割高の公費医療制度の水準を維持するため、公務員には基本医療保険制度の上に医療補助制度が設けられたが、その財源は中央および地方政府の予算である。

の地域格差が形成・拡大する恐れも潜めている。

　要するに新医療保険制度は、適用範囲を非国有セクターまで広げ、国有セクターと非国有セクターの間の差別をなくすと同時に、被保険者による保険料の負担や個人医療口座の設置など個人利益の強化によって医療費の抑制と制度の効率化を図ろうとした。「決定」の公布は、50年近く存在した労保医療と公費医療が一元的な「都市部基本医療保険制度」に代替されることを意味し、1980年代以来の医療改革の重要なメルクマールである。

3　新制度の効果と問題点——鎮江市と威海市のケースを中心に

　「決定」のなかでは2000年まで全国に確立させる予定であった新医療保険制度は、2001年に入りようやく北京、上海など大都市で実施に移され、2005年までは新旧制度の過渡期といわれている。そのため今の時点で新制度を評価することは時期尚早であるが、ここでは医療保険の試行都市であった江蘇省鎮江市との山東省威海市のケースを通じて、新しい医療保険制度の効果と問題点を点検してみよう。

（1）ケース1：鎮江市

　「両江モデル」の1つであった鎮江市の医療保険制度は試行からすでに8年を経過しており、制度の正負両面の影響が十分に展開されたと思われる。影響の一部は表2-4の「両江モデル」から「決定」への調整にも反映されているが、鎮江市を悩ました多くの問題は今後他の都市をも悩ますことになるだろう。

　まず、新制度の成果から見よう。改革前の鎮江市は他の都市と同じく医療費の高騰に悩まされていた。1992年から1994年の地域GDPの成長率15%に対し、医療費の増加率はその2倍以上の33.4%であった。また一部の国有企業の経営困難のため、経済的原因で入院できない従業員の割合は入院が必要な患者の26.5%にも達していた。新しい医療保険制度の発足後98.27%の従業員が新医療保険に加入し、経済的原因で入院できなかった患者の割合も13.7%へ減少した(宋暁梧ほか1998年、117頁)。

しかし、医療費の抑制は思いどおりに行かず、なかでも社会プール基金の赤字現象が深刻であった。1996年7月に鎮江市はスタートライン以上の患者負担率を大幅に引き上げたが(第1次調整)、それでも医療費の急増を食い止めることができなかった。需要側負担の引き上げだけでは不十分であると認識した鎮江市は、1997年から医療費の出来高払い制を総枠予算制(「総量控制」と呼ぶ)に変更し、供給側に医療費抑制のインセンティブを働かせようとした。すなわち、調整金控除後の保険料収入を最近3年間の実績に基づいて各指定病院に割り当て、それ以上の部分は医療機構の責任としたのである。総枠予算制の導入によって社会プール基金はようやく収支均衡を保つことができたが、その代わりに医療機構の経営難や医療現場の荒廃を招いた。さらに1999年1月には、医療費の60%を占める退職者医療費をターゲットに、優遇措置の廃止と自己負担率の再調整を行った(第2次調整)。具体的には、スタートラインを地域平均賃金年額の5%から8%に上方修正し、患者負担率も医療機構の規模によってそれぞれ25%、30%、35%へと引き上げ、退職者の半額優遇措置が撤廃された。その結果、表2-5のように患者の平均負担率は10%前後から16%へ、さらに退職者の負担率は7.7%から17%へと一気に10ポイントも上昇した。

表2-5　1995－1999年鎮江市医療保険の患者負担率

(単位：%)

	1995年	1996年	1997年	1998年	1999年
平均	6.6	9.6	10.3	9.9	16
在職者	11.6	12.5	12.6	12.2	15.5
退職者	4.1	6.3	7.6	7.7	17

注：自己負担率は実際発生費用である。1999年は1-11月まで。離職休養者は含まれていない。
出所：鎮江市社会保険局(2000)、「総量控制与個人付費相結合的費用控制机制的探索」『中国衛生経済』2000年4月号より。

(2) ケース2：威海市

威海市は医療保険改革の第2グループの57都市の1つであり、1997年4月から新制度を実施した。1999年5月に国務院の「決定」に基づいて行った制度改正を境に、威海市の医療改革は実験段階（1994.7-1999.4）と正式実施段階（1999.5-）に分けられる。

実験段階では95％の政府機関・事業体と70％の企業が新制度に加入し、企業の経営状況から独立した一元的な医療保険制度への移行を実現した。一方、鎮江市と同じく、威海市でも新制度による医療費の抑制効果は微弱で、医療費は改革前よりもむしろ増加した。被保険者の保険料拠出が少なく、スタートラインも比較的低かったため、人々には簡単に給付の第1段階（個人口座段階）と第2段階（自己負担段階）を越え第3段階（社会プール基金段階）に進み、その結果社会プール基金の財政難が起こった。

この問題を解決するため、1999年5月からの正式実施段階では次のような改正が加えられた。(a)使用側の保険料率を9％から8％へ引き下げ、代わりに被保険者の保険料率を1％から2％に引き上げた（「決定」ではそれぞれ6％と2％になった）；(b)個人口座と社会プール基金の結合方式を「3段階式」から「分業式」に変えた。つまり、個人口座は外来診療およびその他個人負担医療費に、社会プール基金は入院診療と一部高額外来診療にと明確に区分したのである；(c)社会プール基金のスタートラインを平均賃金年額の5％から、病院の規模によって400元、500元と600元に定めた（退職者は半額）。同時に入院診療の患者負担率を従来の3段階から2段階にし、5,000元以下は20％、5,000元から30,000元は10％と引き上げ、一定額以上の負担は基本医療保険ではなく高額医療費保険制度によって賄うようにした（楊子林2000年）。

これらの改正の結果、社会プール基金の財政状況は著しく改善された。1998年の第4四半期に毎月200万元の赤字を記録した社会プール基金が、1999年5-12月には毎月20.5万元の黒字に好転した。いま1つの効果は、過剰検査、過剰処方の源であった外来診療の医療費が1998年の5,371万元から半分以下に減少したことである（楊子林2000年）。

表2-6 全国衛生総費用の構成

(単位:億元、%)

年度	全国衛生総費用	政府予算支出	社会支出	個人支出
1991	888.6 (100.0)	202.3 (22.8)	341.1 (38.4)	345.2 (38.8)
1995	2257.8 (100.0)	383.1 (17.0)	739.7 (32.7)	1135.0 (50.3)
1999	4178.6 (100.0)	640.9 (15.3)	1064.6 (25.5)	2473.1 (59.2)
2000	4764.0 (100.0)	709.5 (14.9)	1167.7 (24.5)	2886.7 (60.6)

注:社会支出とは各種医療保険からの支払いを指す。
出所:『中国衛生年鑑2001年』、501頁より。

(3) 効率性の追求と「自助」の強調

鎮江市と威海市の経験には共通する部分が多いが、主要な点は次の2つである。まず、「社会化」された、一元的な医療保険制度の創設によって旧医療保険制度の身分性(公務員と労働者の間、国有セクターと非国有セクターの従業員の間)が解消され、「単位保障」から生じる諸問題(企業の経営困難のため入院できない従業員の存在や医療費の企業経営への圧迫など)はある程度改善された。

第2、しかし、両市の医療改革の重点は何よりも医療費の抑制に置かれ、医療保険財政の健全化が至上命令となった。患者自己負担率の度重なる引き上げ、退職者優遇措置の撤廃、個人口座と社会プール基金の分業の徹底化などの効率優先措置は、すべて医療における個人責任を絶えず強化するものである。実際、90年代に入って全国医療費における個人の医療費(非保険医療も含む)の割合は4割弱から6割へと急激に高まった(表2-6)。改革前の都市部医療保険制度の特徴が政府と企業による「公助」であったとすれば、90年代の改革のキーワードは「自助」であると言っても過言ではない。近年、公的医療保険の適用を受けない個人開業医や私立病院など民間医療市場が著しく成長し、公的医療の守備範囲がますます縮小していく状況のなかで、一方的な「自助」の強調は医療保険の弱者排除につながるのではないかと懸念される。

都市部の医療保険制度におけるこうした政府・企業(ここでは国有企業)・個

改革前の制度 改革後の制度

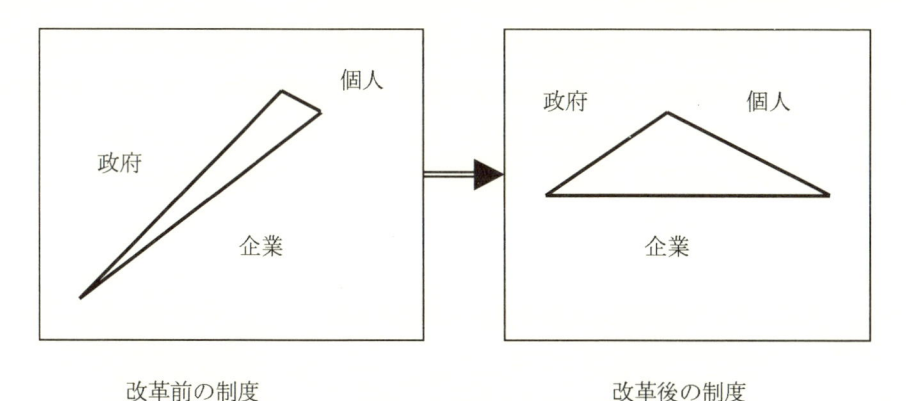

出所：筆者作成。

図2-6 医療保険改革における政府・企業・個人関係の概念図

人の役割の変化を図2-6の2つの三角形でイメージ化してみた。以前は無視できるほど短かった個人の辺が著しく長くなり、その代わりに政府の辺が縮小した。改革以後も企業側の保険料負担がそれほど軽減されなかったことを考え[12]、企業の辺はほぼそのままにしておいたが、企業責任の内容が医療保障の供給者から保険料の拠出者へと質的に転換したことは指摘しておかなければならない。政府責任の縮小または後退は計画経済から市場経済への移行期の必然的な変化ともいえるが、医療保険財政の赤字を国庫負担ではなく、もっぱら個人負担の増加によって解決しようとする背景には政府財政の逼迫がある。この点については次節で再び論ずることにする。

第四節　体制移行と医療保険改革

以上、1970年代末以来の市場経済化の結果、農村では合作医療制度が解体

---

[12] 木崎(2000年)によると、医療保険加入による企業負担の増減を聞いたところ、41社のなかで逆に負担が増えたと答えた企業が21社、前と変わらないと答えた企業が9社であったという。

し、都市では従来の労働保険医療制度と公費医療制度が保険料の労使分担、個人医療口座と社会プール基金の導入を特徴とする、より効率性と「自助」を強調する新しい基本医療保険制度に代替されたことを考察した。最後の節では、計画経済から市場経済への体制移行の視点から医療保険改革の特徴、目的およびその限界を検討してみたい。

1 「漸進主義」的経済改革と医療保険改革の各段階

中国の体制移行は旧ソ連などの「ショック療法」とは対照的に「漸進主義」によって特徴づけられる。「漸進主義」(gradualism)の定義については様々な説があるが[13]、本論文では、最初から国有企業の民営化を断行し計画経済を一気に市場経済に変えるのではなく、計画経済の基幹部分(大・中型国有企業)をしばらく温存させながら計画経済以外の空間(外資系企業、郷鎮企業、私営企業など)を次第に広げ、経済システム全体の色合いを徐々に変えていく改革の進め方を「漸進主義」と捉えたい。上で考察してきた医療保険改革の展開も、体制移行における「漸進主義」的進め方との関連から次の3段階に分けて説明することができる。

①第1段階は1970年代終わりから80年代前半までの農業の「生産リンク請負制」の導入と合作医療制度の解体である。長年の指令型集団経営と人為的に抑えられた農産物価格、後を絶たない政治運動は農村経済に深刻な疲弊をもたらした。「漸進主義」改革の第1歩は「生産リンク請負制」による個人経営の復活であったが、最も周辺部に位置する農業を計画経済体制から切り離し、それを「体制外化」することによってはじめて計画経済以外の空間が作られた。しかし、「生産リンク請負制」の導入それ自体は「漸進的」ではなく実に「急進的」に進められ、それは農村合作医療制度の急激な弱体化ないし解体にも反映される。

---

13) 中国の漸進主義的改革についての各種理論及びその評価に関しては、中兼和津次(2000年)を参照されたい。

②第2段階は1980年代半ばから1991年までの都市部の「経営改革」と医療の供給側の市場化である。この段階の経済改革は主に企業の経営自主権の拡大（請負制）や価格に対する政府統制の緩和（価格改革）などを通じた旧体制の活性化であった。それまで政府の予算によって運営されていた医療機構にも経営の自主責任が求められ、利益最大化を追求する医療機関と基本的に無料医療を原則とする旧医療保険制度との矛盾が「都市－農村」格差の拡大、過剰検査と過剰処方の横行、医療費の急騰などの現象に現れた[14]。これは「漸進主義」による旧体制（ここでは都市部の医療保険制度）の温存から生じた新旧体制の「取引摩擦」の一種であり（樊鋼 1993年）、「漸進主義」的改革のコストである。「漸進主義」のコスト＝医療費の異常な高騰はやがて政府と企業の許容範囲を超えてしまい、医療保険制度の本格的な改革を促す要因となるが、この段階における医療市場の無秩序化と非効率化のため、90年代の改革は都市部医療保険の財政健全化と効率性を過度なまで追求せざるを得なくなった。

③そして第3段階は国有企業改革の本格的な始動と医療保険改革の急展開である。2つの体制間の摩擦と矛盾に対し、1992年以降は「社会主義市場経済論」の下で計画経済部門の縮小（中・小国有企業の民営化）と改造（大型国有企業の株式化）によって克服しようとした。1994年には医療保険の実験に先立ち、租税制度、金融制度、為替制度にも次々と抜本的な改革案が打ち出され、1998年前後からは国有企業改革も政府の最大課題として取り上げられた。大量の余剰人員を抱えている国有企業の改革には、失業保険や最低生活保障制度のほかに医療、養老も含めた「社会安全網」の整備が不可欠であった。1994年末の「両江モデル」からわずか4年後に新しい基本医療保険制度が早々に創設されたのは、国有企業改革からの緊迫した要請があったからである。90年代には

---

[14] 医療費の急増には、医薬技術の高度化や人口の高齢化などの原因も挙げられるが、被保険者による薬の買い溜めや転売などは、上述した新旧両体制の並存と制度的監督装置の不在から起きた体制移行期の中国の独特な現象であり、したがってこの時期の医療費の増加は医療技術の進歩や高齢化だけでは説明できない部分が大きい。

世界銀行が推奨した個人積立方式がとりわけ途上国で人気が高かったこともあり、新しい医療保険制度は個人口座方式と社会プール基金方式を併用するハイブリッド型を採ることになった[15]。

このように、「農村合作医療の解体→医療供給の市場化→都市部基本医療保険制度の創設」という医療保険の変遷は、「農業生産リンク請負制の導入→企業の経営自主権の拡大→国有企業改革」といった経済改革の漸進的展開と歩調を同じくしており、この意味において、前者は後者の結果あるいは後者は前者の条件ということができる。

2 医療保険改革の体制移行的性格

改革開放以来の中国経済は「経済発展」（近代化）と「体制移行」の同時進行によって特徴付けられる（中兼和津次 2002 年）。すなわち、農業人口が全人口の大部分を占める社会から工業化社会への転換と、指令経済から市場経済への移行が目下の中国では同じ時間・空間の中で行われ、経済発展が体制移行のコストを吸収し、市場化または規制緩和が更なる経済発展の動力となるという良循環が 20 数年間の高度経済成長をもたらしたのである。それでは、このような歴史的大転換の中で医療保険改革はどう位置付けられるのか。結論から言えば、「経済発展」と「体制移行」の 2 つの軸のなかで今回の医療保険改革は主に「体制移行」の軸に沿って行われ、その狙いは国有企業改革（その重点は余剰人員の整理）のコストの分担である、というのがここでの主張である。図 2 －7 で言えば、太い矢印が経済全体の構造変化であり、細い矢印が今回の医療保険改革である。その理由は以下のようである。

まず、今回の医療保険改革の中には病気のリスクに完全に無防備な多くの農民への対策は全く含まれていない。就職先が国有企業か私営企業かという区別はもはや意味を持たなくなったとしても、人々の出身（戸籍の種類、即ち都市

---

15) 実際、世界銀行は中国の年金改革と医療改革に深く関与した。なお、個人口座と社会プール基金の併用は 1993 年に確認された原則ではあるが、具体的なやり方では 1997 年に先だって実施された年金改革の影響を大きく受けている。

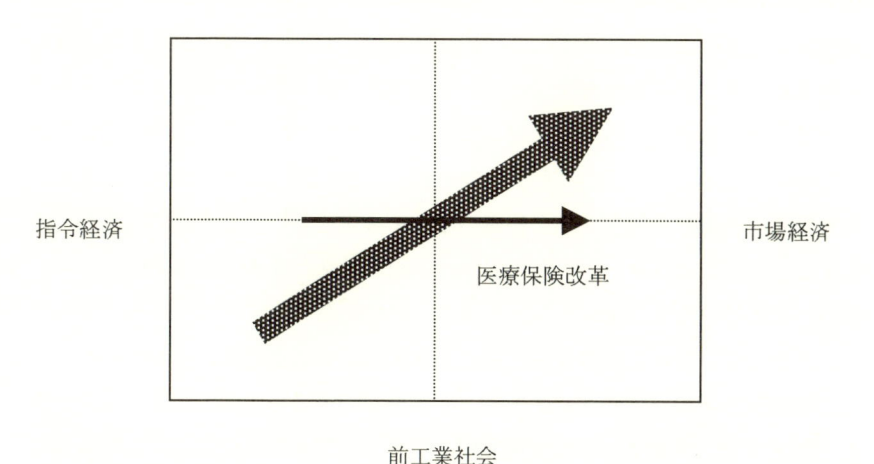

```
           工業社会

指令経済                 市場経済
          医療保険改革


           前工業社会
```

出所：筆者作成。

図2－7　医療保険改革の体制移行的性格

住民か農村住民か)によって受けられる医療サービスの種類と質および医療費の負担に大きな格差が存在することには変わりがない。さらに重要なのは、新制度の主な進歩と言われる非国有セクターへの適用拡大が、1億とも2億ともいわれている農村からの出稼ぎ労働者(そのなかには都市部に定着した者も多数含まれる)を排除しているため、新たな受益者は主に都市戸籍を持つ私営・外資系の管理職に限られ、その数は決して多くないと考えられる。20年以上の経済発展によって工業化と都市化が著しく進展し、実際高度成長を支えているのが非国有セクターで働く農村戸籍の低賃金労働者であることを考えると、今回の医療改革は「経済発展」の要素をほとんど取り入れていないといわざるを得ない。

次に、都市部の非国有セクターについて考えてみよう。医療改革の必要性を説明する際に、政府(および多くの研究者)は旧制度の弊害と並んで非国有セク

ターの成長を重要な要因の1つに挙げた。確かに表2-3(87頁)が示すように、私営、外資系などの非国有セクターの成長には目覚しいものがあり、彼らも今回の医療改革の受益者であることは間違いない。しかし、非国有企業従業員の年齢構造の若さと新医療保険制度の企業側負担の重さから、使用側が進んで公的医療保険の適用を要求したとはとても考えられない。その一方で、外資系企業における労働争議の規制や頻繁なジョブ・ホッピングは、非国有セクターの労働者が組織化を通じて社会保障の権利を獲得することを非常に困難なものとする。非国有セクターへの医療保険の適用は彼らの要求または闘争によって獲得したのではなく、上から与えられたものであると考える方が妥当であろう。

したがって、今回の医療保険改革は基本的に、新しい時代に合わなくなった旧医療保険制度の市場経済にあわせての再構築である。中国の経済改革の特徴が「漸進主義」であり、その過程で国有企業など旧体制の核心部分の特権的地位が相当期間温存することについてはすでに述べた。経済改革に対する医療改革の立ち遅れは、都市部の医療保険制度が旧体制の核心部分──大・中規模国有企業と各層政府機関──の特権の重要な一部であったことから生じたが、このような特権の維持に必要なコストはますます高くなり、やがて国有企業およびその庇護の立場にある政府の限界を超えてしまったのである。また、非国有セクター主導の経済成長と国有セクターの温存を特徴とする「漸進主義」的改革の結果、政府の財政力の低下と国有企業の経営悪化が生じ、国有企業改革に必要な失業者の救済や医療、年金などの問題を国庫負担の強化で解決することを不可能にした。その結果、例えば医療改革では如何に医療費の負担を政府と国有企業から外資系、私営企業を含むすべての企業および従業員に分担させるのか、如何に医療費の急騰に歯止めをかけるのかが最大の課題となったのである。

一言でいえば、政府・企業・個人の3者負担の導入や個人医療口座と社会プール基金の併用、所有制差別の解消はいずれも体制移行(市場化)から生じた問題への対応であり、その意味で今回の中国の医療保険改革は経済発展にともなう社会保障の整備・拡充の視点(近代化)からではなく、体制移行にともなう社会

保障制度の再構築の視点(体制移行経済)から論ずるべきである。近代化による都市化や人口の高齢化、そして全国民の医療保障などより長期的なパースペクティブが必要な問題は将来の課題として残された。

参考文献

〔日本語〕

張紀濤 (2001)、『現代中国社会保障論』創成社。
木崎翠 (2000)、「中国の社会保険導入の企業経営への影響」『海外社会保障研究』No.132。
小島麗逸 (1991)、「中国の雇用制度」石原亨一編『中国経済の多重構造』アジア経済研究所。
南亮進 (1990)、「中国の経済発展―日本との比較」東洋経済新報社。
中江章浩 (1998)、『21世紀の社会保障』第一書房。
中兼和津次 (1992)、『中国経済論―農耕関係の政治経済学』東京大学出版会。
―――― (2000)、「中国経済の市場化と直面する課題―漸進主義的経済改革の再検討」中兼和津次編『現代中国の構造変動Ⅱ　経済：構造変動と市場化』東京大学出版会。
―――― (2002)、『経済発展と体制移行』名古屋大学出版会。
王文亮 (2001)、『21世紀に向ける中国の社会保障』日本僑報社。
林毅夫・蔡昉・李周 (1997)、『中国の経済発展』(渡辺利夫監訳)日本評論社。
―――――――― (1999)、『中国の国有企業改革』(関志雄監訳)日本評論社。
劉曉梅 (2000)、「中国における医療保障制度の改革」『海外社会保障研究』No.132。
――― (2001)、「医療保障制度」、中国研究所編『中国は大丈夫か？社会保障制度のゆくえ』創土社。
セン、アマルティア (2000)、『自由と経済開発』(石塚雅彦訳)日本経済新聞社。
鈴木亘・李為民 (2002)、「医療制度と医療費：都市職員・労働者の医療保険」大塚正修編『中国社会保障改革の衝撃』勁草書房。

〔中国語〕

樊鋼 (1993)、『漸進之路――対経済改革的経済学分析』中国社会科学出版社。
梁鴻 (1999)、「討論中国農村社会保障及其特殊性」『復旦学報社科版』1999年5月号。
劉国祥・趙郁馨・万泉・高広穎・杜楽勲 (2001)、「中国衛生総費用分配流向測算報告」『中国衛生経済』2001年2月号。
宋暁梧・張中俊・鄭定銓 (1998)、『中国社会保障制度建設20年』中国古籍出版社。
王愛文・劉志勇・朱竜翔・趙国君・趙氷・尹力・曽憲樹 (1998)、『編織社会安全網―中国社会保障制度的昨天、今天和明天』広西師範大学出版社。
王志強 (2001)、「為什么『企業弁社会』是低効率的」『中国経済問題』2001年2月号。
衛興華編 (1994)、『中国社会保障制度研究』中国人民大学出版社。
楊子林 (2000)、「威海市城鎮職工基本医療保険運行情況及操作要点」『中国労働』2000年6

月号。
鎮江市社会保険局（2000）、「総量控制与個人付費相結合的費用控制机制的探索」『中国衛生経済』2000 年 4 月号。
鄭功成（1994）、『中国社会保障論』湖北人民出版社。
────（1997）、『論中国特色的社会保障道路』武漢大学出版社。
中国経済体制改革総体設計課題組（1993）、「企業社会保障職能的独立化」『経済研究』1993 年 11 月号。
朱玲（2000）、「誰来為農民看病吃薬提供社会保障」『瞭望』2000 年 16 期号。
左学金・胡蘇雲・謝白羚（1998）、「中国城市医療保険体制改革：建立成本制約机制和組織創新」徐滇慶・尹尊声・鄭玉歆編『中国社会保障体制改革』経済科学出版社。

〔英語〕

Ku, Yeun-wen (1997), *Welfare Capitalism in Taiwan*, New York : St. Martin's Press.
White, G. (1998), 'Social Security Reform in China : Towards an East Asian Model? ', in R. Goodman, G. White, and Huck-ju Kwon eds, *The East Asian Welfare Model : Welfare Orientalism and the State*, London : Routledge.
World Bank (1997), *China 2020, Issues and Options for China : Financing Health Care*, Washington D.C. : World Bank.

第3章

年金保険制度の改革

陳　　紅

はじめに

　「養老保険制度」と呼ばれている中国の公的年金制度は、1951年の「労働保険条例」によりつくられた。それは老年または傷病により、労働能力が完全に喪失し、職場を引退した勤労者に対して、退休金(定年退職年金)をはじめ、医療・死亡・遺族給付及び物価手当などを支給する年金制度である。改革開放が始まった1978年までのこの退休制度を中心とした中国の年金制度は、国営企業及び政府機関などに勤める勤労者が、保険料の納付なしに年金給付を受けられる制度であった。1978年に改革開放の幕が本格的に開かれて以降市場経済が急速に発展し、それと同時に、年金制度の改革も急速に進んでいる。ここでは、その改革がどのように行われ、その結果現在どのような年金制度が構築されつつあるのかを見てみたい。

第一節　年金保険制度の創設とその展開

　解放前の旧中国にも労働者の社会保険に関する法令がなかったわけではない。「暫行工場通則」(1923年)、「労働組合法」、「工場法」(1931年)などのなかに

労働者の健康保護に関する規定を若干見出すことができるが、しかし当時の社会的、経済的事情によりこれらはほとんど空文化していたので、中国の社会保険制度は1949年に中華人民共和国が成立して以後創られ始めたといってよい。

1 年金保険制度の創設(1949-57年)

1949年10月1日、中華人民共和国が成立した。成立直後の新中国は、生産の停滞、国民生活の窮乏、失業、激しいインフレーションに直面していた。国民経済の回復と人民の生活改善及び新政権の基盤強化を図るために、中国共産党は社会保険制度の構築に力を入れた。

（1）労働者年金保険制度の創設

新中国の成立前夜の1949年9月、中国人民政治協商会議第1回全体会議では、臨時憲法の意義を持つ「中国人民政治協商会議共同綱領」が採択された。その第23条で、「企業で労働保険制度を順次実施する」ことがはっきりと謳われた。これは統一的な労働保険制度を創設する法律根拠になったものである。1950年労働部と中華全国總工会(中華全国労働組合)は政務院(現在の国務院)の指示を受け、革命根拠地、解放区及び東北地区で実施されてきた労働保険制度及びソ連の社会保険制度などを参考に、「中華人民共和国労働保険条例」草案を作成した。同草案は1951年2月26日に政務院第73回会議において承認された。

当時、中国の経済や国家の財政は非常に困難な社会主義建設初期であったにもかかわらず、労働保険制度の創設に政府が取り組んだということは、それが社会主義社会の趣旨を表すものであり、社会主義的制度そのものであることを意味する。

労働保険条例は「雇用労働者の健康を保護し、その生活上の特殊な困難を軽減するために」（第1条）制定されたものである。本条例は年金制度についても規定しており、企業従業員の定年退職年齢、勤続年数、年金の給付水準などが定められた。当時は多種の所有制経済が共存していたから、「労働保険条例」の適用範囲は企業従業員の人数を基準とし、企業の所有制は問わなかった。そし

て、当時は国家の財政力や全国的な保険制度の経験の少なさなどの制約から、適用範囲は極めて限定的で、適用されたのは、従業員の数が100人以上の国営、公私共同経営、私営及び共同組合経営の工場、鉱山及びその付属職場、鉄道、海運、郵便3産業の各企業及びその付属職場であった。労働保険を実施しない企業は労働組合と共同で適当な保険待遇を定める、「集団契約」方式を採用してもよい、とされていた。

1952年までに労働保険を実施した企業数は3,861社で、従業員の加入者数は302万人である。その中で年金待遇を享受した労働者数は2万人である[1]。当該年の労働保険費支払額は1.7億元に達していた[2]。1953年に中国経済の発展に伴い、「労働保険条例」の改正が行なわれ、すべての工場、鉱山及び交通部門の基本建設会社、国営建築会社にまで適用範囲が拡大された。1956年にはさらに商業、対外貿易、食料、金融等13の産業と部門にまでその範囲が拡大された。こうして「保険条例」が公布されてからその適用者は着実に増加し、1956年には国営、公私合営、私営企業職工数の94％を占めるほどになった[3]。

その内容は以下のとおりである。まず年金の給付対象者は、男性従業員のばあい勤続年数が満25年、そのうち退職する企業での勤続年数が満5年以上の満60歳以上の者である。女性従業員の支給要件は満50歳、勤続年数が満20年、そのうち退職する企業での勤続年数が満5年であること、となる。健康を害しやすい特殊な職種の企業、例えば低温または高温室内・外の作業場、有毒製品工場の従業員は、同じ勤続年数で、男満55歳、女満45歳から受給できる。

年金額は、定年退職時の本人の標準報酬月額に一定の比率をかけたものであった。この比率は勤労期間の長短によって異なり、一般的に最高70％、最低50％となっていた。さらに、定年年齢になってもそこで働き続けている者に対しては、給料以外に本人の標準報酬月額の10-20％に相当する額を手当金として支給することになっていた。

---

1) 宋暁梧(2001年)、17頁。
2) 董克用・王燕主編(2000年)、183頁。
3) 厳忠勤(1987年)、307頁。

労働能力を喪失して定年年齢前に退職した者に対しては退職一時金が支給されていた。具体的には、勤続10年の場合、本人年収の半分に当たる退職金、勤続10年以上の場合、年収額を上限に、11年目より1年ごとに月収に当たる金額を加算して支給されていた。また、在職中に特別な貢献をした者に対しては退職一時金の優遇措置により、上記額の20％増の支給が認められていた。

年金の原資は、年金の管理運営機関である企業労働組合が、従業員賃金額の3％を徴収することで賄われていた。この労働保険料総額の70％を年金及びその他の保険給付金として企業の労働組合組織が保管し、残りの30％を中華全国総工会（全国労働組合）に上納し、全国範囲での保険給付の調整基金として運用されていた。企業労働組合の拠出金は退休金、医療保険金、労災保険金、救済金、葬儀の費用などの支出に使われていた。毎月1回決算し、残高は労働保険調整基金として省・市労働組合、あるいは産業労働組合委員会に移される。企業はその与えられた保険基金に不足が生じた場合、上級の労働組合に調整を申し出ることができる。省・市労働組合あるいは産業労働組合委員会の調整基金は下部労働組合の資金不足を補うことに使われ、毎月1回決算し、残高を全国総工会に上納し、足りない場合、そこに調整を申し出る。このように、この制度には社会プールの制度も組み込まれていた。

中華全国総工会は労働保険事業の最高管理機関であり、全国の労働保険事業を統一して計画実施する。労働部は全国労働保険事業の最高監督機関として、政策を策定して「労働保険条例」を実施、検査、監督することに責任を負う。労働組合の下部委員会は「労働保険条例」を実施する最下部の組織である。

「労働保険条例」は全国統一的な社会保険法規である。年金保険制度は典型的な国家保険である。労働者は費用を納付せず、年金を受給できる。

1952年のILO大会で通過した102号「社会保障（最低標準）公約」の規定に照らしてみると、中国における年金制度は最初からその給付水準も高く、発展がかなり速いと言える。1950年代には、各企業は企業間で柔軟に調整できる基金を持つことによって、企業における年金給付はスムースに行われていた。

（2）国家機関・事業部門職員（幹部）の年金保険制度の確立

ついで国家機関・事業部門に適用する社会保険制度も創設された。1950－55年に、国家財政の負担による国家機関・事業部門職員の定年退職年金制度が確立した。歴史的な様々な要因があって国家機関、政党、人民団体と事業部門の職員には労働保険が実施されていなかった。建国前の解放区では、いわゆる供給制が実施されており、国家機関・事業部門及び民衆団体などの職員に対して、衣、食、住、医療、養老金などをすべて解放区の政府が供給していた。建国初期、多数の国家機関、事業部門の幹部には依然として供給制が実施されていた。1950－55年になると、供給制の対象人員に対して供給制が廃止され賃金制が採用されるに伴って、年金制度設立の必要性が浮上してきたのである。

1955年12月29日に国務院は単独法規の形で、「国家機関職員退休処理に関する暫行弁法」と「国家機関職員退職処理に関する暫行弁法」を公布し、1956年1月1日から実施した。この2つの新規定によって国家機関等職員の年金制度が創設された。この国家機関等職員の定年・中途退職の条件は企業労働者を対象とするそれとほぼ同じである。定年退職年齢については、男性は労働者と同じ60歳であるが、女性は55歳である。そして、必要な勤続年数を満たし、定年退職することができる。年金給付については、定年退職した国家機関等の職員には、勤続年数に応じて、居住地の県級人民政府委員会が優待救恤費から退職時の本人標準賃金の50－80％に相当する老齢年金を月ごとに死亡まで支給し、さらに死亡時にはその扶養家族に死亡者本人の老齢年金の3ヵ月分に相当する喪葬補助費も支給することとなっていた[4]。国家機関等職員の年金制度が創設されてから適用対象者が年々増え、1956年末に約1,000人に上り、省、区、市の定年退職者を加えると8,000人にもなっていた[5]。

こうして、都市部の2つの年金保険制度が確立した。国家機関、事業部門職員の場合は、年金は国家財政予算で割り当てた各部門の行政管理費から支給される（養老費用は国家財政負担である）。企業従業員の場合は、年金は賃金總額

---

4) 焦培欣(1998年)、22頁。
5) 厳忠勤(1987年)、313頁。

の一定比例で納付される保険料を基に支払われる。この基金は労働部門が統一的に管理する。こうして中国年金保険の二元構造が生まれた。すなわち、企業の間、企業と国家機関・事業部門の間で、年金保険の内容およびその財源などが異なる制度ができたのである。また、年金保険制度が国有企業と国家機関、事業部門に限定され、全人口の8割を占める農民は適用対象から除外されており、都市住民と農村住民との間でも年金保険制度に関して大きな相違があった。

2 年金保険制度の調整期(1958－66年)

(1) 労働者と職員(幹部)の年金保険制度の一元化

上述のように「労働保険条例」と「国家機関職員退休処理に関する暫行弁法」では企業や政府機関の定年退職年齢、定年後の待遇についての規定が異なっていた。幾つかの規定に合理的でないものがあり、それが従業員間の団結に不利に働いた。そこで1958年から、周恩来総理の指示に従って、年金制度の不合理なところを改正する作業が開始された。1958年2月、「企業従業員・政府機関職員の退休に関する暫定規定(草案)」が公表され、政府はこれまで別々になっていた企業と政府機関の2つの年金制度を統合し、勤労年数や年金支給基準などの調整を行った。

具体的にはまず、勤労期間については、従来の勤労期間25年、勤続10年以上の定年退職制限年数をそれぞれ20年と5年に短縮し、勤労期間20年で、労働能力喪失のため、定年前に退職した者も普通の定年退職者とみなし、年金の受給を認めることに改めた。

退職一時金の支給額については、労働能力を喪失して退職した者に対し、これまでの退職金以外に、手当金の支給が追加された。具体的には勤続1年以下の場合、本人の1ヵ月の標準報酬月額、勤続1－10年の場合には、満1年ごとに本人の1ヵ月の標準報酬月額を加算し(勤続年数×本人1ヵ月分の標準報酬月額)、勤続10年以上のばあい、11年目より満1年ごとに、本人30ヵ月の標準報酬月額を上限に、1.5ヵ月の本人標準報酬月額(10×1ヵ月分の標準報酬月額＋(10年を超えた年数×1.5ヵ月分))に相当する金額を加算して支給するこ

表 3 - 1　　企業・政府機関等退職金支給基準(1958 年)

勤続年数	退職金の給付額(本人定年時の標準報酬月額に対する割合)%	
	定年退職	中途退職
5 年以上～10 年未満	50	40
10 年以上～15 年未満	60	50
満 15 年以上	70	60

出所：候文若『現代社会保障制度』中国経済出版社、1994 年、113 頁。

ととなった。この統合された企業・政府機関などの年金給付基準は表 3 - 1 の通りである。

　また、労災で障害を残し労働能力を喪失した者も定年退職者とみなし、介護を要する場合には本人標準報酬月額の 75%、介護を要しない場合には 60% に相当する金額を年金として支給していた。

　新しい規定は国営、公私合営企業、事業体、国家機関の職工定年退職年齢を統一し、制度の違いによる格差などの問題を解決した。そして定年退職の条件を緩和し、退職後の待遇基準を大幅に引き上げた。こうして年金給付の公平化などが図られ、年金事業は一段と前進した。

（2）集団所有制企業の年金保険制度の導入

　1951 年に「労働保険条例」が実施されると同時に、政府は、都市部の集団企業や契約制労働者を抱えた企業のような「労働保険条例」の適用除外の企業にたいして、「労働保険条例」の原則およびその企業の実情に基づいて、それぞれの企業管理当局、あるいは企業家側が労働組合と協議し、従業員の保険待遇を保証するために集団労働保険契約を結ぶよう要求した。

　1960 年代初頭、中国都市部の集団経済は次第に発展してきた。労働保険契約を結ぶ企業が多くなってきたばかりか、「労働保険条例」の待遇基準に基づいて実施を申請する企業も増加した。しかし、労働契約制労働者が大半を占めているばあい、定年の規定を定めにくいために、集団企業労働契約保険制度に

は定年退職に関する規定がないことがある。したがって、1966年4月20日に、元の第2軽工業部、全国手工業合作総社は「軽、手工業集団所有制職工、社員一時退職、定年退職処理に関する暫行弁法」を公布し、同部門の労働者を対象に年金基金を統一的に調達、給付するという社会プールを実施し、本人賃金の40-50%を年金として毎月支給すると同時に、退職の一時給付金を本人基本給の1-20ヵ月分とするなどの規定を打ち出した。その「暫行弁法」が公布された後、ほかの産業、部門の県と市以上の集団所有制経済組織も、それを参考にして相次いで実施するようになった。しかし、都市集団企業の年金制度は労働保険待遇のそれを下回っていた。

3 「文化大革命」の後退期(1966-76年)

1966年から10年間の文化大革命期において、労働保険制度は否定され、ほとんどが破壊され、年金制度は全面的に後退した。1969年に行われた労働保険制度の「改革」の結果、企業間の調整資金としての社会プールが廃棄され、労働保険は「企業保険」にその姿を変えた。

「文化大革命」期において、労働保険制度は、労働者・職員を堕落させる「修正主義の毒」と批判された。また、労働保険の担当機関たる労働部が1969年に廃止され、同時に整備された労働保険管理機関の各級労働組合も「造反派」によって押さえ込まれ、形骸化してしまった。労働保険部門の職員は配転させられ、労働保険事業の運営は全国的に麻痺状態に陥った。保険基金の調達、管理、給付業務を実施することができなくなったのである。

やむなく財政部は1969年2月に「国営企業財務活動中幾つかの制度改革に関する意見(草案)」を出して、国営企業の労働保険基金からの引出しを一律に中止し、企業の養老金を営業外支出[6]の項目にするよう指示した。全国にわたる統一的な養老保険は統一的に計画管理する、社会プールの機能を失って、「企

---

6) 営業外支出とは、企業の生産経営活動と直接的な関係がない各項支出である。すなわち、製品コストや販売費用に算入できない費用・損失であり、例えば年金、労働保護費、学校経費など。つまり、年金は企業の営業外の費用により支給されるが、営業外の費用は企業の利潤の一部であるから、年金は実は企業の利潤から支給されるのである。

業保険」に変質した。それにともない、企業間に高齢者扶養の負担の不均衡をもたらすようになった。

　年金制度の全面停滞・後退の状態は文化大革命の終結する1976年まで続いた。この時期、企業の定年退職者が次第に増えてくると、新旧企業間に養老金支給格差が生じ始めた。経営状態のよい企業では年金の支給に支障がないだけでなく、従業員福祉も充実されていったが、一方、定年退職者が多く、経営状態の悪い企業では、年金の支給が常に遅れがちになっていたし、従業員福祉もほとんどない状態に陥ってしまったのである。

4　年金保険制度の再建期(1976-84年)

　1976年文化大革命の終結にともない、年金保険制度は再建期に入る。1978年6月2日に国務院は「労働者の定年退職・早期退職に関する暫定方法」と「老弱病残幹部の安置に関する暫定方法」を公布した。企業の年金保険と国家機関の年金保険は再び分離された。定年退職制度を改正し、年金の最低給付ラインを初めて定め、かつ年金のレベルを大幅に引き上げた。企業従業員の年金費用は、その所属する企業が営業外支出として実費負担する。国家機関・事業部門の年金費用は、その機関・部門の経費支出として国家財政で賄われる。主に国有企業を適用対象としているこの年金制度は依然として社会化されておらず、依然一種の「企業保険」に過ぎなかった。

　1982年2月20日に中共中央は「中共中央関於建立老幹部退休制度的決定」を公布し、現行の幹部年金制度を(1)一般幹部の定年退職と(2)特殊な貢献を収めた幹部に対する離職休養制度に2分化し、離休制度を新設した。離休の適用対象は①第1、2次国内戦争時に革命に参加した者；②抗日戦争時の参加者のうち、副県長以上および幹部14級以上の者。離休年金の給付基準：従前給与の100％を支給するほかに幹部等級に応じて生活補助費を支給する。離職休養制度は当時進められていた幹部制度の改革を促進し、幹部の若返りを速めると同時に政治改革の進展にも役立った。

　1983年、従業員の生活保障能力が弱い都市集団企業の問題に対して、国務

院は「城鎮集団所有制経済若干政策問題に関する暫定規定」を公布し、集団企業が自身の経済条件に基づき社会保険制度をつくり、従業員の老年退職、労働能力の喪失などの生活保障問題を解決するよう、指示した。こうして1984年末までに、「文化大革命」期間に残されていた200万人の定年退職すべき者で定年退職していない者の問題が基本的に解決された。離職休養、定年退職の待遇水準を著しく高め、城鎮集団企業の従業員の老後生活も一応の保障が獲得された。

5 伝統的な年金保険制度の特徴

以上のように、中国の年金制度は1950年代初頭に、中央集権的計画管理体制の下で、旧ソ連の「国家保険」を真似して創られた。計画経済期の都市部における社会保険の主体は「単位」[7]と呼ばれる職場であった。社会保険の面から見ると、大型の国有企業を中心に、都市部の「単位」は、その従業員に対して、年金や医療サービスの提供、食料の配給や教育などを包括的に提供する責任を負っていた。このような中国の年金制度の特徴はどのようなものであったであろうか、以下その特徴をまとめておこう。

（1）雇用と一体の福祉待遇

計画経済の下では市場を通して就職する事はない。就職は政府の手によって実現するのである。都市部の労働力人口は労働管理体制の下で雇用も計画配分された。文字通りの完全雇用といってよかろう。こうして雇用が確保されるだけでなく、いったん国有企業の正式の一員になれば、終身雇用が保障され、また自動的に社会保険制度という保護ネットワークに入った。就職してから死ぬまで、基本給、医療保険、年金から住宅の配分まで一式の社会保険と福祉待遇

---

[7] 「単位」は単なる経済活動の場ではなく、構成員の社会生活や政治活動まで管理する責務を負う事実上の最小行政単位であった。自給自足の共同体であるかのように従業員の社会生活が職場に限定されるため、このような「単位」状況は「小社会」とも称される。

を享受することが出来たのである。したがって、国有企業あるいは大型の集団組織に就職することは年金待遇の享受者にもなれるということを意味していた。逆に言えば何らかの原因で就職できない者、または就職した後に仕事を失った者は社会保険制度から排除されることを意味するということにもなる。

(2) 都市労働者を適用範囲に

計画経済体制下での年金制度の適用範囲は基本的に国有企業と国家機関・事業部門の従業員に限られ、大型集団企業の場合は「労働保険条例」に準じて適用されることになっていた。しかし、社会主義建設が進むにつれて企業・事業所の大部分はこれらのいずれかに属するようになったので、都市労働者のほとんどは公的年金制度にカバーされていたといってよい。

(3) 個人の納付がない保険料

中国の年金制度はソ連のそれに倣って、つくったものである。先進資本主義諸国では年金財源の一部を労働者が負担しているのに対して、中国の労働者は無償でそれを享受できることになっていた。この点は資本主義社会の社会保険制度に対する社会主義のそれの特徴を示すものである。年金の給付水準はのちに賃金、労働歴(勤続)と連動して定められることになるのである。そして、義務が双務的ではなく、片務的であること、つまり、国家が一方的に養老保険を労働者に提供する義務があることを根拠にして、その契約的性格を否定した。労働者が養老費用の負担義務はないが、その代わりに、「労働の義務」が課されている。年金支給の要件は就業である。

(4) 賦課方式の財政方式

「国家保険パターン」の下では、確定給付型で賦課方式の年金制度が採られていた。その当該年に必要な年金資金はその年の保険料収入で賄ったのである。そのような方式が可能となった理由の1つに、年金受給者が少数だったことがあろう。当時の中国は人口構成が若く、年金制度の「成熟度」(保険加入者に

対する年金受給者数の割合）も低かったからである。

（5）分散的年金保険の管理体制

10年動乱において、年金保険制度は「社会プール」機能が否定され、「企業保険」に退化した。年金基金の調達、管理と支払いは全部企業の責任となった。実際、企業は政府が担当するはずの社会管理の職能を担当していた。

年金保険は労働部、人事部、中華全国総工会、民政部、財政部などが、それぞれ一部の管理責任を持っていた。すなわち年金保険制度の管理機構はバラバラであり、長い間社会保険事業の統一的な専門的管理機構はなかったのである。

第二節　年金保険制度改革への転換

1976年10月、中国はようやく10年間の動乱時期を終え、新しい時代に入った。1978年12月に開かれた中国共産党11期3中全会では、経済政策の軸足を経済建設の推進に移すことが決められて、経済体制改革と対外開放政策が始まった。1980年代に入ってからの経済体制と労働制度改革の全般的な展開に伴い、中国の年金制度もそれに相応しい調整が必要とされ、改革の段階に入ったといえる。

1　改革の経済的背景
（1）国有企業の経営不振と財政赤字

国有企業の大部分は1950年代の初めから1970年代末までの計画経済期に設立された。そして、計画経済期において国有企業は最も主要な企業形態であり、その経営利潤は国家財政の主な収入源となり、中国の工業化と経済発展を支えてきた。しかし、1970年代末に始まった改革開放の時代に入ると、中国経済は市場経済化の道を歩み始め、非国有企業が急速な発展を遂げてきた。これにともない、国有企業の経営不振の問題が深刻の度合いを増した。その結果、表3－2に見られるように、非国有企業との競争の中で国有企業の市場シェアが

表3-2 所有制別企業部門の工業生産総額に占めるシェア(1980-1996年) (%)

年度	総額	国有企業	集団企業	個人企業	その他企業
1980	100.0	76.0	23.5	0.0	0.5
1985	100.0	64.9	32.1	1.9	1.2
1990	100.0	54.6	35.6	5.4	4.4
1993	100.0	47.0	34.0	8.0	11.1
1996	100.0	28.5	39.4	15.5	16.6

出所：国家統計局『中国統計年鑑1997』中国統計出版社 1997年 413頁より作成。

低下してきた。

　国有企業の経営不振は中国経済に深刻な影響を及ぼした。政府財政収入の大部分は国有企業から徴収していたため、国有企業の経営不振が直ちに政府財政収入の萎縮をもたらした。1978年の財政収入比率(財政収入対GDP比)は35％であったが、1996年に11.2％まで低下している。他方、財政による国有企業への補助は急増しており、1996年にはGDPの2.3％に相当する規模に達し、その結果、構造的な財政赤字問題が表面化している[8]。1987年以降中国財政赤字額はGDPの10％前後に推移しており、その大部分は国有企業の赤字によるものである[9]。

（2）国有企業における年金制度改革の必要性

　国有企業の経営不振の主要な原因は過重な福祉負担である。国有企業の1つの特徴は、従業員の賃金部分が相対的に低く、賃金に反映されない福祉部分が相対的に大きいことであるといえる。具体的にいえば、国有企業はその従業員に対して社宅、年金と医療費、交通手段、子弟の学校教育、映画館、スポーツ施設などの福祉待遇を与えている。従業員にとって企業はあたかも大家族のようであり、そこから離れると、給料ばかりではなく、社会保険その他の福祉サー

---

[8] 王曙光ほか編(1998年)、180-181頁。
[9] The World Bank(1996年)、11頁、65-66頁。

ビスも失うことになる。しかし、従業員に対するこのような手厚い社会保険や福祉の提供は、企業の負担を大きくするのみではなく、従業員の流動化を妨げ、従業員の解雇や企業破産を著しく困難なものにしていた。

　計画経済の時代において企業の生産と経営のすべてが政府の計画によって行われ、経営者は自主的な意思決定権を持っていなかった。また、企業の収入は政府に上納されていたが、労働保険の保険料負担や福祉の提供は上納前に控除されていた。

　1980年代からの改革開放政策の下で国家が生産・消費を組織する計画経済システムから、市場を媒介した経済システムへの転換が目指され、経済の主要部分を担っていた国有企業は国庫から分離され、独立採算制をとる市場のアクターに変えられ始めた。同時に国有企業は経営自主権を与えられ、市場経済の荒波にさらされ、自己責任が問われるようになった。しかし、改革開放後経済成長の牽引車となってきたのは、常に私営企業や外資系企業などの私的セクターであり、国有企業は重い社会保険の負担と冗員を引き受け、圧倒的に不利な競争条件におかれていた。国有企業の場合、年金や医療費あるいは住宅費や交通費補助などは企業の福利基金から支払われるが、そのうち最大の支出項目が定年退職者への年金支給であった。1997年の退職者に対する年金支給は、在職者向けをも含む全福利厚生費の46.4%を占めており、幹部向けの特別年金6.0%を加えると、この比率は52.3%に達していた[10]。退職者の受給する福利費に限定すると、年金の比重はほぼ8割にも達するほどであった（表3-3参照）。年金費用は多くの国有企業にとって赤字の原因の1つとなっていた。つまり、膨大な定年退職者の養老年金や福利費用を負担しなければならず、さらに在職者の厚生福利費用を支払う義務をも背負わなければならなかったのである。こうした福祉費用の負担に耐えかねて倒産に追い込まれたり、倒産にまでは至らないものの養老年金や賃金が支払えなくなったりする国有企業が増えてきた。

---

10) 天児慧編(2000年)、170頁。

第3章　年金保険制度の改革　119

表3-3　国有企業の定年退職者に対する福利費の支給額と年金の割合

内　訳	1990年		1995年		1996年		1997年	
	支給(億元)	%	支給(億元)	%	支給(億元)	%	支給(億元)	%
離休金	32.4	8.6	114.0	8.9	128.5	8.5	152.1	8.8
退休金	190.0	50.6	807.8	63.3	992.5	65.4	1183.9	68.3
その他	152.8	40.7	355.0	27.8	396.8	26.1	397.6	22.9
合　計	375.2	100.0	1276.8	100.0	1517.8	100.0	1733.6	100.0

出所：中国国家統計局『中国統計年鑑1998』　中国統計出版社　798頁。

こうして1980年代末には、国有企業の年金制度に抜本的な改革が必要であることが誰の目にも明らかとなっていた。国有企業改革を進めるうえで、平等な競争環境を創り出し、その経営環境を根本的に変えることが必要であった。特に、社会保険制度を整備することによって、国有企業の過剰な社会保険負担を軽減する必要があったし、非国有セクターにとってもセーフティネットを整備し、労働力の流動化を促すことが必要であった。もし年金制度を改革しなければ、国有企業の改革も十分な成功を収めることができないからである。

2　改革の制度的背景

（1）伝統的な年金保険制度の弊害

すでに見たように、伝統的な年金保険制度は制度的欠陥をもっていたが、より大きな問題は、中国の経済体制改革の展開に応じてその改革が進んでいないことであった。これは、甚だしきばあいには国有企業改革の阻害要因とさえなった。これらの弊害は以下の面に現れている。

①その1つは、カバー範囲が国有企業・国家機関等の従業員に限定されていた従来の年金制度は1980年代以降の経済改革に適合的ではなかったということである。経済体制改革の進展に伴い、非公有企業が多くうまれた。非公有経済主体の発展は、国民経済の発展を促しただけでなく、雇用問題を緩和することにもなった。統計によると、1978-97年、中国において増加した就職者の

人数は21,485万人おり、その内の72.4%が非国有企業の従業員である[11]。しかし、社会保険の適用は国有企業に限られて実施されていたために、国有企業から社会保険が実施されていない非公有企業への就職が阻害されることとなった。国有企業から私営企業、郷鎮企業などへ移動すると、年金保険の利益を喪失することになるわけである。従来の制度は異なる企業間の労働力移動を阻害して、労働力市場の形成と整備にも悪い影響を与えたのである。

　②「企業保険」は保障能力を低下させ、企業間の公平な競争を妨害した。社会保険の1つの重要な役割はリスク分担・互助共済ということにあるが、伝統的な年金制度は完全に企業により担われて、事実上「企業保険」として実施されていた。したがって企業の年金費用負担の軽重は、企業によってさまざまであった。このことは、ふたつの影響をもたらした。1つは、一部の古い国有企業は長期の過重な養老年金負担に耐えられなくて、職員に年金支払いを遅らせたり、減額したり、支払わなかったりするマイナスの利益を負わせた。2つめは、養老年金負担のため、企業の労働コストが高すぎ、一部の国有企業は市場での競争に耐えられなくなる等の影響を与えたことである。甚だしきに至っては、過重の社会保険の負担で倒産した国有企業もあった。

　③従来の年金保険の資金調達方式と給付方式では、国有企業と国家の費用負担が過重となった。伝統的な年金制度では費用の負担は国有企業あるいは国家であり、個人は何の費用も負担しなかった。そのため個人は自己責任というより、国家と企業に依存する考えをもつようになった。しかし、年金の給付は国家あるいは企業が提供した法定の基本保障しかなくて、基本保険の負担を加重させることは当然のこととなった。同時に、職員個人にとっては、このような限界がある定年収入の保障は老後生活レベルの向上という点でも不利である。

　こうして、伝統的な年金制度は社会主義市場経済の発展に適応できなくなり、改革を迫られるようになった。

---

11) 董克用・王燕主編(2000年)、190頁。

（2）伝統的年金保険制度の存在基盤の喪失

　計画経済体制下で、社会保険の福祉的目標はほとんどすべて企業を通じて実現されていた。経済組織（企業）が直接に保険待遇の費用を引き受け、そして、管理の責任を負うなど社会保険の全部を引き受けていた。国有企業は経済組織であるが、資本主義社会の企業とはその性格は異なっており、利益を追求する純粋な経済単位ではなく、非経済的な福祉的機能を担当するなど共同体的な色彩の強い社会単位であった。その結果、企業の経済効率の向上が妨げられた。計画経済が市場経済に転換するに伴って、計画経済型の生活保障制度は存在する経済基礎を失ったのみならず、かえって経済制度の転換を制約する主な要因にさえなった。一方では経済改革が市場における多元的な利益主体との激烈な競争関係をつくだしたことから、国家は国有企業の存続を保証できなくなった。国有企業の経営的基盤が脆弱になるに伴って、伝統的年金制度は安定的な存在基礎を喪失していった。他方では、市場経済は市場を通じて労働力を含めた各種資源を合理的に配分する。労働力市場の形成と労働者の自由移動は市場経済発展の基本的な条件になるが、伝統的年金制度の幹部と工具との間の格差、同一でない組織間の格差は市場経済の重大な阻害要因になった。したがって、計画経済体制から市場経済体制への変革は伝統的年金制度の改革をも要請せざるを得なくなったのである。

3　改革の社会的背景

（1）二重構造の年金保険制度

　中国の年金保険は全国民に適用する制度ではないという、特徴をもっていた。すなわち、異なる社会群が異なる保障項目でカバーされ、異なる保険待遇を享受する。ここから年金制度の二重構造問題が生まれた。

　まず都市と農村の関係から見ると、1955年につくられた戸籍制度によって国民は都市人口と農村人口に分けられた。その目的は農村人口の都市への流入を制限することにあった。そのため、中国は都市農村の間に壁がつくられた二重構造社会になった。政府は農産品と工業製品との価格格差をはじめ、工業に

傾斜する一連の経済政策を実施し、この二重構造社会をさらに推進した。これらの政策には戸籍制度を除いて、まだ食糧供給政策、生産資料供給政策、養老保険と医療保険制度などがあった。それらによって、二重経済構造がいっそう強化された。都市と農村との間には生産力、収入、保障レベルなどの大きい格差が存在している。

　都市と農村の格差は必ずしも市場経済化がもたらしたわけではなく、改革以前から存在していたのである。「計画経済体制」確立後の1957年、都市と農村の収入格差はすでに3倍以上あった。「改革開放政策」が始まった1978年でも、その格差は約2.6倍あった。改革の初期段階では、この格差は徐々に縮小していき、1983年に最小になったが、都市改革が始まる1984年から再び格差が拡大し始め、1990年代に急拡大し、1994年に都市と農村の格差は約3倍に戻った。その後一時縮小したが、90年代末の数年、格差が再び拡大している。都市・農村の住民の収入と消費水準から見ると、1996年に農村住民家庭人口1人当たりの純収入は1,926.1元、都市住民家庭人口1人当たりの生活費収入は4,377元、前者の2.27倍である。1996年の農民の消費水準は1,756元、非農村住民の消費水準は5,620元で、前者の3.2倍である。都市と農村との住民貯蓄水準を見ると、1996年の農村の人口1人当たり貯蓄は887.4元であるが、都市のそれは8,581.5元であり、農村人口1人当たりの貯蓄水準の9.47倍である[12]。2001年に都市住民の1人当たりの年間可処分所得は、平均で6,860元だったが、農村住民は2,366元であり、依然として約3倍の格差が存在した。

　社会保険費用の支出から見ると、中国人口の70％以上を占める農村人口の保険費用の支出は全国の社会保険費用の支出のわずか11％を占めるにすぎず、総人口の20％しか占めない都市人口は社会保険費用の89％を占める。人口1人当たりの占有量から見ると、都市人口1人当たりの保障費用は1年455元、農村人口1人当たりはわずか15元であり、30倍の格差がある[13]。

　次いで、都市の内部を見ると、中国はずっと高就業（完全雇用）、高福祉、低

---

12)『中国統計年鑑1997』　中国統計出版社　1997年9月版。

賃金のいわゆる「2高1低」という社会政策を実行してきた。社会保険制度の内容、給付基準などは企業の所有制の違い、職工の身分の違いによって大きく異なる。所有制の違いによって企業職工への保障待遇は大きな格差が存在している。社会保険は国有企業の従業員だけを適用対象とし、その福祉待遇もより高い。非国有企業の従業員に社会保険がなく、その福祉待遇も低い。社会保険と福祉制度そのものは不合理で、所有制の異なる企業従業員の待遇不平等をもたらした。例えば、養老年金の給付について、国有企業の従業員の場合は、定年退職前の標準賃金の80％であるが、集団企業の従業員は一般標準賃金の40－65％である[14]。企業の従業員と国家機関・事業部門幹部の保障待遇にも格差がある。企業の待遇は低く、国家機関・事業部門そのそれは企業のそれより高いのである。

要するに、格差が拡大するにつれて、みんなが平等に貧しかった「計画経済」時代の生活に慣れ親しんできた人々の不満が高まる。「社会矛盾が日増しに深刻化しており、集団抗議など集団が引き起こす事件が増えている」と指摘され、「安定した改革開放のプロセスを乱すかもしれない」と警告されたのである[15]。

(2) 人口高齢化の急速的な進展

1950年代以降、国民の生活水準の向上と医療技術の進歩によって、人口死亡率が急速に低下し、自然災害に見舞われた1960年前後を除いて、1949年から1960年代の半ばまで、死亡率は20‰から10‰まで減少し、平均寿命は20年引き上げられた。それと同時に出産率も1960年代中期から下降し、ほぼ40‰という高い出産率は20‰程度に低下した。現在、人口の自然増加率は15‰前後に安定している。このような急激な変化は中国の人口構造に大きな変化をもたらした。1970年代後半からはさらにいわゆる「一人っ子政策」と呼ばれ

---

13) 童星・趙海林「影响農村社会保障制度的非経済因素分析」『社会保障制度』2003年第2期、23頁。
14) 馮蘭瑞等(1997年)、98頁。
15) 興梠一郎(2002年)、39頁。

表3-4　中国人口の年齢構成(1953-2000年)

年　度	0-14歳(%)	15-64歳(%)	65歳以上(%)	老若比(%)	年齢中位数
1953	36.28	59.31	4.41	12.15	22.74
1964	40.70	55.74	3.56	8.74	20.20
1982	33.59	61.50	4.91	14.61	22.91
1990	27.62	66.81	5.57	20.16	25.25
2000	22.89	70.15	6.96	30.40	──

注：中国における五回の人口センサスにより作成。

る厳しい産児制限が行われた。その結果、出生率が急激に低下し、通常、先進国で見られる人口の高齢化という現象が先進国にならないうちに出現しはじめた。表3-4から分かるように、中国の人口構造は1970年代から高齢化のプロセスに入り、1990年に行われた第4回人口センサスでは人口の年齢構造は青年型から中年型へと転換したことが確認される。2000年に行われた第5回人口センサスでは、1990年のデータと比べると、0-14歳人口の比率は4.8ポイント低下し、65歳以上の高齢者人口の比率は1.39ポイント上昇し、6.96％に達し、中国は早くも高齢化社会の仲間入りを果たした。ピーク時の2040年には27％近くにも達する見込みである[16]。

　先進国の高齢化プロセスを見ると、60歳以上人口が占める割合が5％から10％に増えるのに一般的には40年以上かかっているが、中国は1982年の4.9％から2000年の10％まで、わずか18年しかかかっていない。

　また、中国は低所得国であり、2000年に1人当たりGDPは約1,000米ドルに過ぎない。人口の高齢化と社会・経済の発展とはアンバランスであり、同時進行ではない。高齢者人口は、毎年3％の勢いで増加しているが、社会保障制度は確立されておらず、年金も満足に得られない例も多い。

　国連の統計資料によると、2000年に世界の60歳以上高齢者人口は6億人、

---

16) 鄭杭生・奥島孝康編(2002年)、66頁。

中国の高齢者人口は1.3億人に上る。2025年には、世界の60歳以上高齢者人口は11.7億人、中国では2.8億人に上ると推計されている。いずれにしても、中国の高齢者人口は全世界の5分の1以上を占める。このような膨大な高齢者人口を抱え、いかに彼らの養老問題を解決するかは、経済社会の発展に関わるだけではなく、国の安定にも関係する問題である。

したがって、中国では発展途上国として世界に例を見ない急速なスピードで人口高齢化が進みつつあり、それに耐えうる社会保障制度を整備する必要性が生まれた。これまでの完全賦課方式の年金制度では、将来の現役勤労者の負担は極めて重いものになってしまい、経済発展を阻害しかねないことが懸念された。かくして超高齢化社会の到来に備えて積立方式の年金保険に変革することが要請されるに至った。

(3) 定年退職者と年金費用との急増

人口の急激な高齢化によって、退職金・医療費・福祉費用は急増している。1978年全国の定年退職者は314万人に過ぎなかったが、2001年には4,017.7万人に達し、12.8倍に増えた。年金費用も1978年の17.3億元から2001年の3,072億元に大きく膨れ上り、78年の177.6倍になった、年平均増加率は25%(図3-1参照)である。

他方では、高齢化の進展により、定年退職者の在職勤労者に対する比率が急速に高まっている。1978年には30人で1人の退職者を支えればよかったが、今では4人で1人を支えることになっている。扶養指数は1990年の14.8%(6.7：1)から2010年の27%(3.7：1)に、2020年の37%(2.7：1)に、2030年の47.3%(2.1：1)に増加する見通しである[17]。もし養老保険の資金調達方式が従来通り賦課方式であれば、2030年の定年退職ピーク時には、養老費用は賃金総額の40%以上に達するといわれる。こんなに高い保険料率は、企業にも従業者にも受入れられにくく、養老年金の支払い危機の可能性が出てくるであろう。

---

[17] 宋曉梧・韓大衛編(2001年)、23頁。

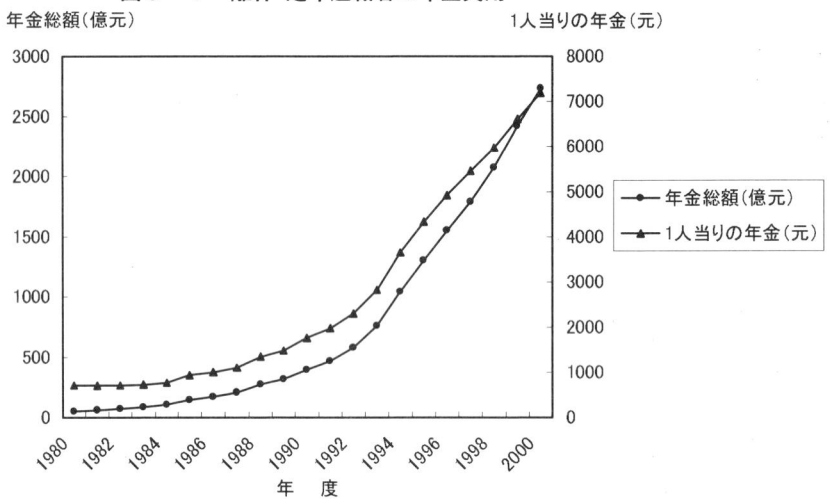

図 3 - 1　離休・定年退職者の年金費用

出所：中国国家統計局『中国統計年鑑 2001』中国統計出版社、770 頁により作成。

つまり、急速な人口高齢化は中国の年金制度に厳しい対応を迫っているのである。人口の急速な高齢化が社会にもたす様々な影響を最小にするためには、高齢者の所得保障に中心的役割を果たす新しい年金制度を確立しなければならない。

第三節　都市部年金保険制度の改革

1　年金制度改革の経緯

20 世紀 80 年代以降、経済体制改革の進展に伴い、年金制度も改革が行なわれ始めた。その改革は次の 4 つの時期にわたって展開されている。第 1 の時期 (1984 - 91 年) は社会プールを再構築した時期である。第 2 の時期 (1991 - 95 年) は年金費用の 3 者負担の創設と賦課方式の修正の時期である。第 3 の時期 (1995 - 97 年) は「社会プールと個人口座の結合」という原則を確立した時期である。第 4 の時期 (1997 - 現在) は統一的企業従業員基本養老保険制度の創設の時期で

ある。

(1)「企業保険」から「社会保険」への再転換——社会プールの復活

前述したように、中国は1950年代初めから企業の従業員に対して、年金保険を実施してきた。しかし、1960年代末から国有企業の年金制度は「企業保険」に変わった。「企業保険」の最大の弊害は、企業間、特に新企業・旧企業間に格差が生まれることである。経済体制改革以前の「統収統支」(国家による統一的収入・統一的支出)の体制の下では、労働保険制度では従業員への年金支給が滞ったり、企業間に格差が生じたりすることはなかった。しかし、改革以降の国有企業の経営自主権の拡大と「統収統支」体制の廃止等に伴い、国有企業の経営を成り立たせるために社会保険費用等の負担を軽減しなければならない企業も出てきて、年金支給の停滞や減額といった事態がみられるようになった。

年金支給を初めとする労働保険福利費の膨張は国有企業の経営を圧迫し、赤字要因の1つとなっていた。しかも巨額の赤字を抱えた企業は年金を支給できなくなったり、年金の遅配を余儀なくされるという状態に陥った。とりわけ1950年代に設立された重工業関連の企業が多い東北地方では、赤字国有企業の年金の遅配が頻発していた。1ヵ月以上の遅配は、他に収入源のない退職者にとって、生活を直撃する深刻な事態であった。

また企業保険の年金制度は労働力の移動を阻害する要因でもあった。従来の制度の下では、転職したばあい勤務年数を通算できないこととなっていた。このため転職は年金受給の面で労働者に決定的に不利になっていた。これが労働力市場を通じた労働力の再配置にマイナスに作用したことはいうまでもない。

年金支給に関する企業間格差の存在、あるいは自由な労働力移動が阻害されるという問題への対策として、企業間の年金格差を調整する社会プール(共通の保険基金)の設立案が考え出された。社会プールの年金基金の管理は、個別企業ではなく、企業の所在する地方政府とされた。地方政府がこの社会プール基金を利用して、経営不振の国有企業の年金支給を支え、ひいては労働力市場をも活性化することが期待されたのである。

こうして1984年から、労働制度改革とともに国有企業の範囲内において年金の社会プールを主内容とする終身雇用者年金基金の試みがスタートした。すなわち、企業に対して、給付額＋基金のための残高を確保できるように保険料納付の額を決める[18]という原則に従い、従業員の賃金総額の一定比率で保険料を徴収し、年金の給付および年金基金の管理を市・県レベル行政区内の国有企業間で統一的に行なうことを求めた。また、全国の範囲内においても徐々に養老費用の社会プール化を拡大、これを以って労働者傷害、医療等社会保険制度の改革をも進めようとしていた。それと同時に、年金基金の調整範囲を拡大し、年金保険のリスクに対する抵抗力を強めるために、一定の条件を備える省は市県レベルの社会プールから省レベルの社会プールに移した。1984年下半期から1986年末の2年半で、実験地は27省の300余の市・県に広がった。こうして全国において国有企業終身雇用労働者の年金基金が作られた。この改革は実際には建国初期の社会保険の回復という意味をもつものであった。

　社会プールの実施は、ある程度企業間の養老負担のアンバランスを解決し、年金保険の社会化の程度を高めた。また企業を公正な市場競争に参加させるための条件をも造り出し、同時に定年退職者の基本生活を保障することができるようになった。

　1980年代の年金改革の特徴は、地方ごとの実験の積み重ねにあった。つまり、主として国有企業の範囲内に限定する「下から上へ」の改革が行われた。このため法規の形をとらないまま、政府の担当行政部門が指導するという方式が採られた。政府は主に評議・審査者と支持者の役割を担った。

（2）「3者負担」原則の確立と賦課方式の修正

　社会プールを再構築した1980年代の年金制度改革では、年金保険のパターンは依然として受益基準制[19]であり、年金保険の財政方式も相変わらず賦課方式であった。定年退職者の現役従業員に占める比率は益々大きくなり、現役

---

18) 中国語は「以支定収，略有節余」である。

従業員の負担も相応に大きくなりつつあり、年金給付の負担は重くなって、保険料率の持続的上昇をもたらした。しかも、養老年金の社会プール化は地区（省、市、県）の事情に応じて行なうので、全国平均納付レベルが20％にもなっていないのに、古い工業都市あるいは現役従業員が少なくて定年退職者が多い市・県においては、その保険料率はさらに30％あるいはそれ以上に達するところもあった。そのために企業の人件費は増加し、企業の競争力を弱めた。しかも、年金保険のカバー範囲はやはり都市部の国有部門の従業員に止まっている。非国有部門（例えば三資企業、私営企業など）の従業員はまだ完全には年金保険の適用を受けていないため、非国有部門は労働コストが低く、市場競争において優位に立っている。いいかえれば国有部門は非国有部門と対等の競争関係にはないということにもなる。また社会保険の適用を受けている国有企業からそうではない非国有企業への労働力移動が難しく、国有企業の人員オーバーの状況は依然として改善できていない。国有企業は労働者の終身雇用制と過重の社会保険の負担で、企業倒産も合併も難しい。人員削減によって効率を高める国有企業改革はさらに困難となる。

　まさに第二節で論じたとおり、高齢化の進展に伴い、年金制度は資金繰りに苦しんでいる。年金基金は、今のところ中央財政からの補填で賄っているが、中国はすでに高齢化社会に突入しており、今後は基金の確保がますます重要な問題となってくる。中央財政も赤字に悩んでいる状況であり、財源確保が難しい。国有企業も高すぎる保険料が負担できないため、今後の年金保険費用には国家・企業・個人の3者が負担するしかないであろう。その方向への動きはすでに1980年代から見られたのである。

　1986年、国務院は市場経済化を推進するために「国営企業において労働契

19）受益基準制とは養老金の受給用件や年金額を主管部門が一定の標準あるいは計算公式に基づいて決定する方式のことである。例えば、一定的年齢条件、身体状況、勤労期間の長短および生活のニーズなど。その標準に適いさえすれば、養老金を受け取ることができる。その金額の多少は過去勤務期間に養老保険基金に貢献すると関係がない、あるいは関係が大きくない。一般的に言えば、定年退職時の本人の標準報酬月額（或は一定時期の社会平均賃金）の一定の比率（60％前後）を養老金の給付標準とする。

約制を実行する暫定規定」を発布し労働者の採用を、国家による配置ではなく、企業と労働者の契約に基づくものとした。また、労働制度改革の必要に応じるために労働契約制労働者の年金制度が創られた。この年金制度で、保険料を企業・個人・国家の3者が負担する、いわゆる3者負担制が初めて採用された。企業は従業者賃金総額の15％を保険料として納付し、労働者は本人標準賃金の3％以下の比率で保険料を納付し、国は特恵税収[20]の方式で優先的に一部分の保険料を負担すると定められている。保険料は企業のみの負担から3者負担へ変わり始めた。労働契約制労働者の年金制度は社会保険の性質を備えた。それは企業の範囲を超えて社会保険基金をつくり、かつ政府が基金の管理を行なうからである。労働契約制の改革及び労働契約制の年金基金プールの制度は国有企業の他の従業員の社会プールの基礎を提供した。

　1991年には国務院が発布した年金保険改革に関する文献を重要な標識として、中央政府は「上と下との結合」といわれた都市部の年金制度改革を正式に行ない、年金改革は本格化した。その推進力は経済改革の進展であった。市場経済の要求に適う社会保障システムの構築が緊急の課題としてあった。年金保険と医療保険の改革及び失業保険制度の確立はこの時期の重点的な仕事になったのである。

　国有企業が費用を負担する伝統的な年金保険の弊害に対して、個人が保険料を納付することにした1986年の国有企業の労働契約制労働者年金保険制度を基礎に、1991年6月には国務院は「企業従業員年金制度改革に関する決定」を発布し、年金保険の社会プール化を全国の範囲で進める事を正式に明確にした。これによって、企業従業員年金制度改革の原則が確定した。

　その主要な内容は以下の通りである。①基本養老年金と企業補充年金と個人貯蓄型年金とを結合する多層構造の年金制度を作る。②基本年金基金は確定給付型とし、一部の積み立てを残す原則に従って、統一的に調達する。③保険料

---

20) 中国政府は、所得税の前に、企業が納付する養老保険料を引き出すことを明確に規定する。実際上は国家が利益を譲る方式で社会保険に援助を与えるのである。国家財政は30％の保険料負担をしていることに相当する。

は国あるいは企業が一手に引き受けるのではなく、国家・企業・個人の3者で負担する。④企業はその企業の従業員賃金総額と当該地の政府が規定した比率に応じて、年金保険料を税引き前に納付する。従業員個人は基本養老金の保険料をスタートの時点では本人標準賃金の3%以下とするが、それ以降その保険料率を経済の発展と従業員賃金の調整に応じて徐々に上昇させる。⑤従業員定年後の基本養老金の従来の計算給付方法は変更しない。⑥企業補充年金は企業自身の経済力に応じて、その企業の従業員に対して創るもので、必要な費用は企業が所有する資金の中にある奨励・福祉基金で賄う。⑦個人の貯蓄性の年金保険は職工が本人の収入状況によって任意に加入する。⑧国は企業が補充年金保険を行なうことと職工が貯蓄性の年金保険に加入することを奨励する。

　労働部は、基本養老金の年金額計算方法の問題点を指摘し、1993年10月に「構造式」という年金額計算の改革方法を提出した。基本養老金は社会性養老金と納付性養老金という2部分に分ける。つまり、この新しい基本養老金は2階建ての構造になっている。①社会性養老金は省・自治区・直轄市における前年度の従業員平均月給を基数として、企業と従業員本人との保険料納付年数に基づいて計算し給付する。企業と従業員本人との保険料納付年数満15年及び15年以上の場合は、従業員平均月給の25%で、10-15年の場合は、従業員平均月給の20%、5-10年の場合は、従業員平均月給の15%で計算し給付する。社会性養老金は社会プールに相当する。②納付性養老金は従業員本人の指数化した月間平均保険料納付賃金を基数にして、納付年数満5年の場合、満1年毎に、指数化した月間平均保険料納付賃金の1%で計算し給付する。5年未満の場合、現役期間の保険料納付年数満1年毎に基づいて、1度だけ指数化した月間平均保険料納付賃金の3ヵ月の生活補助金を支給する。この納付性養老金は個人口座に相当する。

　基本養老金の計算方法は、基本養老金＝社会性養老金｛(定年退職時の当該省の前年度の従業員平均月給)×25%(あるいは20%、或は15%)｝＋納付性養老金(本人の指数化した月間平均保険料納付賃金×納付年数×1%)＋各種物価手当である。

各地方においても年金制度改革が実験的に行なわれた。特に1993年2月25日に発布した「上海市都市部従業員養老保険制度改革実施案」(実施案1)は典型的なものである。これは「個人養老保険口座」に特色がある。「個人貯蓄」と「統一調達共済」を基本年金基金のパターンとしている。

この時期の年金改革は、後の「社会プールと個人口座との結合」改革のための有益な実験であったと見なされよう。

(3)「社会プールと個人口座の結合」原則の確立

1993年中国共産党第14期3中全会において中国は、社会主義市場経済体制の建設を決定した。同会議において通過した中国共産党中央委員会の「社会主義市場経済体制を創る若干の問題に関する決定」の中で、「都市部従業員養老保険と医療保険の保険料は組織体と個人が共同で負担すべきで、社会プールと個人口座の結合」が望ましいと提案された。年金保険基金は「社会プールと個人口座の結合」(中国語では「統帳結合」)という原則を明確にし、以後の年金制度改革の方向性を明らかにした。特に「決定」の中で、初めて「個人口座」という概念に基づく新しい年金制度の創設が提示されたことに注目したい。

1994年12月27日から29日まで、国務院は城鎮従業員年金制度のさらなる改革のための会議を北京で開催し、「統帳結合」を原則とする改革方案を検討、採択した。1995年3月1日、国務院は「企業従業員の年金制度改革の深化に関する通知」(6号文件)を公布した。「通知」は年金制度のさらなる改革をすすめるための11項目の要求を提出した。その主要な内容は、以下の通りである。

①企業従業員年金制度を改革して、社会主義市場経済体制に相応しい年金制度を20世紀の末までにつくることを目標とする。すなわち各種の都市部企業の従業員と個体労働者が加入できるようにすること、公的年金制度としての基本養老年金は社会プールと個人口座とを結合すること、保険料は企業のみではなく個人、政府も負担する、いわゆる3者負担制とすること、その運営も全国的に共通の基準の下でおこなわれるようにすること、公的年金と私的年金との

組み合わせによる保障方式を創ること、などといった内容の年金保険体系の構築が目指されたのである。②企業従業員年金制度改革の原則として、保障レベルが経済力の発展に応じること、社会共済と自己保障とを結び付けること、公平と効率を結び付けること、政策の統一化、管理の法制化をすすめること、行政管理と保険基金管理を分離することがあげられた。③基本養老金の保険料は企業と個人が共同で負担する。社会プールと個人口座の結合を実行する。④基本養老金の現役労働者の賃金との調整メカニズムを作る。当該地方の従業員の賃金増加の一定比率に基づいて定期的に基本養老年金の金額を調整する[21]。⑤国は企業補充年金保険と個人貯蓄性年金保険を奨励する。企業補充年金保険と個人の貯蓄性年金保険の受託機構は企業と個人が自主的に選択する。⑥年金管理サービスの社会化程度を高め、企業が管理する体制から社区[22]に委託して管理する体制に徐々に移行する。

また社会プールと個人口座のウェイトの置き方が異なる2つの方法を示し、そのいずれかの選択はそれぞれ各地域に任せる、という方法をとっている。

実施方法の1つは上海の方案を参考にし、国家体制改革委員会の助言を基に創ったもので、個人口座のウェイトが高い方法である。つまり、給与収入の16％前後で個人口座(そのうち、3％は個人の保険料、8％は個人の給与一定割合で企業が納めた保険料の一部、5％前後は従業員の平均賃金に基づいて企業が個人口座に払い込み、それぞれ積み立てられる)を設け、定年後、個人口座の貯金残高を120[23]で割って毎月の個人口座年金とする。その問題点は個人口座の積立てを中心としているため、共通基金からの再分配機能が弱いという点にある。

---

21) 基礎年金の調整時期は原則的に毎年7月1日とする。
22) 社区とは地域社会のことである。中国では通常、都市部の末端行政組織である街道委員会または街道委員会の管轄下におかれる居民委員会あるいは農村部の郷、鎮、村政府を主体とする区域をいう。
23) ここの120とは定年退職者が満60歳以後、養老金を受け取る平均年限が10年間であることを示している。定年退職して最初の10年間は個人口座からの給付が行なわれ、11年後からは基本養老年金基金から給付が行なわれる。

それに対して、実施方法のもう1つは、労働部の意見に基づいて作ったものである。社会プールがより大きく、個人口座は小さな部分しか占めないものである。それは個人の納めた保険料だけを個人口座に積み立てて、定年後、次のような3つの部分に分けて年金の給付基準を定める。①「社会性養老金」は当該地域のその時の労働者の平均賃金の25%を給付する。②「納付性養老金」は従業員保険料納付の1年毎に本人給料の1%が加算される。③「個人口座養老金」は個人口座の貯金残高を120で割る。受給できる基本養老金の額は賃金スライドの性格を持つようになる。

　「通知」の発布以降各地区はただちに実行に移すことにした。1996年上半年までに、海南省、西蔵自治区を除いて、全国全地域で社会プールと個人口座の結合という改革方案を策定した。その中で上海などの7つの省・市は実施案1を、北京などの5つの省・市は実施案2を選んだ。山東などの他の多数地区は2つの方案の長所を吸収して、地元の情況を勘案して、方案3を策定した。

　いずれにせよ3つの試案は、多様な世代の労働者を1つの年金制度に統合する方法を提示していた。また個人口座に報酬比例の性格を持たせて、保険料負担の不公平を是正しつつ、過渡期の二重負担を社会プールで緩和することを目指していた。これら3案は、最終的には高齢化のピークを迎えるまでに、基本養老金制度を世代間の扶養前提とする賦課方式から脱却させ、積立方式に切り替えることを期待して実施に移されたのである。

　1995年の年金改革の特徴は、1991年から行なわれた改革の経験を踏まえた上で、年金改革の速度を速めたことに見られる。

（4）統一的企業従業員基本養老金制度の創立

　1995年の「企業従業員の年金制度改革の深化に関する通知」は中国社会保険制度の改革のためにその原則と目標を明確にしたが、これが地方ごとにそれぞれの基本養老年金制度を創らせ、一段と多様化、分散化を進めたのである。なぜならこの「通知」が、3つのモデル案を選択する権利を各地方の市・県政府に認めたからである。「通知」の普及とともに、何百もの異なる制度の基本

養老金基金が全国に林立することになった[24]。

「企業従業員の年金制度改革の深化に関する通知」を実施する過程でいくつかの問題が現れた。第1は、年金保険制度が多様化したことである。各地域の管理部門の新制度に対する認識が一致せず、個人口座の保険料率に大きなばらつきが出てきたのである。ある地域の個人口座の保険料率は従業員賃金の16％、他の地域の個人口座は3％、あるいはまた12％という具合である。こうしたばらつきは、従業員個人の転職の際に問題が発生しやすく、年金基金の管理に困難をもたらすことになる。またそれは競争的労働力市場の形成にも悪い影響を与えている。第2は、基本養老年金の待遇格差が大き過ぎ、互いに待遇レベルを比べ合う現象が存在していることである。第3は、年金基金の社会プールの範囲が狭過ぎて、調整能力が弱く、少数の経済状態がよくない地域と企業では定年者の基本生活を保障し難いという問題があることである。第4は、個人の保険料納付率が低く、個人口座の機能が充分に発揮できていないことである。第5は、年金基金が規定通りには管理されておらず、年金基金の流用が多発していることである。要するに、これらは主に制度の運営や管理が統一的におこなわれていないことに起因する問題である。したがって、統一的な企業従業員年金制度の創設が必要となるのである。

各地域の改革の経験を総括した上で、1997年7月16日に、国務院は「統一企業従業員基本養老保険制度の創設に関する決定」を発布した。この「決定」は社会プールと個人口座の結合という原則に従い、下記の3つの面から企業従業員基本養老保険制度を統一する方向性を指示するものであった。

①企業と従業員個人の保険料率の統一。企業の保険料は企業従業員賃金総額の20％を超えない範囲で各省、自治区、直轄市の人民政府が地元の情況を勘案して具体的に決定する。個人の保険料率は1997年において、本人賃金の4％以上であり、その後、2年毎に1％アップして、最終的に8％に引き上げると定められている。

---

24) World Bank(1997)、17頁。

②個人口座の規模の統一。本人賃金の11％の範囲内において従業員のために基本養老金の個人口座を創る。個人の納付部分は全部個人口座に振り込む。残りの部分は企業納付部分の中から分割して繰り入れる。個人の納付比率が高まるのに応じて、企業から分割して繰り入れる部分は3％に下げられると定められている。

③基本養老金の計算方法の統一。基本養老金は基礎年金と個人口座年金に分けられる。月間基礎年金額の標準は省、自治区、直轄市或は地（市）の前年度の従業員平均月給の20％であり、月間個人口座年金額の標準は本人個人口座の積立額÷120であると定められている。

1997年の「決定」は、多年に渡る改革実践の経験と教訓を総括して、社会主義市場経済体制の下での中国的特色のある企業基本養老保険制度の輪郭を描いたのであった。こうして中国の養老保険制度は新しい発展段階に入った。

1998年3月に労働社会保障部が設立されて、社会保険事業の管理体制をさらに規範化した。

1997年の「決定」の後に、国務院はさらに年金制度改革のスピードを早めた。1998年6月に国務院は「企業従業員基本養老保険の省レベルでのプール化の実施と業界内プール化の地方管理への委譲に伴う問題に関する通知」を公布し、「企業年金制度改革を発展させ、基本養老金基金管理とその調整力を強化し、企業定年者の基本養老金の定時全額給付を保障するために、国務院は、企業従業員基本養老金の省レベルでのプール化の実行を促進し、また、鉄道部、交通部、情報産業部（元の郵便電信部の一部）、水利部、民航総局、石炭局（元石炭部）、有色金属局（元中国有色金属工業総公司）、国家電力公司（元電力部）、中国石油天然ガス集団公司と中国石油化学工業集団公司（元石油天然ガス総公司の一部）、銀行系統、中国建築工程総公司が組織してきた基本養老金業界内プールの管理を地方に委譲すること」と定めた。具体的には、1998年8月31日以前に元基本養老金業界内でのプール化を実行した11業界（部門）のもっていた権限を地方へ委譲し、12月末には、全国において省レベルのプール化を実施した。

さらに1999年1月22日、国務院が「社会保険料徴収の暫行条例」(国務院第259号令)を公布した。法規の形式で基本養老年金の保険料徴収範囲を明確にしたものである。条例の第3条に、国有企業以外の都市部集団企業、外資系企業、都市部私営企業及びその従業員、企業的管理を実施している事業体およびその従業員を基本年金保険料の徴収対象と定めている。また、各省・自治区・直轄市政府が各地域の現状に応じて都市部個人商工業者を基本養老金の適用対象に入れるような規定を作ってもよい、と付け加えている。

2 現行年金保険制度の概要

18年間の年金制度改革を経て、現在、中国における年金保険制度の基本構造は構築された。現行年金制度の構造は次のように表現できる。(1)公的年金である基本養老金を1階部分とし、いわゆる企業年金としての企業補充養老金を2階部分とし、さらに個人貯蓄養老金を3階部分とする3階建てである。(2)1階部分の公的年金の保険料は政労使の3者によって負担され、労使は賃金収入の一定比率に応じて保険料を納付する。(3)公的年金は社会プールと個人口座の結合という構造をもっており、労使が納付した保険料は社会プール基金と個人口座に分けて別々に管理される。(4)基本養老保険制度は社会的平均賃金の20%程度の基礎養老金と個人口座養老金の2つで構成される。

現行年金制度を基本養老金、企業補充養老金、個人貯蓄養老金の順序でみてみよう。

〈基本養老金制度〉

その1階部分は基本養老金制度である。国の定めた関連法規に基づいて強制的に施行される。そのカバー範囲は広く、原則として全業種の企業に適用される。つまり、外資系、個人、私営といった非国有企業を含むすべての企業が加入しなければならないと規定され、すべての加入者は基本養老金の給付を受ける権利があり、その保険料は国家・企業・個人の3者が共同で負担すると定めている。

年金基金の財源としての保険料納付は以下のようにおこなわれる。1997年7

月に国務院が発布した「統一的企業従業員基本養老保険制度の創設に関する決定」に基づいて、基本賃金の 11% の保険料で基本養老金の個人口座を作り、本人が納付した保険料はすべて個人口座に振り込まれ、さらに企業が納付した保険料は分割してその一部が個人口座に振り込まれる。企業は一般には従業員賃金総額の 20% 以下の範囲内で保険料を納付する。個人口座に振り込んだ残りは社会プール基金に振り込まれる。個人の保険料率は 1997 年において、本人賃金の 4% 以上であり、その後、2 年毎に 1% アップして、最終的に 8% に引き上げると定められている。個人保険料率が引き上げられるに連れて、個人口座に繰り入れる企業の保険料部分は 3% に下げられる。個人口座の積立金には、毎年、銀行の預金利率によって利子が付けられる。個人口座に記入された貯蓄は、60 歳前に引き出すことはできない。従業員が元の企業から転職する時、企業の保険料繰り入れ分を含めた個人口座のすべての積立金は、すべて従業員とともに移動できる。もし従業員あるいは定年退職者が死亡したばあい、個人口座の中の個人納付分の積立金は家族が受け継ぐことができる。

基本養老保険制度は基礎養老金と個人口座養老金の 2 部分に分けられる。定年退職時の基礎養老金の月額は省、自治区、直轄市或は地(市)前年度の従業員平均月給の 20% であり、個人口座養老金の月額は本人個人口座の貯蓄額÷120 である。

〈企業補充年金制度〉

2 階部分は企業補充年金制度である。これは、国家がマクロの指導を行なうが、企業が独自に決定し、実施する制度である。つまり、企業が企業自身の経済力に基づき、国の定めた政策と実施条件の下で従業員のためにつくる一種の企業年金保険である。その管理は一般に社会保険機関が行ない、社会保険機関、企業自身、企業の業種協会・連合会・労働組合、生命保険会社などが運営に当たる。保険料は企業の全額負担、あるいは企業と従業員の共同負担 (ただし、個人納付部分が支給総額の半分を超えてはならない) という 2 つの方法がある。企業内部では労使双方の代表からなる理事会が設けられ、関連事項の決定に当たる。

企業補充養老金は一般的に個人口座方式を採用する。すなわち、従業員の当

該企業で一定年数(例えば1年以上)勤務すれば補充養老金の対象者となる。企業が納付した保険料も従業員個人が納めた保険料も、いずれも個人口座に記帳される。

企業補充年金の支給水準は、企業の経営状況に左右され、経営状況の良好な場合は高く、経営情況の悪い場合は低くなることもある。

〈個人貯蓄型年金制度〉

3階部分は個人貯蓄型年金制度である。これは、国家のマクロ的な指導の下で、従業員個人が自分の意志で自由に加入し、取り扱い機関を自由に選ぶ補充的年金保険である。従業員本人が自分の給与に基づいて保険料を納め、地元社会保険機関が銀行に設けた養老金個人口座に積み立てる。納められた保険料は一定の利子を付けられ、定年時にすべて本人に給付される。

以上のような現行の年金制度の1階部分は従業員の社会保険の平等な権利の保障であり、2、3階部分は企業の経済経営と個人の収入状況の違いが反映される。

3　現行年金制度の評価

（1）現行年金制度のメリット

中国の新しい年金保険制度は社会プールと個人口座との結合という形で実現した。これは年金制度改革の最も顕著な特徴である。

このような社会プールと個人口座の結合というパターンは、ドイツ、日本、フランスとアメリカなどの国家の伝統的な社会プール、賦課方式という年金制度の経験を吸収し、同時にまたシンガポール、チリなど国の強制貯蓄型個人口座年金制度を参考にしてつくられたものである。上述のパターンは中国の実情に合わせて、中国的特色のある斬新なパターンとなっている。これには下記のような優れた点がある。

①より強い納付促進メカニズム。新パターンでは保険料を個人が負担すべき責任を明確にした。個人口座に積み立てられた保険料は将来本人が受け取る養老金となる。納付を受給と直接に関連させ自己保障の意識を強化したので、保

険料納付意欲を刺激したといえよう。

　②約束と監督メカニズム。個人口座の実施により、従業員は企業が規定通りに保険料を納付したかどうかに関心を寄せるようになった。こうして、従業員が企業の納付を監督し、従業員と企業が社会保険受託機構の年金基金の使用・管理・基金の価値維持・増殖及び基金の他用と乱用を監督するというような内在的な監視メカニズムが形成されたことも優れた点としてあげられる。

　③公平と効率の両方に注意を払うことができるようになっていること。個人口座への納付は個人の賃金収入と直接に関連しているので、賃金レベルが高い企業、業界あるいは地域の従業員にとっては、個人口座に繰り入れる保険料が多く、定年後の待遇レベルも高くなる。これは効率優先の原則と一致している。同時に、新制度は公平にも注意を払っている。社会プールの養老金（基礎養老金）は社会保険の「共済」原則にしたがって配分している。寿命の長短と収入の多少に応じて保険料をプールし、これによって公平性を保障した。

　④統一的な労働力市場形成を促進していること。新制度の下で、労働力は企業、業界、地域の間において移動する際に、その個人口座も本人と一緒に移動する。これは労働力の合理的移動を保障し、労働力市場の育成の条件を作り出した。

　⑤賦課方式と積立方式の有機的な結合で将来と現在の問題に対応できること。賦課方式の社会プール年金は主に既に定年退職者と近々定年退職する従業員に支給される。それに対し、個人口座の年金は主に老齢化がピークになる時期における年金費用増加のニーズを満たすためのものである。このパターンは目前の需要を満たすことができるし、また同時に将来の老齢化のピーク時に必要な積み立てをも行なうことができる。

（２）現行年金保険制度の問題点

　とはいうものの、社会プールと個人口座の結合パターンにも幾つかの問題が潜んでいる。これらの問題は中国の個人口座の特徴と直接に関連している。その特徴は以下の３点にある。①中国の個人口座は社会プールの基礎の上に立ったものであり、国が責任を負う前提の下での個人口座である。これは他の国が

実行している完全に個人口座の貯蓄に頼り自己保障を行なう個人口座制とは異なる。②個人口座に納付された保険料の中において、個人が納付した部分は実在のもので、現実の資金積立であるが、企業が納付し分割繰入れした保険料の大部分は既に定年退職した従業員に支払うものであり、口座の中に記録した部分の納付は帳簿上のもの(架空のもの)である。いわばただの権益の積み立て(名義口座とも呼ぶ)である。つまり、企業が従業員のために納付すべき金額と将来年金の計算給付の根拠を記録しただけである。③個人口座の積立額はすべて個人所有というわけでもない。個人口座に記入された貯蓄額は定年後に年金として支払う際に限り、その個人が所有するものとなるが、従業員が在職中あるいは定年後に死亡し個人口座の積立金が残っている場合は、個人が納付した部分(元金及び利子)は個人所有のものとなり、その遺族が領収する。企業の納付部分から繰り入れられた部分は個人所有の物ではなく、社会プール基金に納入される。

現行の年金保険制度に潜んでいる問題は以下の点に現れている。

(1)「名義口座」による債務問題

現在、従業員のために設立した個人口座制は帳簿記録の手段であり、保険料の納付、政府が決めたレートの下で得るべき利息を記録する。しかし、この口座には実際には保険料は積み立てられておらず、単に「名義」的なものであるかあるいは「空口座」である。企業と現役従業員が納付する個人口座の積立資金の大部分は既に現役定年退職者の年金給付に使われている。

従来の年金保険制度では個人が保険料を納付することはなかった。国家は既に個人が納付すべき保険料を賃金の中から天引きしていた。同じように、企業は現役従業員のために保険料を納付しなかったが、実際には既に控除され、税収、利益の形で国家財政に上納したうえで、国家財政により一部(企業が営業外支出で記入する)が返還されて、年金として定年退職した従業員に支払っていた[25]。

---

25) 郭士征・葛寿昌(1998年)、75頁。

現行制度の中における社会プールと個人口座の結合パターンに従い、既に定年退職した者(通称「老人」という)とこの制度がつくられる前から就職していた従業員(通称「中人」という)には個人口座が立てられていなかったために、自分のために年金基金の積み立てをしていない。故に、年金の「谷間」あるいは「潜在的な債務」が形成された。それもまた、「老人」と「中人」に対する国家の負債だともいえる。現在、この負債は企業が高比率の保険料で償還している。企業が納付した保険料のほとんどは現役定年退職者の年金支払いに使われているのである。企業はいわば「二重支払い」をしていることになる。一方、企業は現役従業員の賃金総額に応じて保険料を納付し、その一部が個人口座に記入され、現役従業員のために将来の年金のための保険料を積み立てている。他方では、企業はまた既に定年退職した者のために養老金を支払わなければならなく、国家の代わりに、従業員に対する養老金の負債を償還せざるを得ず、事実それをおこなっている。このような不合理な債務償還方式が企業の過重な保険料負担を招いた要因の1つである。1995年、全国平均の企業保険料率は20.37%である。ある地域は既に30%以上に達し、国際上公認された20%の警戒線をはるかに超えている[26]。国有企業のこの高い保険料率は、企業の労働コストを高くし、国有企業の市場における競争力をさらに弱めることになった。

　「老人」と「中人」は以前から積立基金がないので、彼らの養老年金は主に現役従業員の納付金によって賄われる。推算によると、この積立金不足は大体2-3兆元である。もしこれを毎年の年金基金の積立累積(大体100億元／年)によって埋め合わせるとすれば、約200～300年の時間が必要である。世界銀行の楽観的な予測によっても100年ぐらいは必要であるという[27]。これは新制度に従って保険料を納付する従業員に悪影響を与えるに違いない。彼らは高い保険料を納付しなければならない。他方、彼らが納付した保険料の大部分はほとんど定年退職者あるいは近々定年退職する従業員の年金給付に使われる可

---

26) 郭士征・葛寿昌(1998年)、75頁。
27) 張彦・陳紅霞(1999年)、165頁。

能性がある。とすれば、将来の人口高齢化のピーク時の年金給付を解決する時、新制度によって受益基準制（あるいは確定給付型）から供款基準制[28]（あるいは保険料納付比例型）へ移行する養老金の給付目標を、達成できないことになる。将来の年金の支払いのための積立金があまりに少ない、ひいては完全な空口座の状況下で、積立累積ができなく、賦課方式も維持し難い可能性がある。

（2）積立金の価値保有と価値増加の問題

1998年までに、基本養老基金の繰越した金額は612億人民元を突破した。「国務院の統一的な企業従業員基本養老保険制度の創設に関する決定」に基づいて、「基金の残額から2ヵ月分の給付費用を事前留保する以外は、全部国債の購入と専門口座に貯蓄することに用いる。他の金融と経常事業に投入する事は厳しく禁ずる」という基金の管理方式は、基金の安全性を確保するために採られたのであるが、基金の価値保有と価値増加の問題には触れていない。個人口座の積立金にとっては、基金の価値保有と価値増加の意義は大きい。この資金は将来の定年退職者のために事前に留保した年金基金であるため、現役労働者の老後生活に深く係わっている。年金基金が絶えず積立金を確保していれば、各種の支出に必要な金額を提供することができて、最終的に定年退職者の基本生活を満足できるレベルで保障できるであろう。

現在、中国の年金制度においては、価値保有・増加の有効な手段が足りない。長い間に、年金基金はほとんど銀行貯金と国債購入により、その運用収益をあげていた。しかし、実際にはインフレの影響で、このような単一の基金投資方式での価値保有は難しくなり、価値増加は一層困難な状態にある。

---

28) 供款基準制とは受益者の希望する年金額によって彼の養老保険料を決定する方式である。一般的に個人納付金額で個人口座を作る。納付金額が多ければ多いほど、受け取る養老金レベルが高くなる。だから、受取人の養老給付額は本人の元の賃金収入の高低と関係がない。強制蓄積型の養老保険制度を実施する国家、例えばシンガポール、チリのばあい、供款基準制をとっている。

4 さらなる改革の動き

前述したように、現在実施中の年金制度はすでにその弊害が現れた。つまり、社会プールの資金と個人口座の資金とも当期の離職・定年退職者の年金支給に使われ、個人口座の積立金が形成されていなく、いわゆる個人口座が「空口座」化し、制度を作った時に確定した高齢化ピークの到来前に一部分の資金を積み立てる計画が実現できていない。現在までのところ、個人年金口座の「空口座」はもう 2000 億元に近い規模となっている。個人口座の「空口座」という問題に対して、学界は「個人口座の実口座化」及び「社会プールと個人口座との分離方式」を通して解決する案を提出した。また 2000 年 12 月国務院も「城鎮社会養老保険体系の完備に関する試みの方案」を発表し、この「試案」を漸次全国に広めていくことを決定した。2001 年 7 月、この 3 年間を期間とする試みが遼寧省で正式にスタートした。

この「試案」は社会プールと個人口座との結合を堅持した上で、現行の企業基本養老金制度を調整、完備するものである。その目標は同制度を企業事業単位の外に置き、財源の多元化、保障制度の規範化、管理とサービスの社会化という社会保障システムを打ち立てることにおかれた。その主な内容と目的は、1)個人口座の規模を調整すること。保険料は現在本人が納付する基本賃金の 11%から 8% に下げる。個人口座の基金はすべて個人の納付した保険料により構成する。企業の納付した保険料は個人口座に振り込まず、全て社会プール基金に振り込む。当期の年金の給付を保障するためである。2)社会プール基金と個人口座基金とは別々に管理すること。個人口座の基金は個人口座養老金の給付にしか使えなく、社会プール基金は個人年金口座の基金から流用してはいけない。個人口座を空口座にしないためである。3)基本養老年金の計算方法を調整すること。基礎養老年金は従来の従業員平均月給の 20% から 30% に引き上げる。従業員が定年退職した時に、その基本養老年金の水準が下がらないことを保証するためである。

この試みの意味は個人口座を実口座とし、養老年金の積立の充実を実現すること、また将来国家と企業との負担を軽減し、同時に従業員個人が自分の養老

に責任をもつという意識を強化することにある。もしこの試みが成功すれば、中央政府は全国で完備した社会保障システムの構築に自信と決意を大いに強め、固めるであろう。これは、当面の経済と社会生活に影響を与えるだけではなく、国家の未来発展に関わることである。

第四節　農村部年金保険制度の発展

　これまでの長い間、中国の農民は基本的に年金保険制度と縁がなかった。「老後のために子供を育てる」という伝統的な考え方の下で、家族による老人扶養がもっとも重要な養老方式であった。1979年以後、農村生産請負責任制の導入で農村経済は復活し、農民は独立した生産者として登場した。しかし現在までのところ、中国における農業の経済的基礎はきわめて脆弱であり、家族の生活を維持・保障する能力には狭い限界がある。そのうえ、人民公社が運営する農村集団保険制度に依存してきた共済機能も弱まった。

　他方、農村経済の発展と産業構造の変化は、農村労働力の都市への移動に拍車をかけた。1億3,500万人もの農村労働力が農業部門から非農業部門の郷鎮企業に移動し、賃金労働者化した。こうした動きはまた、青・中年農民の老人扶養に対する伝統的な意識を変え、さらに農村の家族規模も計画出産政策の実施等でコンパクト化し、核家族が日増しに増大してきた。こうした世帯規模の縮小は家庭養老の機能を大いに弱めた。

　家族の扶養意識の変化、共済制度の崩壊、家族規模の縮小、さらには農村人口の高齢化等農村に起きている新しい社会変化は、農村においても養老年金制度の構築を緊急な課題としたのである。事実、そうした課題に徐々に対応しようとする動きもみられる。以下、農村における年金制度構築の動きを見てみよう。

1　創設の歩み

　中国農村における社会養老保険制度創設は3つの段階を経た。

（1）模索段階(1986-90年)——80年代の社区養老

中国政府は第7次5ヵ年計画(1986-90年)で新たな社会保障制度の導入を決定した。この方針の下、1986年10月に民政部は江蘇省沙洲県(現在張家港市)で全国農村基層社会保障工作座談会を開催した。この座談会で、経済が発達した農村で「社区」(郷、鎮、村)を単位とする社会養老保険制度の試行が決定された。上海市近郊区域と江蘇省南部といった豊かな郷鎮では、その時点から農民全体を対象とする老齢年金制度の導入を始めた。郷鎮企業の従業員を主とする農村社区養老保険制度が初歩的に形成された。ほとんど都市の国有、集団企業従業員の年金制度を参考にしたものである。

その内容は、村または郷鎮企業を単位として資金を集め管理運営する。加入者には定年後、郷鎮が養老年金を給付する。財源は依然として集団経済の拠出を主とし、加入者は全く納めないか、あるいはわずかの保険料を支払うにとどめている。

しかし、年金保険の原資が集団提供の資金を主としたことなどの問題があったため、「社区」型の年金制度の整備は順調に進まなかった。その問題点として以下のようなことがあげられる。すなわち、①社会プールの程度が低過ぎ、カバー範囲が狭すぎ、異なる村鎮の間での方法が不統一である。②養老方法は法律の保障に欠けていて、ほとんど郷鎮が任意に行う政策、あるいは村規定・民約であり、可変性が大きい。③積立金は一般に銀行に預けられ、または直接に村鎮経済の発展に使われ、その安全性と有効性を保証し難い。④資金調達ルートが単一、個人自身の保障意識がなく、人口老齢化のピークの到来に応対できない、等である。

（2）試験段階(1991-92年)——「県レベル農村社会養老保険基本方案」の登場

1991年1月、国務院は民政部が責任をもって農村社会養老保険制度を試行することを決定した。1991年6月、国務院が発布した「都市部企業従業員養老保険制度の改革に関する決定」では、農村の養老保険(郷鎮企業を含めて)に

関して民政部が責任を負うことが再度明確にされた。そして同年7月、民政部は「当面の農村社会養老保険活動の展開に関する関連事項の通知」を各地方の民政庁と民政局に伝達し、まず各地域で養老保険の試行を実施する県や市を決め、統一した企画の遂行を求めた。同年8月、民政部は一部の比較的裕福な農村地域、山東省牟平など5つの県(市)を対象に農村社会養老保険の試みを案配した。1ヵ月余りで、30郷鎮、281村、38社郷鎮企業の8万近くの人が農村社会養老保険に加入し、500万元の保険料が集められた。1991年10月民政部は山東省煙台市で「全国農村社会養老保険試行対策会議」を開き、山東省の県レベルの農村社会養老保険制度づくりの経験を全国の農村に教え、この制度の推進を図った。1992年1月、民政部はこれまでの経験を総括した上で、「県レベル農村社会養老保険基本方案(試行)」を公布し、全国での実施を求めた。

(3) 推進段階(1993年-現在)——農村社会養老保険の推進

1992年7月民政部は武漢市で全国農村社会養老保険工作経験交流会を開き、武漢市の農村社会養老保険制度の経験を重点的に広く普及させようとした。1992年9月民政部は「農村社会養老保険事業のさらなる発展に関する通知」を出して、農村社会養老保険制度の早期確立に乗り出した。1993年末までに、全国1,000余りの県が農村社会養老保険管理機構を設立して、その中の170の県で農民全員加入の社会養老保険制度が実現した。こうして全国で延べ4,500万の農民が社会保険に加入し、積み立てられた保険料は14億元に達した。

1997年末までに、全国30の省(直轄市・自治区)、2,008の県、32,600の郷が農村社会養老保険を展開し、8,200万人余りの農村住民が年金保険に加入している。積立金は140億元余りに達した。うち20余りの省(直轄市・自治区)の積立金が1億元、山東・江蘇両省が20億元、浙江・上海両省が10億元を超えた。全国では50万人余りの農民が養老金を受け取った。西蔵、広東、吉林省の外に、各地の県、郷にも農村社会養老保険管理機構が設置され、そこで4万人の専従者と10万人余りの兼職者が仕事をしている[29]。1998年、全国2,123

---

29) 張彦・陳紅霞編(1999年)、176-177頁。

の県・市と 65% の郷鎮は農村社会養老保険事業を実施し、保険加入者は 8,025 万人に達した。その年の基金収入は 31.4 億元、支出は 5.4 億元となっている。

1998 年 7 月、農村社会養老保険の管轄は民政部から労働社会保障部に移った。実際は、農村社会保障、とりわけ農村社会養老保険の展開に関して、民政部は多くの関連規定を公布し指導に当たってきた。

2 制度の概要と特徴

(1)「県レベル農村社会養老保険基本方案」の概要

「県レベル農村社会養老保険基本方案」の内容は次の通りである。①保険の適用対象者は、商品としての食糧を国家から購入していない、満 20 歳以上の農村戸籍をもった者である。しかし、保険加入は任意とする。②保険料は個人納付を主とし、集団補助を従として、政府が政策支援をする。個人納付分が一定の割合を占め、集団補助は主に郷鎮企業の利潤と集団累積の中から割り当て、政府の政策支援は、主に郷鎮企業が課税前に集団補助としての保険料を納付するという方式をとる。③個人名義の口座をつくる。個人納付額と集団補助額はそれぞれ個人名義の口座に積み立てる。④保険料については、2-20 元まで、2 元ごとに計 10 の保険料のランクを設け、給付額もそれに応じるものとなっている。加入者は各々の経済条件・収入水準によって選択し、また、加入途中での変更も自由にできるようになっている。さらに災害を被った時には、許可を得て納付を中止して、経済状況が回復してから納付を再開することも可能であり、この間における資金の平価切り上げはすべて計上されることになっている。⑤年金受給の開始年齢は 60 歳である。年金月額は個人口座の貯金残高÷120 とする。年金の受給には 10 年の保証期間がつく（長寿者は続けて受け取ることができる）。加入者本人が年金の受給 10 年未満にして死亡した場合、その保証期間内の年金の残額は他人が継承することができる。⑥保険基金の管理は、県が統一的に行う。国家債券の購入や銀行預金はできるが、直接投資は禁止される。県・市の保険機関は指定された専門銀行に基金専用口座を設け、専用帳簿で管理する。民政及び他の部門は基金を流用してはならない。また、監督機

関として、県レベル以上の人民政府では農村社会養老保険基金管理監督委員会、郷(鎮)村では大衆による社会保障委員会がある。

(2) 農村社会養老保険制度の特徴

都市部の企業従業員年金制度及び以前の農村社区養老に比べて、農村社会養老保険制度は以下の特徴を持つ。①農村社会養老保険は全て新しく発足したものであり、都市養老保険制度のような歴史的負担がなく、老年、中年農村住民の養老年金を負担する問題は存在しない。納付された保険料は完全に積み立てられるのである。②農村社会養老保険は共済という特徴がない。③都市に比べて、農村養老保障のレベルが非常に低い。現在、すでに受け取っている養老金は100元ぐらいであり、都市養老年金の平均水準500－600元と比べると格差はかなり大きい。だから、農村では養老年金のみで養老を実現することは期待できず、家庭養老は相変わらずきわめて重要である。④養老基金の徴収、運営などの管理は、従来の社区養老という郷鎮統一管理、直接投資から、県及びそれ以上の政府機関に属する担当機構の専用口座にかえて行う。そして、銀行預金と国債購入を通じて、基金の価値保有と価値増加を実現する。

3 制度に対する評価

農村社会養老保険制度の創設は、農民の老後生活保障、さらには人口増加の抑制にも有益である。同時に農村経済と郷鎮企業の発展を促進する。特に都市部企業年金制度の適用範囲外におかれていた郷鎮企業勤労者は、農村年金保険制度をつくることによって、郷鎮企業勤労者の老後の憂いを解消できるようになるのである。また農民と都市勤労者との間における所得格差は縮小する。そして、ある程度家庭養老の問題が緩和され、養老に関わる紛争を減らし、家族の絆を強固にすることができる。農村の経済発展と社会安定の促進に深遠な意義を持っている。

しかし、中国農村における養老方式は、伝統的な農業経済条件の制約や都市と農村「二元」的政策等によって、まだ緩慢な発展の段階にある。農村社会養

老保険制度は、まだ社会化程度が低く、カバー範囲が狭すぎ、共済性がなく、養老基金の価値保有・価値増加の圧力、養老基金に対して法律的な、規範的な管理の欠如などの問題を抱えているのである。

参考文献

〔日本語〕

天児慧編（2000年）、『現代中国の構造変動4・政治―中央と地方の構図』東京大学出版会。
中国研究所編（2001年）、『中国は大丈夫か？社会保障制度のゆくえ』創士社。
興梠一郎（2002年）、『現代中国・グローバル化のなかで』岩波書店。
前田ひろ子（1996年）、「中国の社会保険制度改革」『アジア経済』1996年7-8月。
松戸庸子（1995年）、「中国の所得保障と医療保障」『海外社会保障情報』NO.110、国立社会保障・人口問題研究所。
中江章浩編（1998年）、『21世紀の社会保障』第一書房。
王曙光・王智新・朱建栄・熊達雲編（1998年）、『現代中国』柏書房。
王文亮（2001年）、『21世紀に向かう中国の社会保障制度』僑報社。
鐘仁耀（1999年）、「中国農村の社会老齢年金保険制度の導入」『海外社会保障研究』NO.128、国立社会保障・人口問題研究所。
焦培欣（1998年）、「中国における社会保険の歴史的展開――社会保険制度の成立過程(1949-56年)」『中央大学大学院研究年報』第27号。
――― (1999年)、「中国における社会保険制度の史的展開過程(1949-82年)」『中央大学大学院研究年報』第30号。
鄭杭生・奥島孝康編（2002年）、『中国の社会』早稲田大学出版部。

〔中国語〕

董克用・王燕主編（2000年）、『養老保険』中国人民大学出版社。
馮蘭瑞等著（1997年）『中国社会保障制度重構』経済科学出版社。
郭士征・葛寿昌（1998年）、『中国社会保険的改革與探索』上海財経大学出版社。
雷潔瓊・王思斌（1999年）、『中国社会保障体系的構築』三西人民出版社。
宋曉梧（2001年）、『中国社会保障制度改革』清華大学出版社。
宋曉梧・韓大衛編（2001年）、『完善養老保険確保老有所養』企業管理出版社。
孫光徳・董克用主編（2000年）、『社会保障概論』中国人民大学出版社。
厳忠勤（1987年）、『当代中国的職工工資福利和社会保険』中国社会科学出版社。
張彦・陳紅霞編著（1999年）、『社会保障概論』南京大学出版社。
中国国家統計局（1997年、2001年）、『中国統計年鑑』中国統計出版社。
中国人民大学複印報刊資料『社会保障制度』1998-2003年6月。

中国社会保障制度総覧編輯委員会編 (1995年)、『中国社会保障制度総覧』編輯委員会中国民主法制出版社。

〔英語〕

World Bank (1996), *The Chinese Economy: Fighting Inflation, Deepening Reforms*, Washington D.C.: World Bank.
—————— (1997),*The Dual Challenges of the Pension System*、Washington D.C.: World Bank.

第 4 章

労働災害保険制度の改革

郭　暁　宏

はじめに

　中国の労働災害保険（中国語では工傷保険という、以下「労災保険」と略称）制度は、1951年に実施された「労働保険条例」によって発足したものであり、労働過程あるいは業務上の事由による負傷、疾病、傷害または死亡した労働者に、医療救護、治療、経済補償、職業リハビリおよびその遺族に経済援助などの保険給付を行う制度である。社会保障制度の重要な構成要素となっているこの制度は、労災リスクを分散すること、業務上の原因で被害を受けた労働者あるいはその遺族に最低生活を保障すること、また企業の労働安全衛生状況の改善と社会安定を維持することに極めて重要な役割を果している。1980年代以降、国の経済改革の進展、特に国有企業の改革にともなって、他の社会保険制度と同様、労災保険制度の改革も行われている。この章では、20世紀半ばから21世紀始め頃までの中国の労災保険制度について、その沿革や改革の歴史的な背景、現行制度の概観および今後の改革課題などについて述べてみよう。

第一節　改革開放前の労働災害保険制度

1　従来制度の歴史的沿革

　改革開放下の 1980、90 年代に行われた労災保険制度の改革を検討するためには、その改革以前の制度およびその特徴や制度改革の必要性を認識することが不可欠であろう。この節では、中華人民共和国が成立した 1949 年以後 70 年代にかけての改革以前の労災保険制度を検討する。まずこの労災保険制度の沿革をいくつかの段階に区分して見てみよう。

（1）労災保険制度の設立期（1949 年 10 月 - 57 年 8 月）

　中華人民共和国が誕生してまもなく、新生社会主義国家に対応した社会保険制度が創設された。それは、1951 年 2 月 26 日に当時の政務院（今の国務院）が発布した「労働保険条例」（以下「条例」と略称）を根拠としていた。この条例は、労災保険に関する関連規定を主に第 12 条と第 14 条で定めていた。そこに定められた労災賠償基準は大変低いものであったにもかかわらず、それによって中国での法定労災賠償制度の空白が埋められ、労災保険制度が初めて創設されることになった。当時の中国においては賠償水準が低いことより制度が創設されたことの方がより重要な意義を持つであろう。

　「条例」の実施により、企業の労災被災者の収入、治療、補償などが保障され始め、建国初期の経済発展に重要な役割を果した。ところが、当時国家の経済的実力が低かったこともあって新制度を慎重に推し広めようという姿勢が強かったため、労災保険制度の適用範囲は、100 人以上の労働者がいる国営企業と都市部集団企業だけと狭く限定された。

　一方、事業体や国家機関の従業員に対する傷害賠償制度の根拠は「条例」ではなく、1950 年内務部が制定した「革命工作人員死傷褒恤暫定条例」というものであった。

　国家の財政状況の好転にしたがって、1953 年 1 月 2 日に、政務院は「労働保険条例の若干修正に関する決定」を採決した。これによって労災保険の適用

範囲がすべての工場、鉱山および交通部門の基本建設会社、国営建築会社にまで拡大された。56年にはさらに商業、対外貿易、飲食業、金融等の13の産業と部門にまで範囲が拡大された。さらに労働部が1953年1月26日に公布・実施した「労働保険条例実施細則修正草案」の中では、労災保険の保険事故および保険待遇規定が第4章で明確に規定された。1953年に修正されたこの「条例」は、労災保険を含めた社会保険制度に関する総合的な法規として位置づけられるものであった。

　国の工業生産が発展するに伴って、職業病傷害がますます目立つようになった。それを予防し職業病患者の権益を保障するために、1957年2月23日、衛生部は「職業病範囲と職業病患者の処理弁法の規定」を制定、公布した。これによって、珪肺塵肺・セメント塵肺等の塵肺病、酸化炭素中毒・ベンゼン中毒等の職業性中毒、日射病等の職業病等、あわせて14種の職業疾病が「法定職業病」と定められた。こうした職業病患者が労災保険待遇を享受することができるようになった。

　このように、中華人民共和国が成立してから最初の数年間に、一定規模の城鎮労働者向けの社会保険制度が早期に形成されたことは、社会の安定と従業員の労働意欲の向上、労働者の安全と健康の保護、生産発展の促進などの面で、積極的な役割を果した。ところが、当時の経済基盤の脆弱さ、農民の生活水準の低さなどに対して、社会保険の整備が速すぎるのではないか、国営企業の従業員の国に対する依頼心理が養成させられるのではないかという見解が生まれた。そこで中央政府は適時に社会保険制度を調整することを決定した。

（2）労災保険制度の調整期（1957年9月－68年）

　1957年9月の共産党第8期第3回大会で、社会保険制度の調整と改革の実施が決定された。そのため、「工人、職員の定年に関する暫定規定」（1958年）、「珪肺危害の防止に関する工作弁法」（1963年）等の規定や通達が次から次へ制定・公布された。それらによって、保険の適用範囲・死亡補償水準・職業病範囲および職業病患者の待遇などの面で若干の調整が行われた。例えば、労働

能力の一部を失った労災負傷者が退職後その傷病が再発した時の医療費用は、以前勤めていた企業が負担することと定められた；労災負傷者の入院期間の食費について、以前の企業の全額負担から本人1/3、企業2/3負担となった。実習生も労災保険待遇を受けられるようになり、またいくつかの職業病が追加された。しかしそれには結核病院に勤めた職員が結核病になった場合、職業病とは認定されなくなったことも含まれていた。

(3) 労災保険制度の挫折期 (1969年-76年10月)

「文化大革命」は、労災保険を含む社会保険業務を大きく破壊した。労働保険弁法や労働保護方面の規定は修正主義のものと批判され、多くの有効だった労働安全衛生制度が労働者を圧迫するものだと否定された。やむなく財政部は1969年2月に「国営企業財務処理の若干制度の改革に関する意見（草案）」を作り、国営企業の労働保険料の納付を中止し、労災賠償費用を企業営業外の支出項目に引き出すことを定めた。また労働保険業務を担当した全国総工会並びに各層労働組合は廃止され、人員は解散されたため、労災保険と労働保護業務はほぼ麻痺状態になってしまった。「文化大革命」以前に少量あった労災保険費用の企業間調整は廃止され、保険金給付の費用を企業が自己負担するようになった。このような社会保険の企業保険化によって、企業間に負担の不均衡が生じ、被災者はその補償を受けられない場合も生ずるに至った。苦情を上訴した被災者あるいその家族もあったし、賠償あるいは高額賠償を受けるために、騒動を起こした被災者あるいはその家族もいた。他方で、補償の国家基準を超えて労災補償をした企業もある。このようにこの時期の労災保険業務の秩序は混乱していた。設立段階にすでに相当な成果を収めていた労災保険制度は「文化大革命」のなかで崩壊を余儀なくされてしまった。

(4) 労災保険制度の回復期 (1977年-80年代初期)

1976年10月、文化大革命が終結した。長い間停滞あるいは後退を余儀なくされた国の経済は、回復の段階に入った。そこで、各領域での回復のための企

画が相次いで制定、発布された。社会保険領域では、1977年に労働部によって制定された。労働保険福祉待遇、労働保険費用の支出問題に関するいくつかの規定がそれに当たる。

　しかし、労災保険制度を含め、本格的社会保険制度の回復と再建は、1978年12月に開催した中国共産党第11期第3回大会まで待たなければならなかった。この大会の開催をきっかけにして、中国は経済建設を中心とした新しい歴史段階に達した。それに伴い労災保険も一定の回復を実現した。労災保険制度の回復と改善は次の面において見られた。

　①労災保険適用範囲の拡大。「文化大革命」以前の適用範囲を回復し、同時に労災保険制度の適用範囲を非国有企業にまで拡大した。ただし、この時期、非国有企業は任意加入だった。

　②労災保険業務の整理と強化。1980年3月14日、国家労働部、全国総工会が発布した「労働保険工作の整頓と強化に関する通知」の中で、医務労働鑑定委員会を設立し、同委員会が職業病患者・労災事故の被災者の休暇、職場復帰、障害程度の認定を担うとされた。その外に、定年、退職、障害の事故に遭遇した被災者並びに労災死亡者の遺族に対する教育、管理、苦情処理などについての要求が出された。

　③被災者の負傷治療および療養の期間と費用の明確化。財政部は1978年、1982年に、全国総工会は1980年に、負傷入院期間の暖房費や食事代、職業病患者の療養費およびその交通費など細目を規定した。

　④労災補助および遺族補償問題の新しい規定。1982年4月17日に、国家労働総局、国家人事局は障害補償を受ける労働者が国家機関、事業単位に転勤した後の補償費は、新しい使用者が支給すると規定した。また、民政部は1982年6月16日に、「軍人や機関職員の交通死亡事故の補償金問題に関する通知」、1983年1月15日に「旧傷再発で死亡した革命軍人に対する補償弁法の通知」を発布した。1983年1月24日と1983年6月4日に、民政部は労災障害者あるいは病死者の補償についても明らかにした。

　⑤労災に準じて処置できる職業病がいくつか増加された。例えば「住血吸虫

症」にかかった職員および農村へ建設を支援した期間に「レプトスピラ菌ワクチン」に罹った職員は、労災保険の待遇に準じて補償されるようになった。つまり、職業病患者に対する補償給付の調整も行われたのである。

2　従来の労災保険制度の枠組み

表4-1は従来の労災保険制度の枠組みを示したものである。

3　従来の労災保険制度の特徴

　以上見てきた1970年代までの労災保険制度の主な特徴をまとめてみると以下のとおりである。

　①労災保険制度の根拠は、労災保険法といった法律の形ではなく、共産党と政府の一連の通知、条例、文書などであった。

　②中国の労災保険制度は、外国の労災保険制度のような独立性をもっていないこと。つまり、中国の労災保険制度および実施規定は単独の法令ではなく、「条例」という総合的な社会保険制度法規に含まれていた。従って、専門の管理機構で実施されることはなかった。

　③労災保険基金が単独に設立されていないこと。必要な補償金や事務費などが医療保険、年金保険費用と一緒に労働保険基金から引き出された。

　④1969年以後、それまで社会保険の特徴を持った労災保険は、実質的に企業保険に転換されたこと。

　⑤国の経済力の限界から、労災保険の適用範囲は狭くて、給付水準は低かったこと。

　「労働保険条例」の施行によって、1950年代初期に労災賠償制度のない歴史に終止符を打った。それによって、労災事故の被災者あるいは職業病患者に対して医療補償、収入補償の提供ができるようになったのである。それは、労働者の合法権益の保護、社会の安定および経済発展に、重要な役割を果し、社会保険制度の不可欠な構成部分となった。しかしながら、条例に含まれたこの労災保険制度は、実施過程で制度自体の欠陥や問題が顕在化した。しかも、1980

表4－1　従来労災保険制度の枠組み

条例規定	適用範囲	保険事故	保険給付基準	財源
1951年2月に制定され、1953年1月に修正された、「中華人民共和国労働保険条例」	100人以上の労働者がある国営、公私共同経営、私営および合作経営の工場、鉱山並びにその付属部門；鉄道、海運、郵便の各企業並びにその付属部門；すべての工場、鉱山、交通部門の基本建設会社；国営建築会社	① 日常業務および企業や投資方から臨時に指定・同意された業務を執行した時② 企業や投資方の許可をもらい間に合わない緊急情況に遭って、企業に有益な仕事をした時に；③ 発明あるいは技術改進に従事した時に起こった事故のため、死、傷、障害になった場合。	①負傷者に対する無料治療：全部診療費、薬代、入院費、入院期の食事代、通院交通費などを企業行政からあるいは投資方から負担する。治療期間に給料そのままを支給する。②労災事故で障害者になった者に対する慰謝料あるいは補償金を支給する：完全に労働力が失って退職、且つ介護を要する者に、死ぬまで本人給料の75％を支給；上述の状況で、ただ介護不要者に、本人給料の60％を回復するまであるいは死ぬまで支給；労働能力の部分喪失者に、障害程度により、本人給料の10-30％を障害補償金を支給する。③労災死亡者および退職後死亡した労災障害者の遺族に企業3ヶ月分の平均給料額を葬儀費として支給、遺族人数によって、死者給料の25-50％を遺族弔慰金を支給する。④医療終結後、義眼・義歯・義肢の装着必要者にその費用を全部支給する。	企業が月ごとに全従業員賃金の3％を労働保険料として納付して、そのうちの30％を労働保険総基金の名目で全国総工会に出して、残りの70％を当該企業の労働組合の口座に入れ、労働保険基金として、従業員への弔慰費、補助費、救済費などを支給。
1957年2月「職業病範囲と職業病患者の処理弁法の規定」	同上	セメント塵肺、ベンゼン中毒、日射病等の法定職業病になり、しかも認定された場合	「職業病診断証明書」および労働能力の喪失状況に基づいて、労災保険給付を行う。	企業の労働保険基金から支出
1966年労働部・全国総工会の通知	同上		入院治療期間の食事代を企業2/3、個人1/3負担すると変更された。実習生も労災給付の対象となった。	同上
1969年2月財政部「国営企業財務活動中いくつかの制度改革に関する意見（草案）」	同上			労働保険料の納付が一律に中止されたので、労災賠償費用は企業営業外の支出項目に引き出される。そこで、社会保険は企業保険に退化された。

出所：「労働保険条例」等により、筆者作成。

年代からは、中国の社会・経済は大きく変化したため、それに相応しい労災保険制度への改革が強く求められた。

第二節　労働災害保険制度の改革

前述したように、労働災害保険制度は建国以来、設立、調整、挫折、整頓回復などの段階を経て発展してきたが、1980年代から経済体制改革や社会主義市場経済への発展に直面し、改革を迫られるにいたった。この節では、労災保険制度の改革について、従来制度の問題点と改革の必要性および実施状況を見ることにしよう。

1　労災保険制度改革の背景と従来制度の問題点

1980年代から、中国は新しい歴史段階に入った。計画経済体制の段階的放棄と市場経済システムの導入が進められ、国民経済の支柱である国有企業の改革は前例のないほど推進された。それにともなって国有企業の性格は変り、生産主体から経営主体に転換し、利潤の最大化を主な目標とするようになった。すなわち、市場経済の下で、企業は自主経営、損益自己責任を負わされる経済主体に変身し、行政への依存から独立採算制へ転換して行かなければならなかった。ところが、労災保険、年金、医療などの社会保険が「企業保険」となっていたこと、雇用などの社会的な責任を企業が担ってきたこと、多くの余剰人員あるいは労災被害者を養っていたことなどがあったため、国有企業のコストは高留まりのままとなっており、その転換は容易でなかった。例えば、労災保険に限って言うと、建国以来、労働能力を完全に喪失した労災被災者は200万人存在していた[1]。彼等を死亡まで補償することは企業にとって重い負担となっており、これがその転換を困難にしていたのである。国有企業が市場経済の原則に沿って発展できるかの鍵の1つは、如何にしてコストを減らし負担を

---

1) 孫樹菌主編（2000年）、47頁。

軽減するかであった。そのためにも労災保険等の社会保険制度の改革＝社会化が迫られてきたと思われる。

従来の社会保険制度は、労災保険・年金保険・医療保険など、いずれも社会性の不足、適用範囲の狭さと補償水準の低さ等の問題を持っていたので、国の経済体制の改革や企業の改革の進展、すなわち市場経済化に対応していない点が益々明らかにされてきた。以下は、従来労災保険制度の主な問題点を見ながら、制度改革の必要性を確認しておこう。

（1）狭い適用範囲

「条例」に定められた労災保険制度の適用範囲は1970年代まで、「国有企業執行、集団企業参照」（つまり国有企業は強制加入で、集団企業なら任意加入、加入する場合は「条例」を参考する）となっていたが、実際には、国有企業の正式な職員しか加入していなく、都市集団企業のばあい、その一部分は適用されていなかった。したがって全国的に見ると、労災保険権益の保護を受けられない労働者がたくさんいたのである。

ところが、1980年代からの経済体制改革の進展にともなって、企業の所有制が大きく変わった。多くの個人企業、私営企業、農村企業、「三資」企業（全額外資企業、合弁企業、合作企業）などの非国有企業が登場してきた。「1997年の時点で、非国有企業の従業員数は3,903万人で、全体の約1/3を占めるにいたっている。特に注目すべきは私営企業と外資系企業である。1998年の時点で、外資系企業の従業員はすでに1,800万人に達し、また私営企業の従業員も1999年の時点で1,349万人にものぼる」[2]。「過去十数年間、非公有制経済がGDP増長に対する貢献率は1％弱から43％に達した」[3]といわれるほどであった。

所有制と関係なく、企業労働者はだれでも労働災害の危険に晒されているの

---

2) 王文亮（2001年）、20頁。
3)『北京晩報』2001年12月16日。

で、労災保険によって保護される必要がある。しかし、従来の労災保険制度では、私営企業や外資系企業または農村企業の労働者は適用対象から除外され、個別の「三資」企業、個人企業の雇い主に「生死合同」（労災免責契約）を締結させられた労働者もいる。いうまでもなく、以前のような適用範囲のままでは、多種経済主体の総合的発展に伴う雇用の多様化の潮流に順応できない。また、多くの契約労働者、臨時従業員、自営業者と農村企業労働者が労災の適用を受けられない状況は、極めて不公平だと思われる。したがって、各種経済主体の共存、多様な経営方式の共存・浸透・転換の需要に適応するために、すべての企業の従業員を包み込む新たな労災保険制度の導入が急務とされた。

（2）低い給付水準

　従来の労災保険制度の、被災者あるいはその遺族に対する補償待遇は、被災者本人の基本月給に一定の比率をかけて算出するものとなっていた。ところが、労働者の実際の総収入が高くなった80年代以降になると、低賃金を主旨としていた従来の月給は全収入の中で占める比率は小さくなってきた。一方、賃金や所得の上昇に合わせて労災補償標準を調整できる仕組み（例えば、補償比例の変動など）は存在していなかったため、実際の補償水準は低くなり、基本生活の保障も困難になった。ほとんどの労災被害者は世帯主であるので、労災事故による負傷などで、不幸にも身体に障害が残った場合、たとえ治癒しても、負傷前と同じように収入を得ることは困難となる場合が多く、他の従業員と被災者家庭との間に所得の格差が生じた。労災で亡くなった労働者の遺族が生活の困難に陥ったケースも多く見られた。市場経済化の進展はこのような所得格差の拡大をもたらし、同時に彼らは失業する可能性も高まった。彼らは都市部で現れた新たな貧困層の一部となったのである。従って、貧困問題を緩和・解決するためにも、労災保険制度の改革が求められた。労災被害者の基本生活が保障できるような、合理的で公平かつ適切な給付を実施することは、国有企業改革の推進と社会安定の維持に必要であった。

（3）低い社会化水準

　伝統的な計画経済体制の下では、中国の労災保険について、労働者の勤め先が責任を負っていた。労災事故が発生した場合、被災者の医療救護、補償、遺族補償などの支給、障害者、職業病者および労災死亡者遺族の介護は、すべて企業がしなければならないこととなっていた。社会的統一的な管理が行われておらず、保険基金もない。こうした企業保険の主な欠点は、業績の良い企業とそうでない企業との間に、保険給付の条件、保険給付の補償基準などの面での不均衡を生じさせることであった。異なる企業の産業基盤、従業員の構造、生産性および歴史的な原因などによって、企業間で労災補償負担に格差が生じた。特に古い国有企業と新しく進出した合資、外資企業間の格差が大きくなった。これは雇用制度の改革に支障をもたらした。

　旧制度のもとでの「完全雇用」あるいは「終身雇用」制度は、市場経済の導入によって大きく揺らいだ。市場経済の諸原理が正常且つ順調に機能するために、契約制に基づく企業の労働雇用制度およびそれに伴う労働者の自由移動は不可欠となってきた。ところが、国有企業改革にとって、もっとも困難なことは、恐らく従業員特に余剰従業員を流動化させることであった。その内にある労災事故あるいは職業危害を受けたことのある従業員に対しては、特にそうである。その原因は十分に社会性のある労災保険制度、統一的な労災補償標準がまだ整っていないところにあった。手厚く保障されている者は、当然保険制度が整えられていない職場に転職したがらない。従って、国有企業改革を進める上でも、労災保険を含めた社会保険費用負担の合理化、公平化が強く求められ、充分な社会性のある社会保険制度の設立が求められたのである。

（4）統一性と客観性の欠如

　従来の制度は、業務基盤が薄弱で、関連法律や政策が不整備だったため、適切に合理的および公正に労災問題を解決することができなかった。例えば、被災者に対する「労災認定」、つまり受けた傷害が業務上のそれであるかどうかについての確認は、認定基準が十分整っていないため、多くの場合、企業自身

の判定で行われていた。したがって統一性と公正性の欠如が指摘された。さらにいくつかの不合理な点が挙げられる。すなわち、補償項目の不完全性、物価スライド制のない給付内容などである。障害程度の認定は、全国的な統一基準がなかったため、革命軍人に対する認定基準を準用しておこなわれた。各地の労働鑑定機構や業務秩序が完備されていなかったため、すべての被災者の障害等級が適切かつ公正に評価されることも難しかった。

改革開放政策の実施に伴って、従来の制度がその変化に適応できない面が益々目立つようになり、しかも、新しい状況に対応できない労災保険制度は経済体制の改革を妨害すると意識され、社会主義市場経済体制の確立と共に、労災保険制度の改革は重要な課題になってきた。そこで、改革が試行され始めた。

2 労災保険制度の改革

中国の労災保険制度の改革は、2段階に分けて進められた。即ち、はじめに一部の地域で改革を試行し、次に全国範囲で改革を推し進めるという方法である。

（1）労災保険制度改革の試行時期（1984年-96年9月）

1984年以来、中国の経済体制改革は都市を重点とした改革の段階に入った。企業は自主経営、損益の自己責任が問われるようになり、独立した商品生産者と経営者となった。市場経済化にともなって、労働保険の給付負担は企業にとって重荷となり、これが企業間のアンバランスをもたらすようになった。市場経済の発展のために、経済体制の改革と新しい社会保障システムの構築が求められ、それに応じて、労災保険制度を含めた社会保険制度の改革が重要な課題となってきたのである。

労働部は、労災保険の改革について、公平な競争環境の整備、社会保険負担の企業からの軽減および給付水準の引上げを重点として検討し、1988年に改革方案を発表した。方案には、改革の要点と改革の実施計画があった。前者について、労災保険基金の積立てとこの基金の社会的管理の実現、より合理的な

給付水準の調整、物価スライド制の導入、葬祭料の引き上げ、補償金および補償一時金制度の創設、という内容があった。改革の実施計画については、まず実験地域でこれを実験的に行い、そのあと全国に広げるという方法が示されていた。

1988年末、労働部は全国労働庁局長会議を開催し、各地での労災保険改革の準備、改革の実験対象の選定を指示した。

1989年以後、全国で10省（海南、広東、福建、遼寧、吉林、江西、四川、湖北、湖南、河南）の30余りの県、市（例えば、海南省の海口市、広東省の東莞市、深圳市、福建省の楽県など）が労災保険改革の実験地域に指定され、実験的な改革が始められた。

1990年12月30日に開催した中国共産党第13期中央委員会第7回全体会議で、「国民経済および社会発展の10年企画と『八五』計画に関する中共中央の建議」が通過した。その中で医療保険制度と労災保険制度の改革が提案された。1991年4月9日、全国人民代表大会第7期第4回会議はこの建議を批准し、「医療保険と労災保険の改革を行い、合作医療保険を続けて推進し、体の不自由者の権益を保護する」という内容を提案した。労働部は、上述した法規や10年企画と「八五」計画綱要に含まれた労災保険制度改革の決定に基づいて条件の整った地域での労災保険の改革を研究、指導し、貴重な経験を積んだ。それらの経験を検討したうえ、1992年、労働部は「企業従業員労災保険条例（意見調査稿）」を制定した。

1992年3月9日に、労働部、衛生部、中華全国総工会は、「従業員の労災と職業病による障害の程度に関する鑑定基準（試行）」を発布した。これで、中国の労災保険領域での空白の1つが埋められ、改革は大いに前進した。この基準は1996年に正式に国家規格となった。

1993年、中国共産党第14期第3回大会で通過した書類の中に「普遍的な企業労災保険制度を設立」するという要求が含まれ、改革実験地域は増加してきた。1993年半ばまで、全国で、19の省・自治区・直轄市の390の市・県が労災保険制度改革の実験を行い、関係企業は7万、関係従業員は900万人いた。

1994年、「中華人民共和国労働法」(以下「労働法」と略称) が公布された。その第9章で、労災保険制度を5つの社会保険制度の1つとして位置づけ、国内にあるすべての企業およびそれと労働関係にある全労働者に対して実施すると規定した。「労働法」の公布は、中国の労災保険事業の発展にとっても重要な意味を持つ。

「労働法」と改革実験地域での経験に基づいて、労働部は、労災保険条例の草案を改めて修正した。これは新しい労災保険制度の基礎となった。

この頃、政府並びに関係部門は、一連の法規や規定を発布し、その後の労災改革の深化に備えていた。例えば、1991年、国務院の「企業従業員労働災害事故の報告と処理規定」、1992年、国家体制改革委員会・労働部の「外商投資企業の中国側従業員に対する社会保障工作の強化に関する通知」、1992年労働部の「外国に派遣された労務人員の傷、残、亡の善後処理に関する書簡」などがそれである。それ以外に、農村企業での事故賠償、個人下請け業の労災待遇支給、労災争議問題の処理などについての規定も制定された。

(2) 改革試行地の初期成果

海南省海口市、深圳市、広東省東莞市をはじめ、いくつかの都市において1989年から、労災保険改革の実験都市として、改革が試みられた。初期の成果は以下の面で見られた。

①労災保険の政府管理の実現

労災保険業務の実施者が政府になったことは、実験地区の改革の重要な成果である。各地の政府は労災保険に関する地方法規を制定して、それに基づき、労災保険業務機構を設立し、労災保険料を徴収し、労災医療費、傷害補償金などの支給を、部分的あるいは全面的にその機構を通じて行うようになった。こうして、労災保険制度は「企業保険」から次第に「社会保険」にその性格を変えていった。

②適用範囲の拡大

実験地域の労災保険制度では、国有企業、城鎮集団企業、外商投資企業の従

業員と臨時工にまで適用範囲が拡大された。それ以外に、一部の地域ではまた独自の実験を行う面もあった。例えば、遼寧省の東溝県は、労災保険の適用対象者に上述企業に雇用されている見習い工と実習人員も含めた；広東省と海南省は、私営企業と自営業者および企業が運営する事業単位も労災保険制度に参加すると規定した。広東省の東莞市は農村企業の参加を要求した、などである。

③補償給付水準の改善

各地域は、それぞれの経済力に合わせて、低かった労災補償待遇を引き上げ、1次的な補償項目を補足した。また、補償給付の物価スライド制を導入する地域も出てきた。これで、労災被災者あるいはその遺族の基本生活の確保が有利になった。

④労災保険と事故予防の結合

各実験地域では、発生した労災事故の報告について、以下のような規定を設けた。すなわち、事故が発生した場合、労働安全管理部門への報告だけではなく、社会保険機構にも報告して記録に残すという方法が取られることになったのである。社会保険機構は、管轄区域内の企業の事故状況を了解した上で、すでに設定された差別料率と変動料率体系を調整し、賞罰を行っている。事故が多発する企業には重い保険料を課し、逆の場合は逆にするという方法がとられた。これで、労災保険制度は、以前の損害被害の単なる補償制度から、安全生産の推進という面が付け加えられた。その成果は、労災事故率の低下以外に、企業の安全意識の高まり、労働安全条件の改善、外国投資家の中国企業への信頼性の高まり、として現れた。

（3）全国的な労災保険制度改革（1996年10月－現在）

1996年8月12日、労働部は実験地域での制度改革の経験と教訓を分析した上、「企業労働者労働災害保険試行弁法」（以下、「試行弁法」と略称）を公布した。この「試行弁法」により、1950年代から40年数年間「労働保険条例」に含まれていた労災保険制度が、ようやく全国統一の、独立した、しかも労災予防、労災リハビリと労災補償を含んだ総合的な制度となった。1996年10月

1日からの「試行弁法」の実施は、労災保険制度の改革を全国に広げる契機となった。

同じく1996年に、「従業員労災と職業病による障害の程度に関する鑑定基準」(GB/T 16180-1996)(以下、「鑑定基準」と略する)も施行された。「試行弁法」の制定とこの「鑑定基準」の実施は、労災保険制度改革の全国的展開に重要な推進作用を果した。

「試行弁法」を実施して以来、中国の労災保険制度には新たな変化が現れた。まず、制度の加入者は1993年の900万から1996年の3,120万に、そして1997年の3,508万人に、1999年末の3,960万人に増加し、全国企業労働者の37.6%に達した。さらに地域によっては制度の適用範囲を都市の各種の企業、自営業者および農村企業にまで拡大したところもあった。

2002年現在、全国では、25の省、自治区に属する868の市あるいは県で労災保険制度の改革を行っており、労災保険料の社会プール制の設立、給付項目の設計、合理的なリスク分担、適切な保険料率の確定、補償給付水準の調整、労働安全衛生の改善、労働者権益の保障などの面で、良好な成果を挙げている。

第三節 「試行弁法」の概要と実施状況

1 「試行弁法」の概要

「労働法」に基づいて制定された「企業従業員労災保険試行弁法」は、10章63条からなっている。この行政法規の仕組みは、次のようである。第1章、総則；第2章、労災事故の範囲と認定；第3章、労働鑑定と労災障害程度評定；第4章、労災補償待遇；第5章、労災保険基金；第6章、労災事故予防と職業復帰；第7章、管理と監督検査；第8章、企業と従業員責務；第9章、争議処理；第10章、付則。

次に、この制度の内容を概観してみよう。

〈適用範囲〉

「試行弁法」により、中国国境内にあるすべての企業およびその従業員は、

労災保険制度に加入しなければならない、とされた。これで、労災保険制度の主な適用対象は以前の国有企業、集団企業の従業員から、私営企業、「三資」企業、農村企業および収入のある事業単位の従業員および雇用関係にある個体労働者にまで拡大された。

ところが、所有制、雇用方式、所在地域、あるいは経済の発展状況に違いがあるという現実に直面して、政府は労災保険の全従業員への適用を直ちに実施することは困難だと判断し、段階的に拡大実施することを決定した。1996年末、25省、自治区の31.7万の企業に属する3,102.6万従業員は労災保険制度に加入した。加入率は全従業員の27.77%にとどまっていた。しかし、2000年までには90%以上の県、市の制度への参加を要求し、条件の備った地域では郷鎮企業まで労災保険制度の適用が期待された。その結果、加入状況は、1998年に28省・自治区にある1,713の県・市に広がり3,781万人となった。1999年末には、労災保険制度を実施している県・市は全国の80%となり、被保険者は3,960万に達し、全従業員の37.6%を占めるに至った。2002年半ばにはさらに、全国での労災保険加入率は42%になった(国際労働機構の研究レポートによる)。

〈保険者と被保険者〉

労災保険制度の保険者は各地方政府である。国境内にある全ての企業は、所有制を問わず、労災保険制度の実施が要求されたので、各自の企業と労働契約を締結した労働者あるいは、事実上労働関係にある（事実上企業の一員となり、企業に有償労働を提供する）従業員は、労災保険制度の被保険者にならなければならなくなった。ただし、個体経済組織（自営業）に働いている労働者が適用される労災保険制度は、各地が「試行弁法」を準用して適用する。

〈財源〉

保険料はすべて地方政府と企業が負担し、個人は負担しない。原則として、地区級以上の行政区（地区、市、州、盟を含む）を社会プール単位とし、北京、天津、上海、重慶の4つの直轄市は全市の範囲で社会プールを実施する。企業は統一的な政策に従い、徴収した保険料を社会保険業務機構の労災保険基金に

集中し、その労災保険基金の使用と管理も統一的に行われる。保険料は、各企業の前年度の賃金総額×異なる業種リスクによって決められた業種別料率で徴収される。国の経済発展の現状に基づいて、「試行弁法」は平均的な労災保険料率が1％を超えないように規定された。徴収された労災保険料の企業会計帳簿上の記入方法について、企業のコストとして記入することが規定された。国は、労災保険料を税に優先して納付できるようにし、労災保険基金の免税および積立金の有利な運用などを通じて、企業の労災保険制度への加入を促進している。

〈保険事故〉

労災保険制度に関わる保険事故は、業務上の原因による従業員の負傷、死亡あるいは職業病である。その保険事故は、「試行弁法」では下記のように規定されている。①日常業務に従事する時、責任者の支配下かつ管理下にあって臨時的業務に従事する時、または緊急事態が発生し、責任者の指示を仰がずに会社の重大な利益に直接関わる業務に従事する時発生した事故。②責任者の支配下かつ管理下にあって業務関係の科学試験、発明創造と技術改進を行う時発生した事故。③業務環境にある職業性有害物に接触したため職業病になった場合。④業務時間内及び業務区域内において勤務中の事故によるけが、または激務のため突然発病し死亡した時、または第1回目の救急治療後全部の労働能力を失った場合。⑤職責を履行するために人身傷害となった場合。⑥国家・社会・公衆の利益を守るために応急処置・救済・人命救助などを行う等に発生した事故。⑦業務・戦争のため身体障害が残った役員・軍人が企業に勤めた後、古い傷病が再発した場合。⑧公務による外出中の交通事故或はその他の思わぬ事故に遭い負傷或は失踪した場合、或は第1回目の緊急治療後労働能力を全部失った場合。⑨通勤時間と必要な通勤経路で本人が主責任でない交通事故によって傷害を受けた場合。⑩法律・法規に規定された他の情況。

〈職業病の認定〉

中国では、職業病の認定は「職業病範囲と職業病患者処理弁法の規定」（1987年11月に衛生部・労働人事部等により発布、1988年1月1日施行）に基づい

て行う。その中で規定された法定職業病は職業中毒類51種、塵肺12種、物理的な素因の6種、職業伝染病類7種、職業眼疾類3種および職業耳、鼻、喉類病類8種、合わせて9類別、99種がある（病名略）。ここにはＩＬＯ第121号公約「労災事故手当て公約」に規定された29種の職業病も含まれている。

〈受給資格〉

労災保険は、労災手当て、傷害治療、職業リハビリ、障害補償および遺族補償などの多種の内容に関わる制度で、それぞれを制定するとき技術的要素と政策的要素が強く求められる。それに応じて、業務災害・職業病の認定基準、障害程度の認定基準をはじめ、一連の技術基準の制定と実施が行われた。被災者が労災補償待遇を受けられるかどうかを判断するとき、まず、業務災害の認定、職業病の認定、業務災害による障害程度の認定を行う。

そのうちの障害（廃疾）程度の認定は、「試行弁法」の第3章の「労働鑑定と労災障害程度評定」に基づいて行われる。その中で、治療期を超え、まだ治癒していない被災従業員に対して、労働認定委員会が彼らの労働能力の喪失程度と介護依存度を認定することが規定されている。認定を行う根拠は、国家規格の「鑑定基準」（GB/T 16180-1996）である。その後の障害待遇の支給あるいは障害者の処置は、認定結果に基づき行う。

表4-2は、肢体欠損の部位・面積・体積・機能損失程度・要介護程度により、規定された障害の等級並びにその補償給付額である。

〈給付内容およびその標準〉

労災保険の主な給付には、労災医療給付、休業補償（労災手当て）給付、障害補償給付、リハビリ給付、労災死亡給付、特殊情況下の給付がある。

① 医療補償給付

医療補償給付は、労働者が業務上の負傷又は疾病にかかり治療を必要とする場合に行われる。医療補償給付には、医療期の給付と治療の費用の支給がある。医療期とは、指定病院において直接被災労働者に対して治療そのものと休業手当てを給付する期限のことである。労災医療期間は、傷病の種類、治療の効果及び病状に応じて1-24ヶ月の間で決められた。重度傷害および職業病患者の

表4－2　障害等級及び障害補償給付額

障害等級	障害等級認定原則	障害補償給付額	
		障害年金	障害補助金（一時金）
第1級	器官の欠損或は全機能の喪失、他の器官で代償できない、特殊な医療依存性があり、生活の大部分或いは全部が要介護者。	本人賃金の90%	本人賃金の24ヶ月分
第2級	器官の厳重欠損或いは奇形、厳重な機能障害或いは合併症のため、特殊な医療依存性があり、或いは生活の大部分が要介護者。	本人賃金の85%	本人賃金の22ヶ月分
第3級	器官の厳重欠損或いは奇形、厳重な機能障害或いは合併症のため、特殊な医療依存性があり、或いは生活の一部分が要介護者。	本人賃金の80%	本人賃金の20ヶ月分
第4級	器官の厳重欠損或いは奇形、厳重な機能障害或いは合併症のため、特殊な医療依存性があるが、介護の必要がない者。	本人賃金の75%	本人賃金の18ヶ月分
第5級	器官の大部分欠損或いは顕在奇形、比較的厳重な機能障害或いは合併症のため、一般な医療依存性があるが、介護の必要がない者。	障害補助金（一時金）：本人賃金の16ヶ月分	
第6級	器官の大部分欠損或いは奇形、中等程度の機能障害或いは合併症のため、一般な医療依存性があるが、介護の必要がない者。	障害補助金（一時金）：	14ヶ月分
第7級	器官の大部分欠損或いは顕在奇形、軽度の機能障害或いは合併症のため、一般な医療依存性があるが、介護の必要がない者。	障害補助金（一時金）：	12ヶ月分
第8級	器官の部分的欠損、形態異常、軽度の機能障害、医療の依頼性があるが、介護の必要がない者。	障害補助金（一時金）：	10ヶ月分
第9級	器官の部分的欠損、形態異常、軽度の機能障害、医療の依頼性があるが、介護の必要がない者。	障害補助金（一時金）：	8ヶ月分
第10級	器官の部分的欠損、形態異常になったが、機能障害・医療依頼性がない、介護の必要がない者。	障害補助金（一時金）：	6ヶ月分

出所：「試行弁法」、「鑑定基準」により作成。

　療養期は最長36ヶ月まで延長できる。労災被災者は療養中、賃金を得られなくなり、その代わりに月ごとに休業補償（労災手当て）を受給する。給付する

療養の費用の範囲は、受付料、入院費、治療費、薬代、通院費、看護費など政府が必要と認めたものに限る。

② 休業補償（労災手当て）給付

労働者が業務上の負傷又は疾病にかかりその治療のため働くことができず、賃金を得られない場合には、本人の被災前の12ヶ月平均月給相当額が休業補償として毎月支給される。

医療期が終了し、あるいは障害等級が確定された被災者は、休業補償の給付が打ち切られ、その代わりに、障害補償給付を受けることになる。

③ 障害補償給付

業務上の負傷又は疾病が治癒したにもかかわらず身体に一定の障害が残った場合には、障害補償給付が支給される。障害補償給付には、障害補償年金と障害補償一時金とがある。これは、業務上の傷病が長引く長期休養者を対象に手厚い保障を行なおうとするものである。障害程度に応じる給付額は表4-2のとおりである。

④ 介護補償給付

障害等級が判定され、要介護と確認された労災被災者に、完全要介護・大部分要介護・部分的要介護等のそれぞれの状況によって、月ごとに介護費を支給する。支給額は所在地域の前年度平均賃金の50％、40％、30％である。

⑤ リハビリ待遇（職場復帰補助）

被災労働者の職場復帰を促進するために行われる各種援助施策を指す。これらの施策は、主に企業が必要なリハビリ器具購入費用の提供と適切な仕事を配置する責任を負うということである。日常生活あるいは業務補助のため、義肢、義眼、入れ歯、車椅子などの機具を必要とする労災被災者に、国内で通常使われるものを購入できる金額を支給する。

⑥ 労災死亡補償給付

労働者が業務上で死亡した場合には、遺族に死亡補償給付が支給される。この給付には、遺族補償金と遺族補償一時金と葬祭料があり、労働者の死亡当時の生計維持関係、死亡労働者との続柄、遺族の年齢等によって支給され、労働

者が死亡当時その収入によって生計を維持していた遺族は、遺族補償年金給付の受給資格者とされる。遺族補償年金の額は、次のとおりである。配偶者である遺族は、所在地前年度の従業員平均賃金の40％を受給する。他の遺族には、その30％が支給される。1人暮らしのお年寄りと孤児に対して、上述した基準の10％をプラスする。ただ、遺族補償年金の総額は被災死亡者の生前の賃金を超えてはいけない。遺族補償一時金の額は、死者所在地において前年度平均従業員賃金の48-60ヶ月分である。ところが、障害補償給付を受給期間中に死亡した被災者の遺族には、上述額の50％が支給される。労働者が業務上の事由で死亡した場合に、本人の居住地域の従業員前年度平均賃金の6ヶ月分を葬祭料として支給される。

〈特殊情況下の補償給付〉

「試行弁法」の中には、交通事故によって労災事故に遭った場合、または業務による外出期間中に業務上不慮の事故で失踪した場合、さらには出国した被保険者が国境外で労災事故に遭った場合などの特殊な情況下での補償給付についての規定がある。例えば、失踪者について、翌月から3ヶ月間賃金をそのまま支給するが、4ヶ月目から賃金の支給が停止され、扶養家族に補償金が支給される。

上述した補償給付項目のほとんどは労災保険基金から支給される。休業補償給付と労災退職者の転住補助の支給などは、従来と同様、企業から支給される。

従来の労災補償制度と比べ、「試行弁法」で改革された成果は以下の点に見られる。

- A. 補償給付額の算定基数を、本人の賃金基数から本人の賃金基数と前年度全地域の従業員平均賃金基数とをあわせたものに改善した。
- B. 労働能力の大部分を喪失した者と部分的に喪失した者に対する障害補償給付が創設された。
- C. 労災死亡補償水準が引き上げられ、遺族補償一時金が設置された。
- D. 労災療養補償に給付期限が付けられ、補償水準が調整されるようになった。例えば以前の治療期間に賃金全額支給を「休業補償給付」に

改定した。
　E.　補償給付に物価スライド制が導入された。

　労災保険待遇は、労災保険制度の核心である。合理的な労災補償項目と補償水準を制定することは、労災保険制度の改革が順調に進めていけるかどうかの鍵であるので、今後も補償待遇に対する継続的な改革が検討されなければならない。

〈労働災害保険基金制度〉

　労災保険制度が企業保険から社会保険になったということの重要な根拠の1つは、各企業から徴収した保険料を集中的に管理する労災保険基金や労災保険機構を設立したことにある。前述したように、1969年前まで中国では「総基金」という方式があって、企業間で一部の保険費用の調整が行われていたが、それは本格的な労働災害保険基金制度とは言えなかった。しかも、1969年から80年代半ばまで労災保険費用の徴収制度は廃止されていた。80年代に始まった改革の重要な成果の1つが労災保険基金制度の設立であったが、1996年発布された「試行弁法」において、労災保険基金の徴収原則、徴収方法、基金の管理方法などがさらに整備された。

①　保険料の徴収原則

　中国の労災保険基金（主たる労災保険料）の徴収原則は以下のようである。（図4-1）

　　A.　支出に応じて徴収額を定め、収支均衡を保つ、適切に積立てること。即ち、すでに統一的に支給する項目（労災医療補償給付、障害補償給付、職業復帰給付、死亡補償給付など）に応じて、労災保険料を徴収し、同時に、労災事故の突発性と偶然性を考えた上で、適切な予備金を取っておくことである。
　　B.　予防と補償とを相互に結合させ、差別料率制を実行する。業種によって、異なる職業リスクに応じた、異なる料率を実施することである。
　　C.　企業従業員の総賃金に応じて労災保険料を徴収し、個人賃金収入に応じて労災補償給付を行うこと。

D. 統一的な政策の下で、地域を単位として分権的管理方式を採用すること。
E. 使用側のみから労災保険料を徴収すること。

② 労災保険基金の管理

「試行弁法」の規定により、中国の労災保険料が「支出に応じて徴収し、収支の基本的な均衡を維持する」という原則に基づいて徴収され、納付主体は労働者の使用者であり、労働者個人からは徴収しない；保険料の徴収者は、各級の労働社会保障部門にある労災保険業務機構である。労災保険業務機構は、保険登録と申告の受理、保険料納付基数の確定、料率の制定と調整、納付された労災保険料の受け取りと査定、保険料を滞納した使用者への対策などを行う。

図4-1で労災保険基金制度の仕組みを図示しておこう。

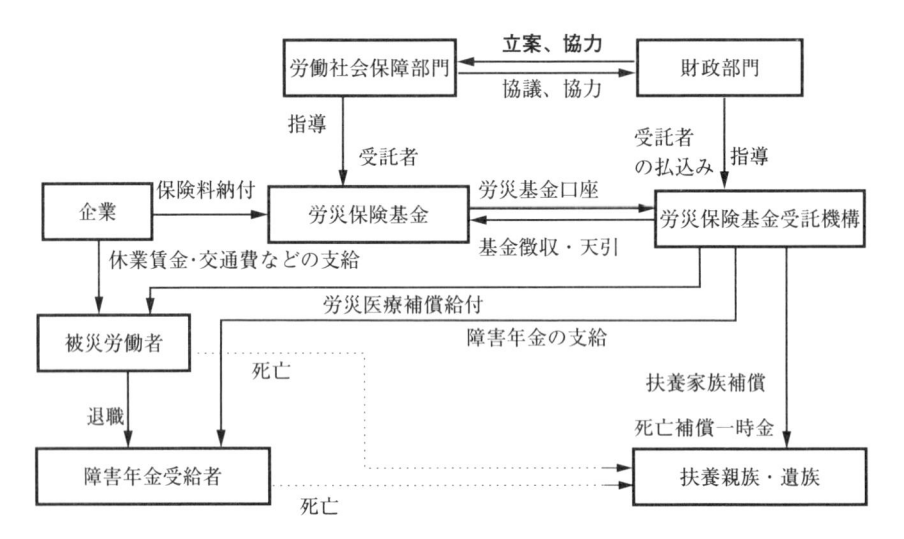

図4-1 労災保険基金制度の仕組み

出所：張紀潯（2001年）、377頁。但し一部修正。

第 4 章　労働災害保険制度の改革　177

③　労災保険基金の構成と支出種類（図 4-2）

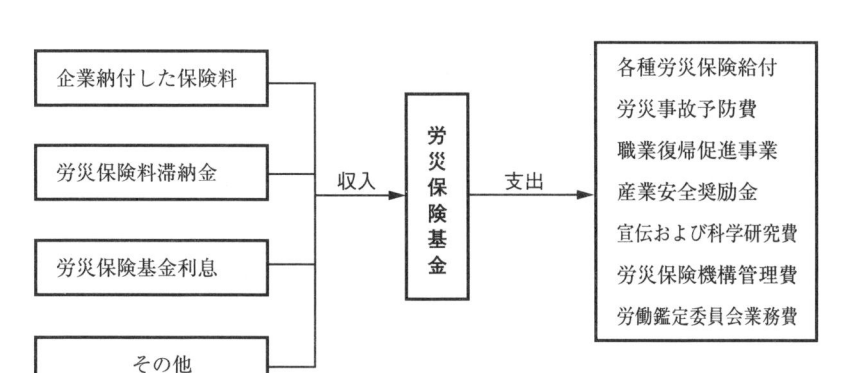

図 4-2　労災保険基金の収支

```
┌─────────────────┐
│ 企業納付した保険料  │─┐                              ┌─各種労災保険給付
└─────────────────┘ │                              │ 労災事故予防費
┌─────────────────┐ │   ┌──┐   ┌────┐   ┌──┐   │ 職業復帰促進事業
│ 労災保険料滞納金   │─┼─→│収入│─→│労災 │─→│支出│─→│ 産業安全奨励金
└─────────────────┘ │   └──┘   │保険 │   └──┘   │ 宣伝および科学研究費
┌─────────────────┐ │          │基金 │          │ 労災保険機構管理費
│ 労災保険基金利息   │─┤          └────┘          └─労働鑑定委員会業務費
└─────────────────┘ │
┌─────────────────┐ │
│ その他            │─┘
└─────────────────┘
```

出所：「試行弁法」により作成。

④　労災保険料率

労災保険制度で保険料率を通じて労災補償と企業の労働安全状況の改善との接合を図ることは国際慣例である。「試行弁法」にも、これに当る規定がある。即ち、職業リスクの程度により業種間差別料率制、前年度安全状況と保険費支出状況により変動料率制（メリット制）を採用するというものである。業種差別料率は 5 年ごとに調整し、変動料率は所在業種標準料率の 5%-40% 範囲内で変動する。

「試行弁法」にある上述のような要求に基づき、各地は各自の労災保険料率制を設定、実行している。例えば、大連市は異なる職業危険程度に応じて 15 種の料率を制定し、労災リスクの合理的分担と企業の保険加入を促進した。南昌市は年毎の料率の調整を続けているので、所属企業の労災事故の予防を促進し、労災事故による死亡率は連年低下した。現在全国の平均的な労災保険料率は、企業従業員賃金総額の 0.77% をなっている。表 4-3 で示したのは、一部の地域の労災保険料率である。

表4－3　一部省・市の業種別保険料率

省・市・県	業種リスク分類数	料率（％）
広東省	1類	0.5～1.5
海南省	5類	0.5～1.5
海南海口市	2類	0.6～0.8
広東深圳市	5類	0.8～2.5
広東東莞市	3類	0.8～1.5
湖北武漢市	3類	0.8～1.9
遼寧大連市	15類	0.1～1.5
遼寧沈陽市	5類	0.3～2.3
遼寧錦州市	5類	0.4～1.5
江西南昌市	3類（1997年から6類なった）	0.4～2.4
広西柳州市	3類	0.5～1.2
遼寧丹東東溝県	7類	0.2～0.8
福建寧徳地区	3類	0.5～1.0
遼寧鉄嶺市	全民企業8類	0.5～3.3
	集団企業7類	0.1～3.6
福建三明市将楽県	2類	1.0～2.0
北京市	10類	0.2～1.9

出所：孫樹菌（2000年）、179頁。

「試行弁法」に基づいた新たな労災保険制度が実施されて以来、中国の労災保険情勢は新たな進展を見せた。対象範囲は多種経営体制の企業にまで拡大し、被保険者数は増加し、労災補償支給率は高まった。1997年の全国平均支給率は44.88％に達し、1996年のそれにより10ポイント以上上昇した、1998年1－9月に、平均支給率はさらに上昇し45.5％となった。労災保険基金制度の積立金は1996年末に19.75億元となり、1997年末に27.67億元、1998年末に21億元となっている。「2001年末に徴収した労災保険基金収入は28億元、支出は16億元、労災保険基金の累計残高は69億元である」[4]。こうして一定の補

4) 大塚正修・その他編（2002年）、27頁。

償能力のある基金が形成された。従って、1996年に制定された「試行弁法」は、労災保険制度改革上の大前進と言っても過言ではないであろう。

2 「試行弁法」と旧制度の比較

「試行弁法」は、従来の労災保険制度を基盤としそれを改善したものであるので、政策上の連続性が保たれると同時に、以下の4つの面で進展があった。

①以前の「全民実行、集団参照、他は関係なし」（国有所有制の企業は強制加入、集団企業は任意加入、その外の企業は制度の被保険者にならないこと）を改正し、所有制を問わない全ての企業を強制加入とした。

②労災保険が「企業保険」から「社会保険」へ転換した。労災保険料の社会集中管理と労災保険業務の社会化管理を通じて、旧体制の下での企業保険的性格を払拭し、社会保険への移行をほぼ実現した。

③労災補償と労災事故予防との結合を図った。差別料率と変動料率を設けることによって、労働安全の向上が推進され、従来の労災保険の「重賠償、軽予防」という片面性をある程度で克服した。

④補償項目と補償水準が適切に調整された。1950年代から実施した補償規定の一部分はすでに現実に相応しくなくなったので、補償項目の増加および補償水準の引上げが行われた。

3 労災保険業務上の主な特徴

労災保険の業務上の特徴は主に次の2点である。

①「試行弁法」が発布されても各地の具体的な労災保険制度は統一されていないことである。つまり、「試行弁法」を通じて中央政府は地方に権限を委譲した。大部分の省・自治区・市・県には、「試行弁法」の要求に基づいて、各地の実情に相応しい労災保険制度を創設、実施している。その基本的な方法は、労災保険制度の補償水準を調整し、実施範囲を拡大しながら、次第に社会化を進めるというものである。

②新旧制度が併存して適用されていることである。即ち、北京以外のほとん

どの都市では「試行弁法」あるいはそれに基づいた地方の労災保険制度改革が実施される前に発生した労災事故の被災者は、新制度の適用者ではない。この部分の人達に対する補償給付は、以前の、つまり企業保険で行われているからである。

第四節　今後の課題とその後の動き

「試行弁法」は労災保険の実施範囲、補償基準、基金管理、障害認定および争議仲裁などを規範化したことによって、労災被害者の権益保障、企業と労災被害者間の矛盾緩和、市場経済条件下の企業生産秩序の維持を図った。「試行弁法」の施行は、いうまでもなく中国の労災保険制度の前進であり、世界の潮流に近づくための重要な一歩である。にもかかわらず労災保険制度は、伝統的な企業行動や計画経済の影響、制度自体に改善の余地があるなど、まだまだ改革しなければならない多くの課題を有している。

1　今後の課題
（1）法律上の保証

労災保険についてもっともよく指摘される問題は法律による保証がないことである。「試行弁法」は法律ではなく、あくまでも暫定規定あるいは試行方法に過ぎないので、法的な根拠と拘束力が乏しい。労災保険制度の規範化と実施上の便宜のため、一部の地域では労災保険条例や地方条例を制定・施行している。地域間の極端な不均衡や労災保険の技術面での問題を考えると統一的な法律による規定は困難かもしれないが、なるべく多くの労働者の権利を保障するためには、この制度の強制性を強化する必要がある。そのために、労災保険法の制定が、第1の課題として求められている。

（2）適用範囲の一層の拡大

第2の課題は、上述した第1の課題とも関連するが、現在、社会保険の強制

原則が中国の労災保険領域で十分には適用されていないことである。中国は現実の経済発展の状況に合わせて、漸次的にすべての労働者に労災保険を適用する方策を取っている。しかしながら、その保険範囲拡大の緩慢さが経済発展に追いつかず、深刻な問題となっている。その原因は、国有企業に勤めた従業員の急速な縮小と市場改革のため、伝統的な企業保障制度が続けられなくなったということにある。改革後、全国的に、労災保険の範囲が徐々に拡大されてきたが、加入率はまだ高くない、しかも各地の加入状況は非常に不均衡となっている。ある調査結果によると、1999年末に「加入率が50%に達した省は7しかない、50%以下の省は21がある。そのうち、最高の加入率は90%で、最低は1.25%でしかない」[5]。地域間の加入率が両極分化し、経済発達地域での加入率がそうでない地域の加入率より高く、大型外資企業の参加が国有企業より積極的である、などの特徴がある。もっとも問題になっているのは、労災事故が多発する農村企業や個体企業の労働者が、今ほとんど労災保険の被保険者になっていないことである。一方、養老保険、医療保険などの改革の難航と負担の大きさのため、現段階での労災保険の全企業への適用は非常に困難である。如何にして労災保険制度の適用範囲を拡大し、すべての労働者の社会保険権利を保障するかは緊急の課題である。最近、農村企業従業員の労災保険を都市部のそれから独立させ、雇い主責任保険制を実施し、条件がそろった時に、労災保険に一元化しようとの提案もあった。

(3) より合理的な保険料率および保障水準

表4-3に示されたように現在の労災保険料率は低くて、全国的に統一されていないということがその特徴である。もっと詳しく調べてみると、平均的な業種別保険料率が1%にならない、業種間の料率の差、同一業種内の料率区分の差が小さいところもある。現在、中央政府は基本的な労災補償を維持できるので、平均的な料率を賃金の1%以下に抑えようと要求しているが、多くの地

---

5) 烏日図 (2000年)、194頁。

域では1％以上にしないと労災保険基金が赤字になる恐れがあるので、料率の引上げが行われている。いずれにせよ、中国の労災保険料の徴収基準が諸外国のそれより低いのは事実である。そして、徴収基準の低いことが補償給付の低水準をもたらしている。前に紹介したように、「試行弁法」を実施してから被災者に対する補償の給付は、給付項目から見ても、補償基準から見ても改善されたが、これからの国民生活の向上に伴い労災被災者に対して、補償率を高める必要を考えると、より合理的な保険料率系列および給付基準が再検討される必要がある。実際、「試行弁法」中の補償給付規定について、すでに批判がある。例えば、休業補償給付をはじめ、一部の補償が統一的な保険基金から支給されていないが、企業間で負担の不均衡が依然大きいことから企業の不満が出ている。

（4）労災保険業務の規範化

「試行弁法」の実施以来、一部の地域で、関連政策の制定、管理機構の人員配置、労災認定の手続き、労災保険基金の使用と管理などでさまざまな問題が生じた。特に指摘されたのは、労災保険基金の積立金についてである。すでに述べたように、中国の労災保険料の徴収水準は低く設定されているが、それにもかかわらず、基金は多くの積立金を有している。1999年のデータを見てみよう。この年に、「労災保険基金の収支残高は5.5億元であり、前の98年により14％増加した。増加の幅は30％縮小したが、制度実施から99年末にかけて、累積44.9億元の積立金となった」[6]。その主な原因は、料率の設定が荒く、多く徴収し厳しく支出を抑制し、《試行弁法》実施する前の労災被災者の補償は基金から支出していない、そして、一部の地域では事故リスクの高い産業を（例えば炭鉱、建築、運輸など）基金の集中管理範囲内に入れないからである。従って、労災保険業務管理の規範化も急務となっている。

6）烏日図（2000年）、194頁。

第4章　労働災害保険制度の改革　183

（5）社会化の一層の推進

　企業から独立して労災保険制度を設立することは、現代企業制度の成立と国有企業の改革を推進するためにも必要である。その直接的な目的は、企業の労災費用負担を軽減することにある。ところが、いままだ多くの企業、特に古い国有企業はその改革の成果を享受していない。彼らは、労災被災者の生活費、医療費、看護費などを支給すると同時に、障害者達の日常生活をも管理し、そのために、企業内に専門部署を設置せざるを得ない企業もある。いうまでもなく、労災保険をはじめ重い社会保険負担を負っているこのような企業が市場経済の下で競争することは、非常に困難である。すべての企業に平等、公正な競争機会を与えるためには、労災保険をさらに社会化し、労災被災者および被災者遺族に対する長期補償の給付業務は次第に社会的給付に転換しなければならない。

（6）労災保険・事故予防・リハビリ（職業復帰）一体化システムの整備

　事故を予防することによって従業員の人身安全を守ることができ、リハビリを通じて傷害を受けた被災者の労働と生活能力を回復させることができる。これらのことは、労災保険制度の目的であるし、労災保険の支出を節約する重要な手段でもある。中国の「障害者保障法」の中でも、障害予防—リハビリ—就業は重要な地位に置かれているが、それに対して、現行労災保険制度は、補償給付への偏向が依然続いており、リハビリに関しては義肢などの給付だけに限っている。したがって、上述した労災保険—事故予防—リハビリという関係を十分認識した上、また現実の経済力を十分分析した上で、この3者を一体化させることは今後の重要な課題である。

（7）他の社会保険制度との整合性

　失業保険、養老保険、医療保険、労災保険のような社会保険の各制度は、それぞれ独立して運営されているが、これらは相互に関連があるので、労災保険制度の改革で他の社会保険制度との整合性を考えなければ、制度の実効性が低

下し、労働争議が起こる可能性がある。例えば、労災で働けなくなった障害者の退職金の支給、労災治療費用と普通の疾病治療費用の判定と支給などは、労災基金、養老基金、医療保険基金の間で調整しなければならない。したがって、他制度との関連性を視野に入れつつ、労災保険制度をさらに綿密に設計する必要がある。

2　その後の動き

（1）2002年5月1日から、「中華人民共和国職業病防治法」が施行された。確定された「法定職業病」は、15類、115種に増えた。市場経済の進展に従って、経済利益至上主義の下で、一部の企業は（一部の「三資」企業も含めて）労働者の健康を軽視し、職業病の発病率を上昇させた。衛生部が公布した全国職業病発病報告状況によると、2001年全国で報告された各種職業病の報告は1万3,218件で、前年より13％増加し、2,365人が職業病や職業性中毒事故で死亡した。周知のように、職業病は一度発症すると治療が難しく、末期治療を含めその費用が膨大なものとなり、労災保険制度に重い負担がかかることになり、早急な予防対策が望まれる。この法律による職業病の予防効果は、労災保険制度にも現れるであろう。

（2）2002年6月29日に、全国人民代表大会常務委員会は「中華人民共和国安全生産法」をはじめ、「中小企業促進法」、「政府採購法」、「科学技術普及法」、「衛生生産促進法」の5法案を可決した。こうした安全生産に関する一連の法律の成立によって、企業の労働安全衛生条件の改善や事故予防の強化、労災事故の減少に法律的な保障が与えられるようになった。特に「安全生産法」と「職業病防治法」の施行は、政府による労働安全の監督・指導を強化し、企業および労働者の行為を規範化し、労働者たちの安全と健康を企業にもっと重視させるきっかけとなった。世界貿易機構（WTO）加盟後、中国の企業は世界の市場競争に直面することになるが、より良い労働安全管理と労働衛生管理業績は国際競争に打ち勝つための必須条件とも言える。将来の労災保険業務の

中心は、事故後の賠償から徐々に事故前の予防とリハビリに移るであろう。

（3）労働社会保障部が起草した「工傷保険条例」が 2003 年 4 月 16 日に国務院第 5 回常務会議で可決され、2004 年 1 月 1 日から実施されることになった。「試行弁法」より、今回の方が立法レベルが高いということが注目された。その主な狙いは、労災保険制度の強制性を強め適用範囲を広めていく、加入率の継続的上昇を期待するということであろう。前述したように、「試行弁法」が施行されてからすでに 6 年に経ったにもかかわらず、目下の労災保険制度の加入率は全国の企業従業員の 42% しか占めておらず、依然として低い。また、労働災害の認定基準や申請手続きを明確化した「工傷認定弁法」も来年 1 月から実施される。雇用企業と従業員とで「工傷」かどうかに対する意見が分岐した場合、企業側に証明責任を負わせるのが特徴である。新しい制度の特徴と言える他の点は、雇人のある自営業者が労災保険制度の適用対象となったこと、違法な雇用状態で発生した労災事故の賠償規定などにある。

労働社会保障部は「工傷保険条例」の実施細則にある「因工死亡職工供養親族範囲規定」及び「非法用工単位傷亡人員一次性賠償弁法」を制定し、2004 年 1 月から施行する。

（4）北京、南京、南通をはじめ、各地の労災保険制度の改革は一層進んでいる。その主要な内容は、保険料率の引き下げと給付水準の引き上げである。例えば、南通市労働局は 2000 年 3 月、企業の労災保険料の料率を 0.8% から 0.7% に下げることを公布した。温州市は 2001 年 10 月、全国でもっとも高い労災給付を行った。すなわち、ある重度障害の珪肺職業病患者に 38.96 万元を支給したのである。また、労災保険制度と医療保険制度との調整も真剣に検討されている。

ここ数年労災保険制度は多くの面で改革が行われたため、これによって労働者の健康の維持・発展が一定程度可能になった。一方、他の社会保険制度の改

革、特に養老保険、失業保険の改革と客観的環境の変化が、労災保険制度の継続的な改革を不可避な課題としてきた。2002年、新たな医療保険制度の実施が全国範囲で始まった。如何にして労災保険制度と医療保険制度を接合させるか、あるいは新たな医療保険制度が労災保険制度に何を求めるかについて検討しなければならない。さらに、WTOの加盟に伴う経済環境の変化が今後の労災保険改革の新たな焦点になることが予想される。

参考文献

〔日本語〕

張紀潯（1997年）、「中国の労災保険制度改革と外資企業」『海外労働時報』。
―――（2001年）、『現代中国社会保障論』創成社。
王文亮（2001年）、『21世紀に向ける中国の社会保障』日本僑報社。
大塚正修・その他編（2002年）、『中国社会保障改革の衝撃』『海外労働時報』勁草書房。

〔中国語〕

労働部職業安全衛生監察局主編（1993年）、『企業安全生産管理』、中国労働出版社。
孫光徳（1998年）、『社会保障学』、中国労働出版社。
孫樹菌主編（2000年）、『工傷保険』、中国人民大学出版社。
烏日図（2000年）、「中国工傷保険制度改革的基本思考」（『2000年中国安全生産論壇論集』）。
楊立範（1996年）、『企業職工工傷保険与医療保険全書』、中国環境科学出版社。
冶金部安全環保研究院編（1992年）、『工傷保険制度改革文件、資料彙編』。

第5章

失業保険制度の創設

呂　学　静(第一～三節)　・　于　　洋(第四節)

第一節　待業保険制度の創設

1　計画経済下の雇用問題

　新中国が成立した当時、旧社会から引き継いだ失業者は、当時の就業労働者数の半分にもあたる約400万人に上っていた。1950年代に、政府は「以工代賑」(仕事を与えて、救済に代える) という方法で、400万人もの失業者に仕事を与え、失業問題を解決した。じじつ、表5-1をみると、50年代初頭にいた400万人以上の失業者は、その後徐々に減り続け、58年には失業者がいなくなるほどであった。

　しかし、他方、それでも直ちに雇用を得られない失業者は存在していた。その者たちに対しては、当面の救済策をも講じた。1950年6月、政府は「失業労働者の救済に関する指示」と「失業労働者救済に関する暫定方法」を公布したのである。失業救済給付の対象者は、失業した国営・私営企業の従業員及び文化・教育部門の職員であった。

　失業者をなくすことのできた1958年になると、失業は資本主義制度の産物であって、社会主義建設の道を歩き出している中国では資本主義特有の搾取制度はすでに存在せず、失業も当然存在しないため、失業救済は必要ないという認識が広まったため、失業救済制度は廃止されてしまった。

表5-1 建国初期都市部失業者の就業状況 　　　(万人・％)

年	城鎮社会労働者数	失業人員数	失業率	就業人数	累計就業人数
1949	1533	474.2	23.6	-	-
1950	-	437.6	-	36.6	36.6
1951	-	400.6	-	37.0	73.6
1952	2486	376.6	13.2	24.0	97.6
1953	2754	332.7	10.8	43.9	141.5
1954	2744	320.8	10.5	11.9	153.4
1955	2802	315.4	10.1	5.4	158.8
1956	2993	212.9	6.6	102.5	261.3
1957	3205	200.4	5.9	12.5	273.8
1958	5300	-	-	200.4	474.2

出所：『中国労働工資統計資料1949-1985』中国統計出版社1987年　5頁、109頁より作成。

ところが、1960年代になると主に都市における新規労働者の就業問題が起った。1967年に全国の都市には新規労働者は300万人以上に達した。しかし、「文化大革命」(1966年から約10年間)によって国民経済が破壊され、工場などでの新規募集は非常に少なく、さらに大学や高校では新入生などの募集もなかった。したがって、新規就業は完全にとまり、上級学校への進学もできず、大量の都市青年達の就業問題が起こったのである。その彼らは結局は農村に下放されていった。農村には1,700万人の都市青年達が住み、事実上就業問題を解決せずに放置されることになった(表5-2を参照)。1960年代、70年代の知識青年の下放人数は合計1,776.48万人にも上った。

「文化大革命」終了後の政策変更と共に、下放させられていた青年達は都市に戻ってきたため、1979年で都市における待業(待業=就業を待っている状態、実質的には失業)率は5.8％に達し[1]、待業問題が生み出されてきた。このよ

---

1) 華薩昌(1989年)、21-22頁。

表5-2　全国の知識青年下放人数　　（万人）

年	合計
合計	1776.48
1962-1966	129.28
1967-1968	199.68
1969	267.38
1970	106.40
1971	74.83
1972	67.39
1973	89.61
1974	172.48
1975	236.86
1976	188.03
1977	171.68
1978	48.09
1979	24.77

出所：『中国労働工資統計資料1949－1985』中国統計出版社1987年　110頁。

うな待業問題を解決するために、労働服務公司[2]を1979年に設置し、雇用政策を変更するなどで失業問題をある程度解決した。

同時に市場経済化、国営企業改革に伴って待業者の発生が予想された1986年には国営企業待業保険暫定規則が制定され、同制度が創設された。ここではまだ失業の存在は公式には認められていなかったので、「失業」ではなく「待業」という言葉が使われた[3]。

---

2) 労働服務公司とは、中国の労働力管理の総合的な機構である。1979年に中国の都市の待業問題を解決していく中で生まれ、発展してきた。労働部門が設置した労働服務公司は職業紹介と臨時的な労働力の供給を行うほかに待業青年及び失業者を組織し、就職前の訓練や生産活動などを行う総合的な機関である。さらに86年には、待業保険積立金の管理と待業保険給付にも責任を持つようになり、待業問題を解決するうえで大きな役割を果たしている。

3) 経済改革以前は「待業」と称してきたが、近年は「失業」も併用していて、1994年から「失業」という言葉が正式に使用されるようになった。1995年以後中国では失業について新しい概念が採用された。
　『中国年鑑』（96年版　中国研究所編　新評論　152頁）によると、中国における失業の現行の定義は、「都市に在住する非農業戸籍の者で、就業年齢（男16-50歳、女16-45歳）内にあって、労働能力を有し、職がないか職を求めて、当該地域の労働部門所属の労働服務公司にすでに失業登録を済ませている者」であるが、中国国内でもこの定義は失業を極めて狭く把えたものであり、実態を反映できていないと言う批判がある。

2 国営企業待業保険制度創設の背景

まず、待業保険制度が創設された背景を、第1に経済改革、第2に国営企業の労働制度改革を中心に検討しておこう。

(1) 経済改革の実施

1978年に召集された第11期3中全会は、中国社会主義建設において歴史的な大転換を意味する会議であった。即ち、新中国建設以来採られてきた、計画経済が抜本的に改められ、代わって市場経済化が進められ始めたのである。改革の重点地域はまずは農村部におかれていた。過去20年以上にわたって維持されてきた人民公社を解体し、生産隊の集団経済を分解し、農家請負制を推進した。1984年10月の中共12期3中全会は、経済改革の重点を都市部へ移すということを明らかにした。その中心は中国社会主義経済の中核をなしていた国営企業の改革であった。中国の経済体制改革は、計画経済から市場経済への転換、生産力重視の経済成長主義への転換を意味するものであった。そのためには国営企業は合理化をはからねばならず、効率の悪い国営企業は操業停止、破産、リストラを強制されることになった。

1986年11月15日から12月2日まで開いた第18回会議で「企業破産法（試行）」を可決し国営企業の破産が認められるようになった。新中国成立後、初の破産宣告を受けたのは1986年の瀋陽市防爆器械工場である。

(2) 国営企業の労働制度の改革

国営企業は1980年代初頭で工業生産の8割近くを担っていたということからもわかるように、中国の経済において重要な地位を占めていた。中国の経済改革の目標は経済の発展と成長である。経済を発展させるためには国営企業の効率化改革を図らなければならない。国営企業の効率化を図らなければ、経済の成長が実現できないからである。企業の効率化を図る時に、直面するのは労働制度である。その国営企業の労働制度の改革が国営企業改革の一環として行われた。それには3つあった。第1は公募制、第2は労働契約制（新規労働者

のみ)、第3は解雇制の採用である。
〈公募制の採用〉

　中国の場合、従来、企業は従業員を、公募ではなく、国の分配か、あるいは自らの縁故で募集してきた。また国営企業の雇用には親が退職するときその仕事を子が引き継ぐという特殊な雇用方式も存在していた。こうしていったん就職すると、基本的にその仕事を辞めることはなく文字通りの終身雇用となっていた。

　1983年頃から、市場経済化の中で国営企業の効率化を推進するために、以上のような方式に代え従業員の公募制が採用されるようになってきた。公募制によって、企業は労働者を募集する際、募集要項を公表し、知育・徳育・体育の全面的考査によって選抜するという原則を貫かなければならないとされた。試験合格者名簿も公表し公開採用をするものとされた。この法律によって、国営企業においても、国家による労働力の統一配分方式に代わって、労働力市場を通じた採用が行われ始めた。

〈労働契約制の採用〉

　労働契約制とは、労働者と企業との間で期限付きの雇用契約を書面で取り交わすものであり、いったん就職すればいくら勤務態度が悪くても身分が保障された旧来の「固定工制度」[4]に代わるものである。

　1986年国務院は「国営企業労働契約制実施暫定規定」を公表した。その主な内容は以下の通りである。企業が、国の労働賃金計画指標内で労働者を採用するときは、国が特別に定めているときを除き、一元的に労働契約制を実施する。採用形態は、企業が生産、業務の特色及び必要性に基づいて決定し、5年超の長期工、1年から5年の短期工および定期輪番工を採用することができる。いずれの採用形態をとるときも、この定めに従い労働契約を締結しなければならなった。企業は、1年未満の臨時工、季節工を採用するときも、労働契約を

---

[4] 固定工制度とは、国家の計画枠内で労働部門の正式な労働力統一分配によって全人民所有制あるいは集団所有制単位に就職した終身雇用の従業員のことで、1986年から全面的導入された雇用期限付きの契約制従業員に対して、主に従来型の従業員を指す。

締結しなければならなったのである。

　以上のように、1980年代後半以降国営企業の新規労働者はすべて「契約労働者」として1-5年程度の期間に限定して労働契約を結ぶこととなった。但し、この時期に労働契約を締結しなければならないその対象者は新規採用者だけであった。

〈解雇制の導入〉

　1986年には「解雇に関する規定」が定められ、従業員に対する企業の解雇権が制度化され、終身雇用制度が崩れはじめた。元来、中国の労働制度の下では企業に解雇権は与えられていなかった。中国では、「能進不能出」という終身雇用制度が、1950年代初期に国営部門に導入された。定年以前の解雇や中途退職は認められなかったのである。従来の国営企業の雇用制度はこのようにきわめて硬直的であった。1986年から実施された解雇制はこの硬直的な雇用制度を改めるものであった。すなわちこの解雇制の採用によって企業は、教育または行政処分によってもなお効果の現れない不良従業員を解雇することができるようになったのである。

　要するに、国営企業の効率を高めるために、1980年代半ばに国営企業において企業破産法の施行、労働契約制の導入、公募制、解雇制の導入が図られた。これら一連の国営企業改革は、いうまでもなく失業問題や失業者の再就職問題などを引き起こす可能性が高いものであった。これらの問題から引き起こされる社会的不安を回避しつつ国営企業の改革を安定的に推し進めていく上で、国営企業から分離される従業員の新たな受け皿として、必要最小限の失業保険制度、つまり国営企業待業保険制度が必要であったのである。いいかえれば失業保険制度の創設は国営企業改革の一環として不可欠とされたのである。

3　待業保険制度の概要と特徴

（1）概要

　待業保険暫定規則は全5章16条からなっている。その内容のポイントは5つある。即ち、1、待業保険制度の目的、2、適用対象者の範囲、3、保険料の

徴収、4、待業保険金の給付、5、待業保険積立金の管理機構などである。

〈目的〉 待業保険制度は、(1)労働制度改革の要請への対応、(2)労働力の合理的移動の促進、(3)待業期間中の基本的生活の保障の3つをその目的として掲げている。

〈適用範囲〉 待業保険制度の適用対象者の範囲は、国営企業のなかの、以下の4種類の従業員に限定されている。すなわち、①破産宣告された国営企業の従業員、②破産に瀕した国営企業の法定更生期間中に整理された従業員、③国営企業から労働契約を終了または解除された労働者、④国営企業から解雇された従業員、である。

〈保険料〉 待業保険制度の財源は主に、①企業が納付する待業保険料、②銀行に預けられた待業保険基金の利子収入、③国家財政から補助金の3つの部分から構成されている。国営企業は、「企業の全体従業員の標準賃金総額の1%に相当する比率で待業保険料を納付する（所得税納付前に支出する）」と定められている。つまり、財源は、企業が納付する保険料と政府の補助金で基本的に賄っており、従業員個人は保険料を負担しない、ということになっている。

〈給付〉 給付には次の5種類がある。すなわち、①破産宣告された企業及び破産に瀕し法定更生期間中である待業者の待業救済金、②従業員の待業期間中の医療費、死亡葬祭補助金、直系親族扶養金、救済金、③破産宣告企業の定年退職者の離職金と退職金、④待業者の再就職訓練費、⑤生産援助費の5種類である。

　給付の方法については次の2つの方法がある。①待業救済金は従業員待業前2年間の本人の月平均標準賃金額[5]に基づいて、次の方法で支給する。破産宣告された企業および破産に瀕し法定更生期間中である待業者のうち勤続年数5年以上の者は最長24ヶ月分、最初の1-12ヶ月の支給額は本人の標準賃金（月給）の60-75%。第13-24ヶ月の支給額は標準賃金の50%分とする。勤続年数が5年に満たない者は最長12ヶ月分とし、標準賃金の60-75%分を支給す

---

5) 標準賃金とは、基本給であり、賃金総額の一部分であり、だいたいは賃金総額の50%を占めている。

る。②破産した企業及び破産に瀕し法定更生期間中である企業の待業者のうち離職、退職条件に応じる人の離職、退職金の支給方法。退職金の社会プール化制度を実行している地区では、社会プール化の規定により支給する。その制度の未実行地区の場合はとりあえず従来からの規定に基づき待業保険基金から支給する。法定離職、退職年齢に5年足りない従業員が、待業期間中に離職、退職の条件に適合した場合には、その離職、退職待遇は本条第1項の規定より支給する。既に離職、退職の待遇を受けている場合には待業救済金は受領できない。

〈積立金の管理〉 ①待業保険積立金の管理は、各地区の労働行政主管部門に属する労働服務公司が担当する。②各地区の労働服務公司は専門機構の設立あるいは専任管理者の配置を行い、待業者と待業保険積立金を管理しなければならない。省、自治区、直轄市人民政府は簡素化の原則に基づいて専任の定員数を定め、管理経費は従業員待業保険積立金の管理費から支出される。

（2）待業保険制度の特徴

以上みた国営企業待業保険制度はいかなる特徴を持っているのであろうか。先進諸国の失業保険制度と比較しながら、中国の失業保険制度の特徴をみてみよう。

①国営企業従業員に限定

一般的にいえば、失業者の最低生活を保障することを目的としている失業保険制度は、すべての労働者を対象とするはずである。なぜなら、労働者はだれでも失業する危険性があるからである。しかしながら、待業保険制度はすべての労働者を対象とはしていない。待業保険の適用対象には他の所有制企業の従業員は含められていない。国営企業の改革の一環として一部の国営企業の従業員しか対象としていないのである。

長い間、中国では固定工を中心とした労働制度、いわゆる「終身雇用」の労働制度が実施されてきた。企業側はどんなことがあっても、従業員を解雇できなかった。それだけでなく、企業はただ賃金を支払うだけでなく、雇用された

労働者に不可避的に生じる生、老、病、死などの事故に関わる費用も全部負担していた。したがって、従業員は失業の心配がなかっただけでなく、生活上の心配自体が、その水準はともかく、ほとんどなかったといってよい。その意味で失業保険制度の必要性はなかったのである。しかしながら、1980年代に入ると、改革開放政策の下で国営企業の改革を進めなければならなくなった。それには労働制度の改革や解雇権の付与あるいは破産の承認が不可欠であり、それらを実際に行った。しかし、これらの改革を通じて路頭に迷うような失業者の発生は、社会主義を標榜している限り、なんとしても避けなければならない。国営企業改革は推進しなければならない、しかし失業者は出せないという、いわば相対立しあう2つの事柄に折り合いをつけるために登場したのがこの待業保険制度であったのである。だからこそ、対象者が国営企業の従業員に限られていたといってよかろう。

②国営企業改革の受け皿

　以上のことは、以下のような事実を見ても確認できる。資本主義諸国の場合は失業者が大量に出ると、社会の安定が問題となって、失業保険制度を作るのであるが、待業保険制度は、それとは全く事情を異にしている。

　中国の場合、むしろ失業率が低下傾向にあったときに待業保険制度を創設しているのである。この問題を説明するために表5-3を見てみよう。前述したように、1970年代の後半に失業者が増加し、失業率は5％を超えた。しかし改革開放政策が進められた80年代に入ると、失業率はだんだん低下していき、84年の失業率は1.9％になり、85年には1.8％とこの10年間で最低を記録するにいたった。中国の待業保険制度は、ちょうど中国の失業率が一番低くなった時期に創設されたのである。なぜであろうか？　この失業統計の信頼性に若干の疑義があるかもしれない。しかしかりにそうであったとしても、失業者数の増減に関する歴史的傾向を読みとるという我々の要請には十分応えるものだと考える。

　いま失業者が少なくても、国営企業改革を進めると失業者が出てくる可能性が高い。しかし失業者が失業者として企業の外に押し出されることは、社会主義の立場からも極力避けなければならないのみならず、それが避けられなけれ

ば国営企業改革それ自体が困難となる可能性が高い。そこで現に発生している失業者の救済というより、国営企業改革の一環としての労働制度の改革に伴って発生するであろう失業者を受け止めるために待業保険制度を創設したと考えられる。いいかえれば、待業保険制度は国営企業改革の受け皿として創設されたのである。ここに待業保険制度のもう1つの特徴が見て取れるのである。

表5-3 都市部における失業者数と失業率

(単位：万人・%)

年度	失業者数合計	失業青年	失業青年が全体に占める割合	失業率
1978	530.0	249.1	47.0	5.3
1979	567.6	258.2	45.5	5.4
1980	541.5	382.5	70.6	4.9
1981	439.5	343.0	78.0	3.8
1982	379.4	293.8	77.4	3.2
1983	271.4	222.0	81.8	2.3
1984	235.7	195.9	83.1	1.9
1985	238.5	196.9	82.6	1.8
1986	264.4	209.3	79.2	2.0
1987	276.6	235.1	85.0	2.0
1988	296.2	245.3	82.8	2.0
1989	377.9	309.0	81.8	2.6
1990	383.2	312.7	81.6	2.5
1991	352.2	288.4	81.9	2.3
1992	363.9	299.8	83.2	2.3
1993	420.1	331.9	79.0	2.6
1994	476.4	301.0	63.2	2.8
1995	519.6	301.2	59.7	2.9
1996	552.8	－	－	3.0
1997	589.0	－	－	3.1

出所：『中国統計年鑑』(1995年版) 106頁、1995年の数は『中国労働年鑑1995』464頁より。1996年の数字は『中国統計年鑑1997』24、36頁より。1997年の数字は『北京週報』1998年5月19日第20期より。

注：中国では、失業は存在しないと想定されてきた。都市部の職のない労働者のために、「失業」の代わりに「待業」と言う用語が用いられてきた。『中国統計年鑑』の94年版では、「失業」と「失業率」という用語が用いられた。それらの用語は、もともと用いられてきた「待業」と「待業率」と同じである。失業青年というのは、失業者のなかで16～25歳の者を指している。

4 待業保険制度の実施状況

（1）適用状況

〈加入状況〉 1990年、待業保険に加入した企業は全国で42万社、1991年は47.6万社に達した[6]。加入者数は1990年6,900万人で、1991年7,123万人、1992年では、7,440万人に達した[7]。待業保険救済金の受給者は、92年末までの6年間には、累計65万人に達した[8]。

〈適用範囲の拡大〉 待業保険の実施対象範囲については、すでに1990年前後に私営企業の従業員や臨時労働者、季節労働者などに拡大する地域も出始めていた。また、待業保険制度の地域的な統一化も進みつつあり、北京、山東、福建、広東、遼寧、海南、江蘇などの各省、市では、国営企業ばかりでなく集団所有制企業や外資系企業も同一の保険制度に加入し始めている。1992年段階で国営企業の従業員、政府機関・事業単位の契約制労働者は基本的にすべて待業保険に加入した。

（2）給付の拡大

待業保険金の支出状況から見れば、待業保険金のうち生産自救費及び訓練費の割合は89年で59.9％、90年54.5％（支出額は6,500万元と3,700万元）と比較的妥当なものであるが、しかし、後者の訓練費の大半が訓練センターなどの建設に使用され、転職のための技術研修への支出が少ない[9]。なお、待業保険積立金は、就業サービス体系の促進と再就業の道を開くために、以下の役割をも果たした[10]。

第1は、就業訓練基地と生産援助基地の建設を促進したことである。1992年に待業保険積立金を使って、就業訓練基地750個、生産援助基地400個を設立した。ある地方では待業保険積立金で職業紹介機構も設立した。

---

6) 夏積智主編(1994年)、325頁。
7) 同上。
8) 労働部課題組編(1994年)、84頁。
9) 辛仁周(1992年)、45-46頁、及び辛仁周(1993年)、66-68頁。
10) 夏積智主編(1994年)、320頁。

第2は、労働就業サービス企業の発展を援助したことである。1992年、企業の余剰人員を吸収する労働就業サービス企業に全国で 9,200 万元（貸し付け金の形式として）を援助した。

第3に、待業保険積立金は待業者が自ら職業を探すことを援助する。待業保険金は一時金として待業者に支給し、自営業に従事できるように援助した。

(3) 就業サービスの展開

さらに全国で労働力市場、職業紹介所、職業訓練センターなどを多く設立し、再就職のためのサービスを提供した。その結果労働就業サービス企業に就職した人員が、全労働就業サービス企業の従業員総数の約 59% を占めた。

全国の職業紹介所数は、1990 年末[11]、1991 年末[12]、1992 年末にそれぞれ 9,700、9,674、17,548 ヶ所であった。労働部門が設立しただけでなく、他の色々な部門でも設立していた。1992 年、この職業紹介所を通じて職業紹介に成功した都市の待業人員は 230 万人であった[13]。

1982 年に 242 ヶ所あった全国の就職訓練センターは、1985 年に 1,345 ヶ所、1986 年 2,054 ヶ所に増えた[14]。1992 年には、職業訓練センターは 2,419 ヶ所に設置されていて[15]、転職訓練人数は 19.57 万人で、そのうち待業職工は 1.53 万人で、企業余剰人員は 2.26 万人であった[16]。

1992 年には全国で待業者は 360.3 万人があり、労働就業サービス企業は 200,127 社があった。労働就業サービス企業の中に従業員総数は 904.94 万人もあり、そのうち待業人員が 532.71 万人で、全従業員総数の約 59% を占めていった[17]。

---

11) 令狐安、孫慎之編(1992 年)、6 - 7 頁。
12) 夏積智主編(1994 年)、98 頁。
13) 夏積智主編(1994 年)、100 頁。
14) 夏積智主編(1994 年)、160 頁。
15) 労働大臣官房国際労働課編(1995 年)、59 頁。
16) 『中国労働統計年鑑』(1993 年)、157 - 189 頁。
17) 同上。

5 待業保険制度の問題点

中国の待業保険制度はまだ完全なものとは言えないので、施行してから、いろいろな問題がでてきた。その問題は4点あった。

〈低い給付水準〉 「暫定規定」では失業救済費は標準賃金の60-75%とされているし、50%の場合もある。中国の企業（特に国営企業）の賃金構成は高福利手当と低賃金によってなっているが、待業救済費はその低賃金を基準にしているのである。1990年、標準賃金（大抵は基本給と同じ）は賃金総収入の55.7%を占めるにすぎず[18]、1990年の国営企業の賃金総額は2,284元で[19]、1ヶ月の賃金総額は190元で、標準賃金は106元程度である。失業救済金を50%の基準で計算すると、せいぜい53元前後になってしまい、賃金総額の190元の28%でしかない。これは社会救済金より低い水準である。

〈少ない待業救済費〉 すでに述べたように、1993年までに徴収した待業保険料は64億9千万元であったが、支出は4億3,200万元で、支出の収入に占める比率はせいぜい6.7%であった。87年から93年までの待業保険救済金を受給する人が失業登記していた人に占める比率は13.1%であった。その結果、待業保険の積立金は大分余り、待業保険の役割を十分には果たしているとはいえない状況であった。

〈狭い適用範囲〉 中国の1986年の「暫定規定」の待業保険の適用範囲は国営企業の職工であり、国営企業の中で重点的に保護するのは固定工と労働契約工である。つまり、相対的に失業のリスクが小さかった国営企業の固定工と労働契約工が適用対象者である。ところが、失業リスクがより大きい非国営企業の職工は待業保険の対象範囲に入れられなかった。

〈問題多い積立金の使われ方〉 ①巨額な管理費支出　待業保険基金支出総額に占める管理費の割合は、外国では一般に3-4%であるが、財政部の資料によると、1986-92年までの、全国の待業保険積立金の支出構成は、管理費が30%を占め、転職訓練費と生産援助費が50-60%を占めて、待業職工への救済金

---

[18] 中国国家統計局(1994年)、115頁。
[19] 中国国家統計局(1994年)、121頁。

の支給は10%を占めるに過ぎない。管理費の割合がきわめて大きいのである。②積立金の流用　待業保険制度の保険料は区、県単位で徴収、保管されているため、基金が分散化し、国家の財政部門の監督が行き届かない嫌いがある。ある市では1986年6月から90年の間に、21件、待業保険積立金の95.4%にあたる298万元を流用したという。またある省の労働服務公司は、725万元を水産品冷凍倉庫会社の経営に流用したが、そこには1人の待業者も雇用されなかった[20]。

要するに、待業保険制度は、現に存在する失業者の救済というよりも、国営企業改革推進のために創設されたといえる。社会主義を標榜している以上、国営企業改革によって発生する失業者を吸収する制度・受け皿を事前に作っておかなければ、改革それ自体を進められなかったのである。その根拠の1つ目として1984年頃から改革開放政策を都市に、つまり国営企業の改革が実施されようとしていた時期に創設されたことがあげられる。2つ目には待業保険制度が創設され、国営企業改革が実施されようとしていた時、失業率はむしろ低下しつつあったことがあげられる。3つ目には制度の運営状況を見ると、失業救済のために保険金がほとんど支出されていないということがある。さらに4つ目には制度の名前に国営企業が使われ、また同企業の労働者のみが対象とされたということがある。

第二節　待業保険制度の改正

1　待業保険制度改正の背景

1993年4月、それまでの実施状況を総括したうえで、国務院は「国有企業従業員待業保険規定」を公布した。これは86年「暫定規定」を大幅に改正したものである。まず改正の背景をみておこう。それは経済改革、労働制度改革、労働問題の存在の3つの内容に分けられる。

---

[20] 辛仁周(0000年)、45-46頁。

(1) 経済改革
〈経済改革のさらなる進展〉

1980年代から進められてきた中国の経済改革の下で各種企業は、招聘・解雇権の付与等いわゆる経営自主権を与えられ、これを行使した結果、国有企業のみならずいろいろな企業から失業者が出てきた。国有企業に限定されていて狭すぎた86年制度の被保険者の範囲を改正しなければならなくなったのである。

1992年1月から2月にかけて、鄧小平は「南巡講話」を発表し、改革開放路線の加速を訴えた。それにあわせて、待業保険も範囲を広げたり、給付基準を改めたりといった大幅な改正を余儀なくされた。

1992年7月には国務院は「全人民所有制工業企業転換経営規制条例」を公布した。この条例は全人民所有制工業企業を市場の波にさらし、中国の社会主義市場経済化を一層発展させる重大な措置であった。国有企業は市場経済の下では効率化、合理化を図らなければ存続することができない。そのためには人員削減も避けられないことが多い。

1992年10月12日から18日までに第14回党大会が開かれ、「改革開放政策の100年堅持」と「社会主義市場経済の確立」などをうたった。長期間にわたる経済改革、なかでも国有企業の改革を強調した。かくして上述の3つの事情はさらに強まった。

〈企業破産の急増〉

もともと、破産は国有企業に限定されていたが、1990年代にはいろいろな企業の破産も見られるようになった。企業破産法に基づいて、裁判所に破産申請した企業は、改革開放が加速化された92年1月から7月までの7ヶ月間に、国有企業76社を含む260社に達しており、破産申立企業が急増した[21]。

要するに、1980年代の改革は実際にはあまりすすまなかった。中国のリーダー達は、その改革は進めなければいけないと強く考えた。そして、南巡講話

---

21) 西野久雄(1993年)、107−108頁。

が出てきた。ここで、改革政策は一層進められるようになり、郷鎮企業、個人企業などを含めて改革した。それに伴って、待業保険制度も改められた。国有企業の中の限定されたものから、対象者を広げる必要性があったし、今後予想される大量失業者の生活を守るために給付水準も引き上げなければならなかったのである。

(2) 労働制度の改革

国有企業は労働制度と人事制度の新たな改革を行った。人事制度の改革によって、管理者或は幹部でも降格したり、解雇されたりする可能性が出てきた。労働制度の新たな改革の主な内容は、全員労働契約制に向けて実施範囲・実験範囲を拡大することである。1980年代の場合、労働契約を結ぶ人は労働者の一部分の人だけであったのに対し(新規労働者のみであったが)、92年からは、全員が労働契約することになった。労働契約労働者の賃金労働者全体に占める割合は83年末にわずか0.6%であったが、93年末には21.0%となった。労働契約労働者数は、94年末には3,839万人であった[22]。こうして多くの労働者が契約労働者になったことによって、労働者の就労状態は一段と不安定になり、失業保険に頼らなければならない労働者が増大する可能性が高まることとなった。

(3) 失業問題の激化

『中国総覧』(1990年版)によると、1988年の秋以後の経済調整政策の浸透につれ、その影響を最も強く受けた基本建設部門を初め、生産縮小、停止等を余儀なくされた部門で失業が起きてきた。その数は500万人を越えるとの推計もある[23]。

さらに余剰労働者の問題も失業と同様に深刻な問題である。1980年代の後半は農村では1億人[24]から1.5億人[25]の余剰労働力が存在している、といわれ

---

22) 中国国家統計局(1995年)、99頁。
23) 『人民日報』1989年7月24日。
24) 『人民日報』1989年3月。
25) 『管理世界』1987年6月号19頁。

ている。都市の企業では 15-20％ で、1,500-2,000 万人、あるいは 30％ で 4,000 万人の余剰労働者がいる[26]。1人の仕事を数人ですることから生ずるこの問題を改善する事も労働体制改革の目的の1つではあったが、実際にはなお未解決であり、さらに深刻化さえしているところもある。

要するに、1992年の中国共産党第14期3中全会で、社会主義市場経済体制の確立を経済体制改革の目標とすることが明確に打ち出され、労働力市場[27]の育成が改革の一環として位置づけられた。とくに国有企業の経営システムと労働制度の改革が進展するに伴い、従業員の配置転換が進み、「下崗職工」が急増している。また、「企業破産法」の施行により、破産に追い込まれる企業が続出し、失業問題がクローズアップされてきた。そのため失業対策もこの期に本格的に検討されるようになったのである。

2　改正待業保険制度の内容と特徴

1993年に86年の待業保険制度は改正された。ここでは、改正待業保険制度の概要とその特徴を見ておこう。

（1）改正待業保険制度の内容

改正された国有企業待業規則は全6章26条からなっている。

1986年の「待業保険暫定規定」と比べ、93年の待業保険制度の改正には以下のような変化が見られる。改正した重要な点は以下の4点であると思われる。即ち第1は、適用対象者範囲の改正。第2は、保険料徴収の改正。第3は、保険金給付の改正。第4は、管理についての改正である。

1993年の規定では待業保険制度の目的がより明確にされた。93年の規定の第1条で86年の規定で示した、労働力の合理的移動の促進にあるという曖昧

---

[26]　中国総覧編集委員会編（1990年）、289頁。
[27]　労働力市場とは労働力の移動と交流の場を指すのである。その役割は、つまり市場メカニズムを利用し、労働力の受給関係を調整し、人材の移動を推進し、労働力資源の合理的配分を実現することである。

な目的を削除し、「国有企業労働制度の改善、待業従業員基本生活の保障、社会安定の維持」を待業保険制度の目的とすると明示した（表5-4を参照）。これは待業者の増大が社会の不安定化につながることを認識し、失業保険の整備に取り組む強い決意を表したものであろう。

表5-4　86年と93年「待業保険規定」の各種項目の比較表

項目	国営企業待業保険暫定規定	国有企業待業保険規定
実行日期	1986年10月1日	1993年5月1日
適用範囲	①破産を宣告された企業の職工。②破産に瀕した企業の法定整理期間中の退職者。③労働契約を停止、解約された従業員。④企業を解雇された職工。	左で挙げた4種類の他に、⑤国の関係規定より撤退解散を命じられた企業の従業員、⑥国の関係規定により生産停止、整理を命じられた企業の従業員、⑦法律あるいは省、自治区、直轄市政府の規定により待業保険を受けるその他の職工。
適用企業	国営企業	国有企業
目的	労働制度改革の推進、労働力の合理的移動、失業者生活の保障。	国有企業労働制度の改善、失業職工基本生活の保障、社会安定の維持。
失業保険料の徴収	①企業が納付する待業保険料 ②待業保険基金の利子収入 ③地方財政による補助金	左に同じ。
保険料率	企業は従業員標準賃金の1%に相当する比率で保険料を納付する。	当該企業全従業員賃金総額の0.6%～1%に相当する比率で保険料を納付する。
保険金の用途	①待業救済金、②待業期間中の医療費、死亡葬祭補助金、直系親族扶養補助金、③破産企業定年退職者の離、退職金、④解約された契約労働者の待業救済金、⑤転職訓練費⑥生産援助費、⑦基金管理費。	①は左①④と同じ。②は②③と同じ。③は⑤と同じ。④は⑥と同じ。⑤は⑦と同じ。⑥政府が認めた生活難の解決と再就業に必要なその他費用。

救済金支給期限	①勤続年数が5年以上の者につき最長24ヶ月を支給。 ②勤続年数が5年未満は最長12ヶ月分を支給。	①左①②と同じ。但し、勤続年数は企業の連続勤続年数で計算する。 ②連続勤続年数は1年未満の場合は、救済金は支給しない。
救済金の支給基準	①勤続年数が5年以上の場合、第1-12ヶ月、毎月本人標準賃金の60-75%を支給する。第13-24ヶ月、毎月本人標準賃金の50%を支給する。 ②勤続年数が5年未満の場合、毎月本人標準賃金の60-75%を支給する。	救済金の支給基準は民政部規定の社会救済金の120-150%に相当。

資料：86年と93年の待業保険規定より作成。

①適用対象範囲の拡大

　改正待業保険制度は、その適用範囲を、(1) 政府の規定によって、解散・閉鎖された企業の従業員、(2) 政府の規定によって、企業の整理整頓中に解雇された従業員、(3) 労働契約を解除された職工、(4) 企業に解雇された職工、(5) 法律あるいは省、区、直轄市政府の規定により待業保険を受けるその他の職工、と定めている。

　「暫定規定」の適用範囲は国営企業の4種類の従業員に限定されたが、新たに、待業保険適用対象を7部類9種の人に広げた。その結果、市場経済の変化に伴って生じた国有企業待業者のほとんどが待業保険の適用対象となった。

②保険料徴収基準の変更

　1986年の待業保険料の徴収基準は「国営企業の全従業員の標準賃金[28]総額の1%分」であったが、93年の改正では「企業はその企業の全従業員の賃金

---

[28] 標準賃金は各企業の時間給と出来高給を含めている。その他は残業賃金を含めている。

総額[29]の0.6-1%相当の待業保険料を納付する」に変わった。企業の納付状態に応じて、省、自治区、直轄市人民政府は納付基準の引き上げ、または引き下げを決定する。

この点については、93年の制度と86年の制度とを比較すると、今回の改正により保険料の徴収基準は「弾力的」になったと思われる。待業保険積立金に過不足があるばあい、それに応じて失業保険料の徴収標準の調整ができるようになったのである。

要するに、標準賃金から賃金総額に変わったことには2つのメリットがある。1つは収入の変動や標準賃金の計算の難しさを克服し、安定的な保険料収入を確保することができるようになったことである。2つは標準賃金制を採用しないことによって、国有企業以外の企業に適用範囲を拡大しやすくしたことである。

③給付内容の改正

〈給付の種類〉 給付については1986年の制度と大体同じであるが、「省、自治区、直轄市人民政府の批准により、待業職工の生活困難援助、再就職の促進に支出が必要と認められるその他の費用」が加えられた。ここでの待業職工には、待業者だけではなく、企業内の待業者も含められている。その根拠は、1992年9月25日の労働部の「部分省・市待業保険工作座談会紀要」という「43号文件」にある。この文件のなかで、「企業内の基本生活費の支給を享受する従業員は待業職工と認められるべきである」と指示が出されているからである。

〈給付期間算定方式の変更〉 失業給付の受給期間は、勤続年数の長短によって、設定されている。連続的な勤続年数が1年以上5年未満の場合、受給期間は最長12ヶ月、連続的な勤続年数が5年以上の場合、最長24ヶ月となっている。要するに、1986年度の計算方法では、勤続年数5年以上の者が5年未満の期

---

29) 賃金総額について――賃金は従業員の労働報酬の基本的な形式である。具体的には、国家機関や企業等が一定期間内(年、月など)に、従業員に直接支給した労働報酬の総額を意味している。賃金総額は六つの要素から構成される。1. 時間給制賃金、2. 出来高給制賃金、3. 奨励金、4. 手当、5. 休日出勤・超過勤務賃金、6. 特殊な状況下で支払われる賃金等を含めている(国家統計局「賃金総額の構成に関する規定」1990年)

間に 2 度失業した場合、その勤続年数は 2 回目の時にも生かされ、2 年間の失業救済金を 2 回もらえることになっていた。93 年の改正はその不公平を是正したものである。

〈給付の改善〉 1986 年制度のばあい待業救済金は「待業者が企業を離れる前 2 年間の本人の平均月間標準賃金（奨励金などを控除した部分、但し、あとでふれるように外資系企業にはその標準賃金はない）の 50-75％ を基準として支給する」と定めていたが、91 年末、総収入に占める標準賃金の割合は全国平均で 60％ を割り込んでおり[30]、標準賃金で計算すると地域によっては待業救済金が社会救済金の水準を下回るような事態が生じていた。このような状況を改めるため、93 年の制度は待業救済金の支給標準が当該地区にある民政部門より規定された社会救済金額の 120-150％ にあたって、「社会救済金」を上回るよう配慮されている。具体的な金額は「省、自治区、直轄市人民政府が規定する」に変わった。

〈再就職訓練費の増加〉 1986 年の制度には「再就職訓練費」という項目はなかったが、93 年の改正制度には「待業保険金から再就職訓練費と生産援助費をどの割合で支出するかについては当地政府が決定する」としているように、再就職訓練費と生産援助費が新設された。もちろんこれらの資金を待業救済以外の目的に流用したり、リスクのある投機に使ったりすることを禁止する規定もある。

〈積立金管理の強化〉 1993 年の制度では、1) 積立金の管理細則の制定、2) 積立金管理機構の設立、3) 監督機構の職責、4) 待業人員の登記管理の明文化、5) 罰則の新設などによって積立金の管理が強化された。

（2）改正待業保険制度の特徴

1993 年の中国の待業保険制度は失業者の救済に留まらず、転職訓練、職業紹介、労働就業サービス企業などの措置を通じて失業者の再就職の援助に重点

---

30) 今井理之編著(1994 年)、97 頁。

を置くようになった点に特徴がある。

　先進諸国の場合、失業保険制度の創設間もない頃には失業期間中の貧困救済が中心であり、再就職、再雇用という問題より優先されていたといってよかろう。日本のばあい高度経済成長を通じて完全雇用が実現したあとの1970年代に入ると、雇用維持が重視され、これが失業保険制度の表に出てき、名称も雇用保険制度と改められた。中国のばあいこの失業を発生させずに再雇用を図るという問題は待業保険制度創設直後から大きな課題となっていたという特徴がある。

　ここで注目したいのは1993年の制度が待業保険と再就職あるいは就業サービスの結合を強調していることである。とくに、再就職の訓練は、再就職プロジェクトの一環として位置づけられる。待業者を教育、訓練し、再就職のためにいい条件を作り出すことが再就職訓練の目的である。生産援助費は生産活動を行い、事業を起こす待業者を援助するために資金を融資する制度である。この2つの制度はいずれも待業者の再就職を援助するためのものであり、待業者を救済する失業救済制度とはやや異なる制度である。

　中国の場合、再就職と密接に関連するのは労働就業サービス体系（システム）である。これも、1993年制度の運用上の特徴である。つまり、労働就業サービス体系は再就職を実現する重要な措置である。当時の重要なポイントは、中国の各分野で市場経済化を導入し労働力市場を形成する時期だったということである。労働力市場がなければ、失業保険制度の実行、つまり失業者の基本生活保障、特に失業者の再就職問題の解決ができない。後の第3節で述べるように中国は93年の改正の中で失業保険と失業者の再就職との結合を強調しているから、政府は、労働力市場の整備のために力を入れざるをえない。具体的には4つに分けられる再就職のためのサービスが行われた。

　第1に、労働力需給の双方が相互に選択しつつ、就業を実現させるために提供する各種の職業紹介サービス、第2に、労働者の職業技術及び職業能力を高めるための、多様な水準に応じた、様々な形式の就業訓練及び転職訓練サービス、第3に、失業者の基本的な生活を保障し、及びその再就職を支援する

失業保険サービス、第4に、労働者に自力で困難を乗切らせ、及び自力で企業を設立させる就業サービス企業を含む。就業サービスの4種類の業務は有機的に結合させ、全体としてその役割を発揮させ、労働者の就業のために全面的な、効率の良い、迅速なサービスを提供しなければならない。

以上のように再就職の強調と再就職のため労働就業サービス体系をつくったことは1993年の待業保険制度の特徴だと思われる。

3 改正待業保険制度の実施状況

次に改正待業保険制度の実施過程を見てみよう。その際、以下の2つの点に注目してみてみたい。1つ目は総合的サービスを提供する労働就業サービス体系を新しく創ったこと。2つ目は再就業工程を展開したことである。

中国政府は、1993年の制度の中で待業者の再就職を強調し、労働者就業と再就業能力を高め、労働力市場を育成し発展させた。1993-95年に全国労働就業サービス体系の建設をいっそう強化した。その労働就業サービス体系は4つの部分からなっている。それは、失業救済、職業紹介、就業訓練センター、労働就業サービス企業の4つである。具体的には以下の4つの部分に分けてその実施状況を述べたい。

（1）加入者および受給者の状況

1995年、全国では9,500万人の在職者が失業保険に加入している。1994年より20%増加した。95年末、加入企業数は60.5万社に達した。1997年失業保険の適用対象者は1億余りいる、全国職工総数の73%を占めている[31]。また95年末で全国の失業救済金受給者数は261.3万人であった[32]。96年1年だけで失業保険金の受給者数は331万人[33]、1997年には319万人であった[34]。

---

31)『中国社会保険』1998年第3期16頁。
32)『中国労働年鑑』1995-1996年583頁。
33)『中国労働報』1997年8月23日。
34)『経済の眼晴』1998年10月号26頁。

1986-97年の11年間に失業救済金受給者数は累計1,266万人であった[35]。95年の失業保険料の徴収は35.3億元、給付は18.9億元、1995年まで全国で失業保険積立金は累計65.34億元となっている[36]。

(2) 労働就業サービス体系の創設

〈職業紹介〉 1996年年末、全国の職業紹介機構は3.1万ヶ所あって、1997年には3.4万ヶ所あった[37]。職業紹介所を通じて、就業していた都市の失業者は、1992年でわずか230万人であったが、1994年に1,329万人[38]、1995年に1,258万人に急速に増大した[39]。

〈就業訓練センター〉 近年、就業訓練センターは飛躍的にその数を増やしており、1982年の約250ヶ所から95年には約2,600ヶ所になっている。それにともない1992年に訓練人数が19.57万人だったのに対し、1995年には120万人に増えている[40]。

〈労働就業サービス企業〉 労働就業サービス企業[41]の発展を図るために政府はまた1980年以後、第1に、失業者を雇用する労働就業サービス企業に対して2-3年間企業法人税を免除する。第2に、企業設立基金として中央と地方の財政部門は資金を融資するなどの一連の優遇策を相次いで打ち出した。労働就業サービス企業は、こうした政府の援助の下で急速に発展してきた。

1995年の状況としては、労働就業サービス企業18.21万社、うち95年新設が1.01万社である。従業員人数は859.97万人、うち配置する都市失業人員402.8万人に達した[42]。96年に労働就業サービス企業は20万社余りとなった。労働

---

35) 総合各年の資料に基づいて筆者が算出。
36) 『中国労働科学』1996年7月号15頁。
37) 『経済の眼晴』1998年10月号36頁。
38) 『中国労働統計年鑑1995』中国統計出版社112-114頁。
39) 『中国労働年鑑1995-1996』中国労働出版社490頁。
40) 1995年は馬洪・孫尚清編(1996年)、271頁。
41) 労働就業服務企業について、1990年に国務院が公布した「労働就業服務企業の管理規定」は、「都市部失業者に仕事を割り当てる任務を担当し、国家と社会から援助を受けつつ、生産と経営によって、自らを助ける集団所有制経済」と定義している。
42) 『中国労働年鑑1995-1996』480頁。

就業サービス企業に勤める従業員は900万人余りとなった。
〈再就職工程の展開〉　再就職工程は、失業者と企業の余剰従業員に就職指導、職業紹介、転職、転勤のための研修などのサービスと援助を提供し、できるだけ早く再就職させようとするものである。中国政府労働行政部門は、失業労働者の再就職促進と余剰人員配置のため、1993年から「再就業工程」を実施し始めたが、当時はまだ経験が乏しかったので、ただ上海、瀋陽、青島、杭州等30の都市だけで試験的におこなっていた。この試験が成功を収めたため、1994年4月、「再就職計画」は国務院の批准を経て全国各地で実施に移され、國、社会、集団、個人の各方面からの支援を得て失業労働者の再就業を促進した。
　そこで、企業の余剰人員の再就職を解決するために、労働部は、まず実験事業として95年から5年をかけて失業者と企業内余剰人員の中800万人の再就業促進事業を実施し、この経験を踏まえて99年からは新システムに移行する方針を示し、国務院もこれを認可した。
　その再就職工程の成果は次の通りである。1994年末、再就職プロジェクトを通じて106万人、1995年は140万人に再就職の機会を与えた。96年には、全国22の省・自治区・直轄市が「再就職工程」実施案を作成し、200の都市で「再就職工程」を実施し、150万人の失業者が再就職した[43]。1997年には、434万人[44]、さらに1998年には609万人の失業者が再就職した[45]。

4　改正待業保険制度の問題点

　改正待業保険制度の問題点は4点ある。
　（1）まだ低い待業救済金
　1993年の規定では失業救済金は社会救済金の120－150％を支給することになっている。ところが、この社会救済金を基準にして計算するのは合理的ではない。1993年の例を挙げると、1993年民政部が定めた社会救済金は月115元

---

43)『海外労働時報』1997年4月増刊号122頁。
44)『経済の眼晴』1998年10月号25頁。
45)『人民日報』1999年1月22日。

である。その時期の失業救済費の平均水準は月138-172元になる。しかし、当時、1月の生活費は1人当たり195元で、月の平均賃金は340元である。失業救済金は従業員の平均賃金の41-51%に相当する。しかし、中国の都市従業員のばあい低い賃金を賃金以外の収入でカバーしており、その賃金以外の割合が大きいことを考慮に入れれば失業者の救済標準はもっと低くなる。

その上、失業救済金を社会救済標準を基準にして計算するのは、国際的な方法と異なっている。普通、先進諸国は、1.賃金を基準にして50%以上にすること。2.法定最低賃金を標準として、70-80%以上にすること[46]などという方法を採用しているのである。

(2) 重い企業の保険料負担

1986年の制度と同じく、93年の改正の失業保険料の個人負担はなく、すべて企業が負担している。これは問題である。赤字を抱える国有企業は96年12月に32.6%に達したが[47]、その上に国有企業が担っている社会保障の負担も重い。

国有企業の財政上の困難状態から、保険料の納付が困難になることが分かる。銀行で直接企業の口座から徴収した失業保険料は徴収すべき基金の20%にしか達していなかった。銀行が自ら企業を訪問して徴収しても、結果は40%にしか達しなかった。1995年、全国都市の職工賃金総額8,100億元で、その賃金総額の0.6%で計算して、失業保険基金は48.6億元を徴収すべきである。そのうえ、外資系企業、私営企業等が事実上失業保険に加入していたから、全国の失業保険基金は少なくとも60億元以上を徴収するはずなのであるけれど、その徴収額は約20億元でしかなかった[48]。

---

46) 劉雄編(1997年)、131頁。
47) 『北京週報』1997年第28号5頁。
48) 『計画与市場探索』1996年第6期38-40頁。

（3）不合理な待業保険金の支出比率

〈低い失業救済金の支出比率〉　国際的には、失業救済金は失業保険基金のなかでかなりの割合を占めている。しかし、中国の場合、1987-92年の6年中、合計で失業救済金の支出は1.44億元で、基金総収入の約3%を占めているにすぎない。1993年の失業救済金の支出は2.88億元で、基金収入の16%を占めるにすぎない。1994年の支出は6億元で、基金収入の30%を占めていた[49]。

〈高い管理費のウェイト〉　1993年の保険金支出を項目別に見れば、待業救済金支出は総支出の28%、転職訓練費と自営業育成費は同40%、残り32%は管理費及びその他支出（医療費など）である[50]。つまり、転職訓練費、自営業育成費及び管理費の支出が待業救済金をはるかに上回っている。転職訓練費と自営業育成費の増加は訓練センターの建設及び労働服務企業への補助費の増加によるものである。保険制度が成立する初期にはこれらの費用がどうしても多くなるのではあるが、管理費支出の増加率も行政費支出増加率を上回っている。特に一部の地域は失業保険担当者の給料（ボーナスを含む）を勝手に増やしたり、失業保険基金を建物の建設費、乗用車などの耐久財の購入に流用したりする問題が見られる。1993年の全国各地の失業救済機構の管理人員の数は失業者の5分の1の状態になっている。管理人員は平均すれば1.5万元を使う。支出した管理服務費の相当の部分が管理人員の住宅建築、高級車の購入（公用）に使われた。ある省の社会保障機構は管理服務費を使って、管理人員の住宅を建築していた。平均1人当たりの居住面積は90平方メートルになっていた[51]。

『中国統計年鑑』1995年版によると、1993年の都市の1人当たりの居住面積は7.5平方メートルであったが、失業管理機構の人員の居住面積はその時全国平均値の12倍になっていた。ある省の各級管理機構は成立してから4年間のうち、失業管理費で150台の車を買った[52]。ある市の失業基金管理機構は2

---

49)『経済問題』1996年第2期10-13頁。
50)『海外労働時報』1996年10月号89-90頁。
51) 楊体仁(1993年)、193頁。
52) 同上。

年間の内、298万の失業保険基金を無断で借りだし、その徴収した失業保険基金の総額の95.4%を占めた。

失業保険基金のもう1つの流用例として、転職訓練センターの名目で建築され、訓練ビルデイングをホテルとして経営していたことをあげることができる。その他、生産自救の名目で失業保険基金を使って、企業を作ったが、その企業は失業者をあまり雇用しないし、責任者もいなかった。結果として企業を1つつくりつつ、その企業は大幅に欠損を出す。元金さえ回収できない。同じようなやり方で、失業管理機構は失業基金を増値するために投資したが、ほとんど欠損となった[53]。厳しい措置を制定し、失業保険金の流用と管理費支出をおさえる必要がある。管理費の支出増を抑制すべきである。

（4）少ない積立金

1993年の失業保険金の管理形態を見ると、県、市レベルの管理が主体である。実は、失業保険積立金運営規律によると、リクスに耐える能力の高低は積立金のレベルに正比例の関係にある。積立金の管理レベルの程度が高ければ、失業保険の互助性が高くなる。86年の制度で明確に規定したのは、積立金の管理は省・自治区・直轄市レベルの管理であるということであったが、実際的な状況を見れば、どの地区もそれを着実にすることは出米なかった。こういう原因から、中国は低い積立金の管理水準を採用して、93年の制度のような退歩を招いてしまった。ここから、色々な問題が出てくる。

①低い水準の積立金によって、失業保険積立金の支出状況がアンバランスとなって、失業率が高い地区では失業保険積立金は足りなくなった。

②低い積立金の管理レベルはばらばらであるから、管理が難しく、地方政府の失業保険積立金の流用問題はもっと深刻である。

失業保険制度を実施する世界の諸国の大多数の国家は国のレベルでこれを施行している。

---

53) 楊体仁 (1993年)、193頁。

以上、1993年の制度の4つの問題点を指摘したが、これらの問題点は93年の制度のなかでは解決できないもので、新しく制度を改正することによって解決されることが期待されていた。

　まとめると、待業保険制度は南巡講話の後に改正されたが、それは中国の改革開放政策と一体であったということを意味する。南巡講話以後は経済のさらなる改革にともなって失業者が増えてこの制度の改正が迫られたということである。しかし、待業保険制度が改正されても依然国有企業が制度名につけられており、対象者も法律上は国有企業労働者に限られていた。

第三節　失業保険制度の創設

1　失業保険制度創設の背景

　1990年代の半ばになると、中国の失業問題は一段と深刻化してきた。具体的には、失業者と失業率の増加、企業内失業者の急増、貧困職工の増加、失業者の再就職の困難化などとして現れた。そのような背景の下で、1993年の改正待業保険制度はいろいろな意味で不備が顕わとなり、新しい制度の創設が期待されていた。かくして、1999年1月に国務院は「失業保険条例」を公布し、実施した。

　1999年条例の制定の背景として、3つのポイントがある。即ち、1、経済改革の新動向、2、労働制度改革の新進展、3、直面する失業の新問題などである。具体的には、次の通りである。

　（1）経済改革の新動向

　ポイントは主として3つある。即ち、経済改革の加速、国有企業の改革の深化、企業破産の急増である。

〈経済改革の加速〉　第二節で述べたように、1992年1月から、中国の経済改革は全面展開・全方位開放の段階に入った。1993年11月に北京で開催された共産党の14期3中全会において、「社会主義市場経済体制を打ち立てる若干の

問題に関する決定」が採択された。この「決定」の中では「失業」と「労働力市場」という概念が公式に使用された。この「決定」は労働力市場の育成を初めて明確にうち出しており、労働雇用制度を改革する上で極めて重要な意義を持っている。そして、1994年に政府は「国の政策指導下の市場による雇用確保」という方針を打ち出した。

〈国有企業改革の深化〉 国有企業の改革を引き続き推進することは1990年代半ばの経済体制改革の重点であった。中央と省、市、自治区はすでに、現代企業制度の試行のため、2,000余りの企業と18の実験都市を確定し、改革を強めた。国有の小型企業に対しては、改組、連合、合併、株式合作制、リース制、請負経営と売却など多くの形で改革と改組のテンポを速めた。これらはすべて都市部余剰職員・労働者存在の基礎を一層弱め、一部の企業は、製品が売れず、競争力がないために生産停止または半ば停止の状態に追い込まれ、一部の企業は改革のために職員・労働者の需要を減少させることになった。

〈外資系企業の進入〉 1990年代の前半は、国内企業だけの範囲で改革した。後半には、国内だけの企業ではなく、外資系企業も含め、色々な企業が改革をすすめるようになった。内部改造だけでなく、外資系企業のようなやり方で、例えば、リース制、株式制などの方式で改革、改善していった。1995年末現在、中国で操業を開始した三資企業は10万社を超え、外資と関連する企業の従業員数は1,200万人に達していると見られている。外資関連系企業は郷鎮、国有、集団、個人に次ぐ中国第5位の雇用セクターとなった[54]。

〈企業破産の急増〉 1990年代に入ると、中型以上の国有企業の破産が見られ始めた。国内的な改革の一環としての国有企業の合理化に失敗して市場における競争にやぶれる企業がたくさん出てくるようになった。1996年1年間の破産申し立て件数は、6,232件となり、1988年11月−95年12月の7年間の総計5,395件を大きく上回り、大幅な増加となった。1996年1月から9月まで、試行都市には破産した企業が518社、併合された企業が517社あった[55]。1996年末

---

54) 日本労働研究機構編(1997年)、191頁。
55) 『北京週報』1997年第9号 22頁。

までに58試行都市で1,000社以上の企業が破産手続きを完了し、1,000社以上の企業が吸収合併された。そのため、余剰人員が100万人近く発生した[56]。破産企業が増加した結果、破産企業従業員の再就職は極めて困難な状態になっている。

(2) 労働制度改革の展開

労働制度の新改革のポイントは2つある。第1は、社会主義市場経済に適合的な労働制度への改革、第2は全員労働契約制の実施等である。

〈社会主義市場経済下の労働制度改革〉　労働制度の改革は、主に2つの根本的な転換を中心に行われている。2つの根本的転換とは経済体制を、伝統的な計画経済体制から社会主義市場経済体制へと転換させること、それに伴って企業の生産方法も非効率的なものから効率的なものへと転換させるというものである。

この2つの転換を目標に、1996年の労働改革が行われたが、労働力市場の育成とその発展が労働改革事業の中心に位置づけられている。その改革は企業における労働力削減の公認ということでもあった。

企業の労働生産性を向上させ、労働力資源を有効利用するために、労働部は「企業における経済的人員を削減する規定」を公布し、1995年1月1日に施行した。この規定のなかで人員削減の条件について「使用者が破産に直面し、法定更生期間に入ったことを裁判所に宣告され、または、経営上甚だしい困難が生じ、その地政府が定める基準に達し、人員削減がやむを得ないとき、人員を削減することができる」と規定している。この規定によって、削減された人員は失業者になる。前述の1986年から実施された解雇制によって、企業は、教育してもあるいは行政処分によってもお効果のない不良労働者を解雇することができるようになったが、今回の労働部の「規定」で認められた人員削減の特徴は、職工個人の問題ではなく、企業の経営状況によって人員削減が可能となったところにある。いうまでもなく、従業員は失業者になる可能性は前より高くなったのである。

---

56)『経済の眼晴』1998年第5期13頁。

要するに、もともと、中国の経済発展は、大量の労働力に頼っているが、これから技術の要素にたよらなければならない。2つの転換を目指す労働制度の改革は、労働力の使用を粗放型から集約型へ転換することである。集約型への転換は、短期的には労働力の削減を避けられず、失業者を生み出す。長期的に見れば、集約型への転換によって、新しい職業と産業が発生するから、その新産業や新職業に多くの労働力が吸収される。しかし、今の時点では人員を削減しなければならない。削減された人は生活ができなくなる。もし、失業保険制度が制定されて、また専門機関が責任をもって、失業者の再就職を紹介すれば、企業の人員削減は順調に失業に転じてゆくことができ、企業の改革も順調に進行することができるだろう。

〈全員労働契約制の実施〉　労働契約制の進展は3つの段階に分けられる。つまり、第一節で述べたように労働契約制の導入がおこなわれた1986年の頃で、新規労働者だけを対象に試行していた段階であった。1990年代は労働契約制の全員化の試行段階であった。1994年8月24日、労働部が「全面実行労働契約制に関する通知」を公布したことと政府が一連の政策を出したことによって、労働契約制の範囲は急速に拡大した。90年代末以降の現在は全員労働契約化の実施段階になっている。

　労働契約制の進展状況を見ておこう。全国の都市における企業と労働契約を交わした職工は、1996年末には10,716.2万人で、職工総数の97.4%を占めるまでにいたっている。農村集団企業の労働契約者は1,820万人で、私営企業は393.1万人で、自営業者は198.9万人に達していた[57]。

　このように国有企業だけでなく、色々な形態の企業での全員労働契約制の施行の結果、終身雇用制が破られ、どんな業種の労働者でも、失業者になる可能性が出てきた。そうなると、93年改正待業保険制度では十分には適用できないから、新しい制度が期待されたのである。

---

57)『光明日報』1997.9.15 第7版より。

（3）直面する失業の新問題

　経済体制の転換期に入っている中国では、労働生産性の向上を図っているため余剰人員が大量発生し、失業問題を悪化させている。そのポイントは4つある。1. 失業者と失業率の増加、2. 企業内失業者の急増、3. 困難職工の増加、4. 失業者の再就職の困難化などである。

〈失業者と失業率の増加〉　労働部門の失業者登録統計によると、1997年までに、全国の失業者は約589万人となり、失業率は3.1%になった[58]。

〈企業内失業者の急増〉　統計によると、1995年末、全国の国有企業で失業、一時帰休、長期帰休及び賃金滞納を受けた従業員が2,000万人余に上っている。当時、改革の進行に従って、今後5年間に6,000万人の完全失業者または企業内失業者が出ると予測されていた[59]。中国国有企業の「下崗職工」は1,500万人に達し、一部の都市では20%にも及んでいる[60]。もし、公表された失業率だけを見れば、あまり高くないであるが、実は、以上のような様々なことを考えると、中国で企業内失業問題が深刻化するのは1995年頃のことであったといえよう。

〈貧困人口の増加〉　国家統計局の統計によると、1995年末、全国の都市の貧困人口は1,500万人に達した[61]。都市の貧困人口が増加する一番重要な原因は失業職工の増加による貧困労働者の増加である。全国総工会（全国労働組合）の統計によると、95年末現在賃金の未払い職場は58,223ヵ所、従業員数1,043万人余りに及び、生活の苦しい従業員は大幅に増えている[62]。

〈再就職問題の深刻化〉　労働力市場の発展と企業改革の進展に伴って、失業者の再就職はますます困難となり、失業者の再就職率は段々低くなっている。1994年の再就職率は57%であった。しかし、97年の再就業率は26%で、再就職

---

58) 『北京週報』1998年第20期。
59) 「解決の望めない失業問題」『経済の眼晴』1997年第1期第52号 20-22頁。
60) 『人民中国』1997年第1期 44頁。
61) 『人口与経済』1997年第2期 40頁。
62) 『経済の眼晴』1997年5月 9頁。
63) 『法制日報』1997年6月19日。

ができたのは失業者の3分の1にも達していないのである。このように失業者の再就職は難しくなっているから、失業期間は延びている。『法制日報』によると、失業者の失業期間は以前の4ヶ月から6ヶ月に増加していた。1996年には失業者の中で、失業期間が半年を超える長期失業者は60%を超えた[63]。

以上のような改革開放政策の一層の展開によって、1990年代後半になって失業問題が深刻化し、全ての企業を対象とした本来の失業保険制度をつくって失業問題に対応せざるを得なくなった。

2 現行の失業保険制度

（1）失業保険条例での改正点

失業保険条例は全6章33条からなっている。1993年の改正待業保険制度と比べると、1999年の失業保険条例はかなり大きく改革されている。改革の要点は4つに分けられる。即ち、① 雇用保障機能の強化、② 被保険者の範囲拡大、③ 保険料の徴収方法の改定、④ 保険金給付の改正等である。

表5 - 5　1993年と1999年の失業保険制度の各種項目の比較表

項目	国有企業待業保険規定	失業保険条例
実行日期	1993年5月1日	1999年1月22日
適用範囲	①破産を宣告された企業の職工。②破産に瀕した企業の法定整理期間中の退職者。③労働契約を停止、解約された従業員。④企業を解雇された職工。⑤国の関係規定より撤廃解散を命じられた企業の従業員。⑥国の関係規定により生産停止、整理を命じられた企業の従業員。⑦法律あるいは省、自治区、直轄市政府の規定により待業保険を受けるその他の職工。	都市における企業、事業単位の失業人員

適用企業	国有企業	都市の企業、事業単位
救済金の支給基準	救済金の支給基準は民政部規定の社会救済金の120-150%に相当する。	各地法定最低賃金より低く都市居民最低生活保障標準より高い。
失業保険金の徴収	①企業が納付する待業保険料 ②待業保険基金の利子収入 ③財政による補助金	①適用単位、適用人員が納付する失業保険料 ②は左②と同じ。 ③は左③と同じ。 ④失業保険基金の運用収入ほか
保険料率	当該企業全従業員賃金総額の0.6-1%に相当する比率で保険料を納付する。	①適用単位全従業員の賃金総額の2%に相当する比率で保険料を納付する。 ②適用人員は本人賃金の1%に相当する比率で保険料を納付する。
基金の用途	①待業者の待業救済金 ②待業期間中の医療費、死亡葬祭補助金、直系親族扶養補助金、救済金 ③転職訓練費 ④生産援助費、 ⑤基金管理費。 ⑥政府が認めた生活難の解決と再就業に必要なその他費用。	①は左①と同じ。 ②、③は左②と同じ。 ④失業者の就職訓練費、職業紹介費 ⑤国務院の規定或は批准された失業保険と関係があるほかの費用。
救済金支給期限	①連続勤続年数が5年以上の者につき最長24ヶ月を支給。 ②連続勤続年数が5年未満は最長12ヶ月分を支給。 ③連続勤続年数が1年未満の場合、救済金は支給しない。	①累計納付期間が満1年5年未満の場合、失業保険金の受取期限は12ヶ月である。納付期間は5-10年の場合、その期間は18ヶ月である。納付期間は10年以上の場合、その期間は24ヶ月。
救済金の支給基準	救済金の支給基準は民政部規定の社会救済金の120-150%に相当する。	各地法定最低賃金より低く都市居民最低生活保障標準より高い。

出所:93年と99年の失業保険制度より作成。

①雇用保障機能の強化

　1999年の条例では制度の目的について「失業人員の失業期間の基本的な生活を保障し、再就職を促進するために、本条例を制定する」と規定した。失業保険制度は、たんに失業救済だけでなく、雇用保障、雇用維持の機能をも担わされることになり、失業者の再就職の実現にさらに力が入れられることになったのである（表5-5を参照）。このことは、失業保険条例において新しく職業紹介費が設定されていることにはっきりと示されている。以後失業保険制度から職業紹介費用が重要な支出項目の1つとして支給されるようになった。

②被保険者の範囲の拡大

　1999年条例は従来の制度の被保険者範囲をさらに拡大した。93年の「待業保険規定」は被保険者の範囲をこれまでの国有企業の4種類から9種類に拡大したにもかかわらず、外資系企業を事実としては含めていたが、それら企業の適用を明文化していなかった。これに対して99年条例では被保険者の範囲を外資系企業をはじめほとんどの企業の従業員に広げたのである。

③保険料の徴収方法の改定

〈3者負担の原則〉　1999年の条例では失業保険金費用の収入は主に4つの部分から構成されている。つまり、政府、企業、個人の3者による拠出金と失業保険基金の運用収入である。1986年の暫定規定でも、1993年の改正された待業保険制度でも、企業のみが保険料負担をおこない、従業員個人は保険料を負担しないことになっていた。1999年の条例ではこの点が改められ、個人も保険料を納付し、いわゆる3者負担になったのである。特に、個人に対して保険料負担を強制するようになり、社会保険としての性格が強まった。その意味で、これは重大な改革だったと思われる。

〈徴収基準の変更〉　1999年の条例では失業保険料率について次のように規定している。都市企業、事業単位は本単位の賃金総額の2％に相当する比率で保険料を納付する；従業員は本人賃金の1％に相当する比率で保険料を納付する。新しい失業保険制度の保険料の合計は、賃金総額3％となっており、以前より

第5章 失業保険制度の創設　223

上がっている。
④給付の改正
　給付に関する改正の主な内容は以下の通りである。
〈給付要件の変更〉　1993年の改正では、失業者が失業救済金を受け取る条件は、失業前に同じ企業で継続勤務年数が1年以上の者と規定している。1999年の条例ではこの給付要件が、従来の勤務年数から保険料納付期間に変わった。失業者の失業前の保険料納付期間の長さによって失業保険金の給付期間を決定する。これは失業者の義務と権利が統一されたことを意味するのである。具体的には、失業保険料の累計納付期間が満1年以上5年未満の場合、失業保険金の受取期限は12ヶ月であり、納付期間が5-10年の場合、受給期間は18ヶ月であり、納付期間が10年以上の場合、その受給期間は24ヶ月である。失業保険料の納付期間が1年未満の者は、失業保険金の受け取ることはできない。
〈給付水準の改正〉　失業保険金の支給基準が1993年の改定待業保険制度と1999年条例とでは異なる。1993年のそれは、支給基準を「当該地域の民政部門が定めた社会救済金額の120-150％に当たる」としていたが、1999年の条例では「当該地域の法定最低賃金より低く、当該地域の居民の最低生活水準より高い」水準とされている。この失業保険金の支給基準の更改は失業者の基本的な生活を保障できる水準に、高めるために行われたのだと考えられる。中国は新しい制度を、いろいろな国の制度を参考にしながら作ったのである。

（2）失業保険条例についての評価
　1999年の失業保険制度を作成する時の考え方は、93年の制度の欠陥を修正し、同時に、国際的な標準を参考にして、特にILOの基本的な要求に応じるため、あるいは国際的な標準に近づくためというものであった。こうして、条例によってはじめて中国の失業保険制度は先進諸国並みの制度を整えるにいたったのである。
　主として以下の内容に関してみてみよう。即ち、①失業保険制度の目的、②被保険者の範囲、③保険料の負担、④給付標準、⑤失業保険の管理などである。

①失業保険制度の目的

　失業保険の目的はいわゆる失業者の最低生活を保障することである。失業者の最も基本的な生活を保障することは、失業保険制度の最も直接的な目的である。保障対象、保障形式、保障項目の設置、保障基準、資金調達の方法などを選択する時、充分に国家、法人、個人という3つの経済的な負担能力を考慮し、あわせて長期的利益と短期的な利益を考えなければならない。

　先進諸国において失業保険制度が創設される状況を確認しておこう。資本主義経済体制の下では労働者は、企業に雇用され、その労働力の価格としての賃金を得ることによってしか自らの生活を維持する方法をもっていない。したがって、労働者は、失業という事態に直面すると生活維持のための基盤である賃金を失うこととなり、その生活は一気に重大な危険にさらされる。この危険の回避が失業保険制度の目的とされているのである。

　中国の失業保険制度の目的も失業によって所得が中断するすべての労働者の生活を保障するために金銭的給付を行う点にある。失業保険制度には、労働者が失業している期間、その労働能力を維持して再就職に備えるためという側面も見られる。この点で先進諸国の失業保険制度の設立の目的と同じものとなっている。

②被保険者の範囲

　ILO第168号条約は失業保険の範囲について次のように規定している。失業保険制度は労働能力があり、就職の意欲があり、職を探している完全な失業者に保護を提供すべきである、と規定し、失業保険制度の給付額は、高いばあいその国の賃金労働者の85%を、少ない場合でも50%はカバーすべきであると規定している。

　先進諸国の失業保険制度を見ると、失業保険の適用対象について、通常、ほとんどすべての賃金労働者が適用対象となる。第2次大戦後になると、日本も含めてほとんどの先進国が失業保険制度を作った。ところが、中国の場合は、99年の条例ではじめてほとんど全ての範囲に広げて、先進諸国のレベルに近づいたのである。中国の失業保険の被保険者の範囲は国際的な標準に達したと

いえるだろう。
③保険料の負担

多くの国々は社会福祉と社会援助の項目については国家財政がその費用を負担し、失業保険等の社会保険の項目（労災保険を除く）の保険料はだいたい個人、企業と国家の3者で負担している。

1986年の暫定規定でも、1993年の改正でも、企業だけが保険料を納付することになっていたが、1999年の条例では、個人も保険料を負担するようにし、3者負担になった。これは失業保険条例の改革の大きな内容である。99年の条例ではこれを新しく規定して、はじめてその義務と権利を統一した。保険料負担に関しても先進諸国並みとなった。

④失業保険費の支給標準

ILOの168号条約は、失業救済金の支給標準について規定している。そのポイントとして、3点ある。1、失業以前の収入の50％以下にはしないこと。2、法定最低賃金の50％を下回らないこと。3、基本的生活需要の最低水準を割らないことである。

失業保険の失業救済金額が、先進国で賃金の50-60％に達し、途上国では賃金の40-50％に達している。失業救済金の給付標準は、一般にある国の社会経済発展水準と社会的生活水準で決まる。

中国の場合は、少し特殊な状況にある。1993年の制度では、失業救済金の支給標準を社会救済金の120-150％に変えた。施行後、不合理であるから、99年の失業保険条例ではもう一回変えて、失業保険費の支給標準は最低賃金より低く、都市住民の最低生活費より高くした。中国の失業救済金の支給標準も国際的な標準に近づいた。

⑤失業保険の管理

失業保険管理体制について、先進諸国では、政府が専門機構を設立して、失業保険の管理を行う。政府が直接管理する方式は先進諸国では一般的な方式である。

中国の場合、以前、社会保障は労働部、人事部、民政部、各級の労働組合及び保険公司など分散的な管理になっていた。1998年3月で、中国は従来の労

働部を、「労働社会保障部」に組織替えした。今後、失業保険の管理は新しい段階にはいると思われる。

　失業保険基金管理について先進諸国は国レベルでの基金のプール化を行っているが、中国の99年の条例では失業保険基金は省・自治区・直轄市レベルでプール化された。同時に、失業保険基金の合理的な使用を保障するために、条例は基金の監督を強めるということを規定している。

　以上の5つの点から見れば、中国の失業保険制度は先進国の失業保険制度と同じように整備されたといえる。

　以上、先進諸国の失業保険制度と対比してみると、中国の失業保険制度は1999年の条例によって、先進諸国の制度の内容をほとんど網羅し、整えたことがわかるだろう。ところが、いまでも中国の失業保険制度の運営の状況をみると、失業保険基金の運用、管理、監督などいろいろな問題が存在している。それだけに中国の失業保険制度をうまく実施するにはなおかなりの時間がかかると思われる。

第四節　　失業保険制度の実施状況

1　失業保険基金の収入
（1）非国有企業被保険者数の急増
①被保険者数の増大

　すでに見たように、1999年の失業保険制度の創設によって失業保険制度がカバーする被保険者範囲は大幅に拡大された。つまり、従来の国有企業従業員のみから国有企業のみならず、各種企業、事業単位すべての従業員が失業保険の適用対象となったのである。ただし、前節でも論じたように、93年の改正待業保険制度の適用事業所は制度の上では国有企業となっていたが、事実上は外資系企業を含むその他の企業を含めていたことにも留意しておかなければならない。こうした制度上の変化が具体的に実態としてどのように現れているであろうか、1999年以降を中心に被保険者数の推移を見ておこう。そのために

まず図5-1を見てみよう。

図5-1は、失業保険制度の被保険者数と失業給付受給者数の推移を見たものである。『中国労働統計年鑑』2002年版によると、2001年末現在、中国の失業保険制度における被保険者数合計は1億268.5万人に達し、1990年の約1.5倍になっていることがわかる。

1990年から2001年まで、被保険者数は増加と減少を繰り返しながら全体としては増加してきた。1993年の改正によって、被保険者数の上昇は一気に加速し、94年までの1年間で、約1,600万人も増え、19.9%の増加率を記録した。これは待業保険制度の改正によって、国有企業の適用事業所の拡大だけではなく、実験地域における外資系企業を含むその他の企業をも適用対象に含めたことによる影響であろう。その後、失業給付受給者率の低迷、1人当たり給付金額の少なさ、保険基金の不正使用などの問題によって、数多くの被保険者が待業保険制度から離脱した。しかし、適用対象企業が都市のほとんどの国有企業、各種企業、事業単位へと広げられた1999年1月の「条例」の施行をきっかけとして、被保険者数が再び上昇傾向を見せるようになった。1999年の被保険

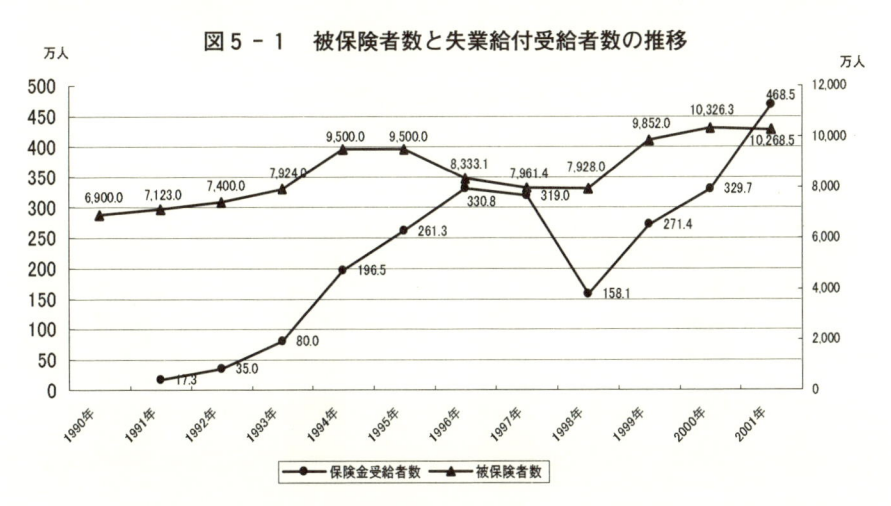

図5-1 被保険者数と失業給付受給者数の推移

出所：1993年までの被保険者数と失業給付受給者数は呂・田多 (2000年)、61頁、31頁より、それ以外は各年版の『中国労働統計年鑑』より。

者数は前年に比べ 1,924 万人も増え、24.3% 増となった。その後、被保険者数はやや伸び悩んでいる。2000 年の 1 億 326.3 万人に比べて、2001 年の被保険者数は約 58 万人減に転じた。1994 年と 1999 年における 2 度の急増は、ともに政策的要因によるものと考えられる。

②国有企業被保険者数の減少

続いて、被保険者数の増大の内訳を見てみよう。図 5-2 を参照してほしい。1999 年以降、被保険者数合計は増えているが、国有企業の被保険者数は減り続けていることがわかる。特に国有企業の被保険者数は 2001 年に 458.2 万人も減少した。集団企業の被保険者数も 2001 年には 147.7 万人減少した。1999 年から 2001 年まで、国有企業と集団企業における被保険者数合計は約 835 万人、11% も減少した。それと対照的に、外資系企業を含むその他の企業や事業単位の被保険者数は 1999 年以降大幅な増加が続き、国有・集団企業被保険者数の減少分を補っている。その他の企業の場合は、1998 年から 2001 年までに 240.3 万人から 1,320.4 万人へと 5.5 倍の増加となっている。事業単位の場合にも 300.9 万人から 1,977.2 万人へと 6.6 倍の増加となった。

その結果、非国有・非集団企業の企業や事業単位における被保険者数の被保

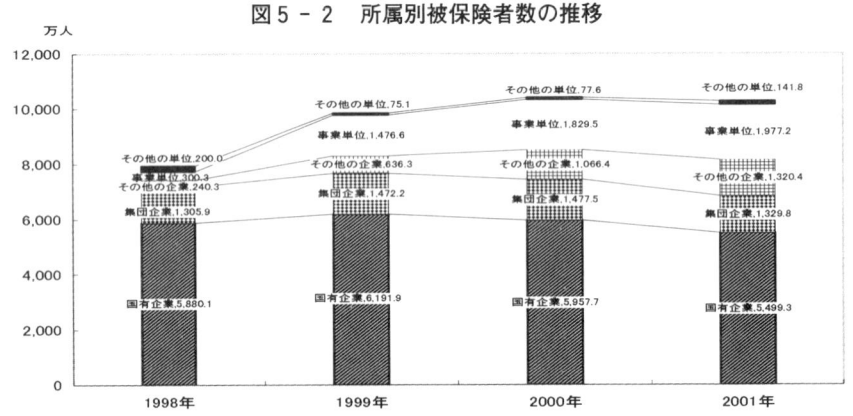

図 5-2 所属別被保険者数の推移

年	国有企業	集団企業	その他の企業	事業単位	その他の単位
1998年	5,880.1	1,305.9	240.3	300.9	200.0
1999年	6,191.9	1,472.2	636.3	1,476.6	75.1
2000年	5,957.7	1,477.5	1,066.4	1,829.5	77.6
2001年	5,499.3	1,329.8	1,320.4	1,977.2	141.8

出所:『中国労働統計年鑑』1999〜2002 年版より作成。

険者数合計に占める割合は、1998年の9.3%から2001年の33.5%に急上昇した。それによって、国有・集団企業における被保険者数の減少分が補われ、被保険者数合計も増加傾向を維持したのである。後にも述べるように、こうした非国有・非集団企業における被保険者数の増加が失業保険基金の収入増に大きく貢献していることはいうまでもない。

　1998年から2001年までの上述のような変化について、次のような説明ができよう。その背景として第1に、1999年の「条例」によって、失業保険制度の被保険者範囲が大幅に拡大されたことがあげられる。第2に、1990年代後半になってから国有企業の改革が強化され、国有企業における余剰人員の削減がより大幅に行われてきたことがあげられる。第3に、市場における人材の流動性がより高まることによって、国有企業や集団企業からの人員流出が大量に発生するようになってきたことである。第2と第3の背景から国有企業と集団企業における被保険者数が1999年以降減少していることは理解できよう。

(2) 保険料収入の増加

　被保険者に関する以上の分析を念頭におきながら、失業保険基金収入の実態について考察を行いたい。

①保険基金総収入の増加

　まず、失業保険基金収入の全体状況を見てみよう。図5-3が示しているように、失業保険基金収入の合計は、1993年の17.4億元から2001年の187.3億元に増加した。8年間で保険基金収入は10.8倍も増加した。特に、1998年以降、収入の増加幅が著しい。1999年の「条例」をきっかけとして、基金収入は前年より56.8億元増え、1.8倍となった。1998年から2001年まで保険基金収入の増加は約120億元にも達しているのである。

　従来の待業保険制度の下では保険料率が標準賃金の1%に設定されていたことと被保険者範囲が狭かったことによって、保険料収入はきわめて少なかった。そのため、保険基金の総収入も小規模にとどまっていた。1992年まで、基金収入対全国賃金総額の割合の平均はわずか0.27%だった[64]。1993年に保険料率

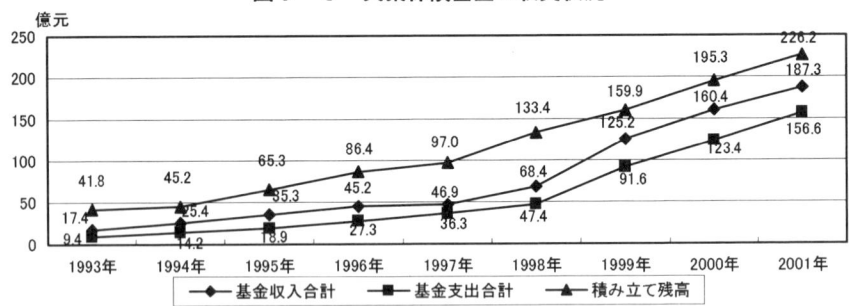

図5-3 失業保険基金の収支状況

億元

年	基金収入合計	基金支出合計	積み立て残高
1993年	17.4	9.4	41.8
1994年	25.4	14.2	45.2
1995年	35.3	18.9	65.3
1996年	45.2	27.3	86.4
1997年	46.9	36.3	97.0
1998年	68.4	47.4	133.4
1999年	125.2	91.6	159.9
2000年	160.4	123.4	195.3
2001年	187.3	156.6	226.2

出所：1993年と1995年の資料は、呂・田多(2000年)、55頁より。
1994年の資料は宋(2001年)、65頁より。1996年以降の数値は『中国労働統計年鑑』2002年版より。

の改正によって、保険料収入は増加したものの、1993年から98年まで、同割合の平均は0.48%にすぎなかった。1999年から、同割合はようやく1%台に乗せ、2001年までの平均は1.45%になっている。こうして1993年から2001年まで、保険基金の収入は一貫して増えてきた。しかし、同期間中、被保険者数は増加と下落の繰り返しが激しかった。図5-1と図5-3を見る限り、被保険者数の増減が保険基金収入に影響を与えているようなことは必ずしも見えてこない。それは被保険者数の増加より、経済成長による所得増と保険料徴収の改正が保険基金収入に与える影響が強かったのではないかと考えられる。

②保険料収入の増加とその内訳

次に、1998年以降における保険料収入の増加とその内訳[65]を見てみよう。

まず図5-4を参照しながら基金における圧倒的な資金源である保険料収入の変化について考察する。保険料収入は急速に増加している。保険料収入は

---

64) 基金収入を他の変数と比較したいが、最善の変数を見つからないため、比較的に比べられそうな全国賃金総額にした。全国賃金総額と比べるなら、保険料収入だけでよいだが、資料の不備によってできなかった。この割合が適切かどうかについて検討する必要がある。
65) 収入別の資料は1999年版以降の『中国労働統計年鑑』にしか掲載されていないため、以前の資料は入手できない。

第5章　失業保険制度の創設　231

図5−4　失業保険基金の収入状況（1998年以降）

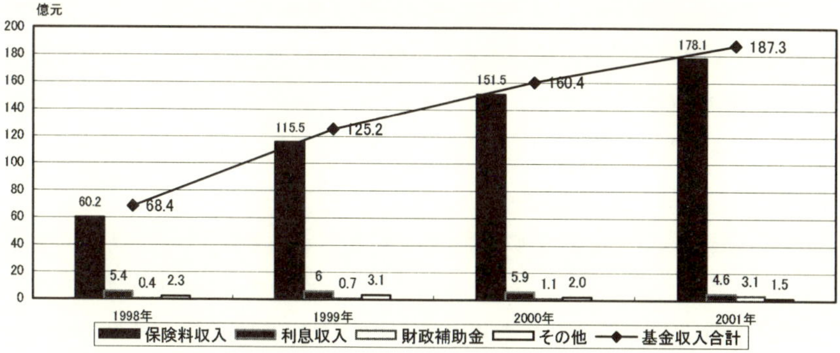

[図：1998年〜2001年の失業保険基金収入状況の棒グラフと折れ線グラフ。凡例：保険料収入、利息収入、財政補助金、その他、基金収入合計]

- 1998年：保険料収入60.2、利息収入5.4、財政補助金0.4、その他2.3、基金収入合計68.4
- 1999年：保険料収入115.5、利息収入6、財政補助金0.7、その他3.1、基金収入合計125.2
- 2000年：保険料収入151.5、利息収入5.9、財政補助金1.1、その他2.0、基金収入合計160.4
- 2001年：保険料収入178.1、利息収入4.6、財政補助金3.1、その他1.5、基金収入合計187.3

出所：『中国労働統計年鑑』、1999−2002年版より作成。

1998年から2001年の3年間で、60.2億元から178.1億元へと約3倍に増加している。1998年以降、保険料収入の急激な増加が基金収入合計の上昇に大きく寄与した。

　保険料収入の内訳[66]は雇用側の納付と従業員個人側の納付に分けられるが、両者はさらに国有企業、集団企業、その他[67]に分けられる。被保険者数の変化と合わして、各種企業の保険料収入を考察してみよう。はじめに雇用側と従業員個人側の納付状況を全体として見てみる。以下引用している数値は『中国労働統計年鑑』に基づくものである。雇用側の保険料納付金額合計は1998年の49.7億元から2001年の123.9億元へと約2.5倍増加した。しかし、1998年に82.6％であった雇用側納付額の保険料収入合計に占める割合は、2001年に69.6％にまで下落している。一方、従業員個人の納付金額は1998年の10.6億元から2001年の54.2億元まで約5倍に急増した。従業員個人の保険料納付金

---

66) 保険料収入の内訳に関して、『中国労働統計年鑑』1999‐2002年版表8に基づいて計算したものである。
67) 『中国労働統計年鑑』2001年版に、2000年の納付部門別を国有企業、集団企業、外資企業、その他の企業、事業単位、その他の単位に分けて統計を集めている。しかし、それ以前の年鑑では、納付部門別について、国有企業と集団企業を除き、全部「その他」にまとめていた。

額が保険料収入合計に占める割合は1998年の17.6%から2001年の30.4%に上昇し、この3年間で約13ポイント高まった。1999年1月に公布された「条例」によって保険料の個人納付が義務付けられたことによって、1999年以降個人納付保険料の割合が急速に上昇してきた様子がうかがえる。つまり、1999年以降、保険料徴収に関して、企業頼りの徴収体制から、個人側の納付に依存の度合を強めつつあるといえよう。

　さらに、各年版の『中国労働統計年鑑』に基づき、雇用側の保険料納付を企業並びに事業単位別で見てみると次のようなことがわかる。国有企業の保険料納付額は1998年に39.3億元であり、雇用側の保険料納付金額合計の79.1%も占めていた。ところが、それは2001年に72.0億元まで約1.8倍に増加したにもかかわらず、同割合は58.1%にまで大幅に下落した。集団企業の場合も、保険料納付額が1998年に5.3億元しかなかったが、2001年に9.9億元へと約1.9倍に増えた。しかし、雇用側の保険料納付金額合計に占めるそれの割合も国有企業と同様に1998年の10.7%から2001年の8.0%に下落した。他方、「その他」の保険料納付金額は、1998年の5.1億元から2001年の41.9億元へと、約8.2倍の大幅な増加となった。また、雇用側の保険料納付金額合計に占める割合を見てみると、1998年の10.3%から2001年の33.8%まで大幅に上昇してきた。

　失業保険基金収入の構成に関するこのような変化は、次のようなことを示している。つまり、保険料の主要な収入源は国有・集団企業からそれ以外の企業及びその従業員に移行している傾向が現れている。このような傾向はいうまでもなく国有・集団企業における被保険者数の減少と、それ以外の企業や事業単位における被保険者数の増加と密接に関連していると考えられる。このような傾向はこれからさらに強まっていくだろう。今後、外資企業、その他の企業、事業単位、その他の単位を含む「その他」の失業保険における役割はますます注目されていくことに違いない。

　雇用側と同様に、従業員個人の保険料納付も企業並びに事業単位別で見てみたいが、資料不足のために、それを分析することができなかった。しかし、す

でに述べたように、国有・集団企業の被保険者数の減少と非国有・非集団企業の被保険者数の増加という実態から考えると、非国有・非集団企業従業員からの保険料収入の増加率が国有・集団企業従業員のそれより大きいと考えられる。所属企業別の被保険者数の変化によって、保険料収入における国有・集団企業の役割の縮小と非国有・非集団企業の役割の拡大が明らかである。被保険者範囲の拡大は失業保険基金の財源調達ルートを変えた。非国有・非集団企業のほうが重要な資金源になったのである。

③補助金と利息収入

続いて、小さなウェイトしかもたないが、財政補助金収入と利息収入の動きにも触れておこう。

まず、財政補助金の動向を見よう。1998年以降、財政補助金の上昇が目立つ。図5-4を参照してほしい。小規模な金額でありながら、財政補助金は1998年の0.4億元から2001年の3.1億元へと7.8倍に膨らんだ。特に、2000年から2001年までの上昇幅が大きい。それは保険料未納の一部を補填するために、財政支出が増加したと考えられる。労働社会保障部失業司に行ったヒアリング[68]によれば、2001年の未納額が24.3億元であり、前年より1.6億元減少したものの、全国の失業保険料収入の13.0%にも及んでいるという。地域別を見れば、江西省、湖北省、陝西省、甘粛省などの内陸地域で未納金額が大きい。

一方、1998年に基金収入合計の約8%を占めていた利息収入は、基金合計が2.7倍に膨らんだにもかかわらず、2001年には4.6億元と、合計の2.5%まで減少した。それは、1999年以降における景気浮揚およびデフレ対策として、中央銀行によって利下げが頻繁に行われたことによるものである。低金利運用の対応策として、預金と国債運用以外に、新たな保険基金の運用方法が求められているようである。

---

[68] 于洋（筆者）が2002年5月に労働社会保障部失業司のZ氏と、社会保険研究所のH氏にヒアリングし、失業保険制度に関する研究調査を行った。

（3）小括

以上で明らかになったことを簡単にまとめると、以下の4つになる。①保険基金収入は1998、99年を境にして、そこから大幅な増加が続いている。②被保険者範囲と被保険者数も同時期から拡大と増加の傾向になった。③保険基金収入増には、非国有企業からの保険料収入の急増が大きく影響している。④保険料の個人納付も保険基金の収入増に大きく貢献している。

なぜ、このような変化が1998、99年あたりに生じたかを考えると、それが「失業保険条例」の誕生と強く関連していることはいうまでもない。そこで、なぜ、1999年1月に「失業保険条例」が登場したかを考えてみたい。「失業保険条例」の誕生は、すでに前節でも見たように、その前の段階の社会・経済状況に原因があったと考えられる。経済改革が加速した1992年以降、とりわけ1990年代半ばごろ、破綻企業や赤字企業の急増により失業者が大量に発生した。さらに、1998年に"経済皇帝"と呼ばれる朱鎔基氏が首相となり、国有企業改革の一層の推進が図られた。かくして国有企業から排出される失業者は急増し始め、失業給付増により基金支出の増加が著しくなった。地域によって、保険基金収支が赤字になり、従来の制度の維持でさえ困難になってきた。そのため、財源を確保することが緊急課題となってきたと考えられる。財源を確保するには、保険料率の引き上げ、被保険者範囲の拡大、失業給付の引き下げという3つの方法が考えられる。しかし、経済成長のおかげで所得並びに生活水準が上昇したのに、給付水準の引き下げは考えられないであろう。財政難に陥っていた待業保険制度から増えつつある失業者に対する給付を行うには、被保険者を非国有企業従業員にまで拡大するとともに保険料率を引き上げる以外に方法はなかった。こうして1999年1月に新たな失業保険制度が正式に創設されたと考えられる。事実本項で見たように、国有企業従業員を中心とした失業者に対する給付は、新たな非国有企業およびその従業員からの保険料徴収によって、賄われているのである。

以下では、さらに失業保険基金の支出状況を考察し、「失業保険条例」の実施以降の資金の流れがどのように変化したかを検討しよう。

2 失業保険基金の支出

(1) 失業保険基金の支出状況

1998年以降、失業保険制度改革と国有企業改革の促進、または失業保険基金収入の急増につれ、失業保険基金の支出も①基本生活水準を保障する、②再就職を促進する、③効率性を保つという3つの原則[69]に基づき、急速に増えている。

①支出の全体状況

前掲の図5-3を参照してほしい。失業保険基金の支出合計は、1993年から2001年にかけて、9.4億元から156.6億元へと16.7倍に増加した。同期間中、支出の増加率は収入の増加率より大きい。その増加率は8年間で、平均40%以上であるが、1993年から94年、また1998年から99年と2度50%を超えた。前者の場合は51.1%であったが、後者は76.5%[70]の増加率を記録した。いうまでもなく、その背景には1993年の改正と1999年の「条例」という政策的な要因があった。1999年における急増の後、失業保険基金支出合計の増加率が減速してきたものの、30%前後の増加を続けている。

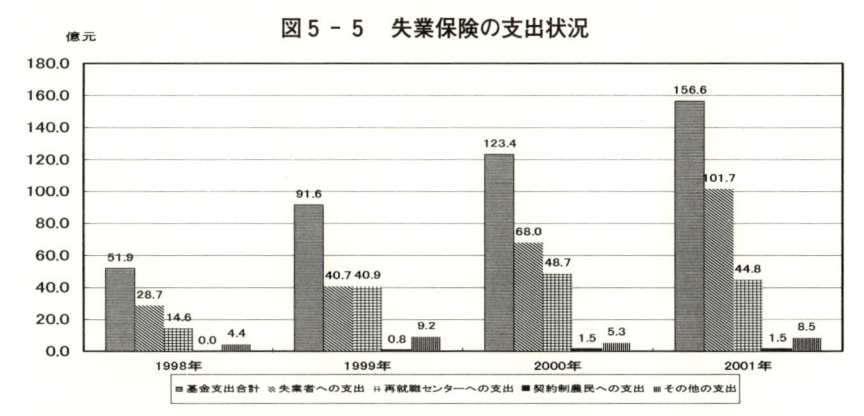

図5-5 失業保険の支出状況

億元	1998年	1999年	2000年	2001年
基金支出合計	51.9	91.6	123.4	156.6
失業者への支出	28.7	40.7	68.0	101.7
再就職センターへの支出	14.6	40.9	48.7	44.8
契約制農民への支出	0.0	0.8	1.5	1.5
その他の支出	4.4	9.2	5.3	8.5

注：1998年の51.9億元に管理費の4.5億元が含まれている。
出所：『中国労働統計年鑑』1999-2002年版より作成。

---

69) 毛主編(2001年)、7-8頁がこのように指摘している。
70) 管理費用を除くと、1999年の増加率は93.2%にもなる。

②増加した失業者への支出

　図5-5は1998年以降の失業保険基金の支出別の変化を示している。それを参照しながら、失業者への支出の増加ぶりを見よう。失業給付受給者数[71]の増加とともに、失業者への支出も増えてきた。1998年、失業者への支出、つまり失業給付は28.7億元で、失業保険基金支出合計に占める割合も55.3％しかなかった。2001年、失業者への支出は1998年の支出額の3.5倍にまで膨らみ、101.7億元に増加した。そして、失業保険基金支出合計に占める割合も65.0％にまで高まった。失業者1人当たりへの年間支出も、1998年の1,815.3元から2001年に2,170.8元へと上昇した[72]。第一～三節でも見たように1998年までは、失業者への失業保険基金支出は少なかった。だが、このような問題は1998年以降少々改善されてきているようである。

③再就職センター[73]への支出

　失業保険基金の支出には失業者への支出のほかに再就職センターへの支出、契約制農民への支出とその他の支出がある。ここで、再就職センターへの支出状況について見てみる。再就職センターへの支出は国務院の「通知」[74]に従うものであり、国有企業下崗職工の基本生活を保障するための「三三制」[75]資金の一部である。後に詳述するように、失業者に対する保障よりも国有企業下崗職工に対する保障のほうが手厚いのである。

　図5-5に示されているように、この支出は1998年に14.6億元だったが、1999年に2.8倍の40.9億元まで急速に増加した。1999年に、失業保険基金と

---

71) 本稿に使用している失業給付受給者数とは年末数ではなく、全年における受給者数のことである。
72) これらの数値は図5-1と図5-5を基づき、計算したものである。
73) 再就職センターとは1998年以降整備された国有企業下崗職工に基本生活保障等を提供する組織である。
74) これは1998年6月に国務院が公布した「国有企業における下崗職工の基本生活保障と再就職業務に関する通知」(以下「通知」と称する。)を指している。
75) 後に説明が行われるが、再就職センターにおける資金調達の方法である。それは財政から3分の1、企業自身から3分の1、失業保険基金を含む社会から3分の1のことを指している。

称しながら、再就職センターへの支出は同年の失業者への支出より多かった。1998年の「通知」以降、失業保険制度が国有企業下崗職工対策としての色合いが強まってきた様子が見てとれる。

④契約制農民への支出とその他の支出

契約制農民への支出とは、各企業や単位に働いている契約制の農民賃金労働者に労働契約を解除するときに支給する一時金のことである。図5-5が示しているように、この支出はもっとも小さい支出であり、規模もほぼ安定している。

また、その他の支出について、その内訳がよくわからないが、1998年以降の短い期間における変動は激しい。

1999年以前、失業保険基金の管理費、人件費などは保険基金の支出に含まれていたが、1999年の「条例」ではそれらの費用は財政から負担すると明確に定めている。ちなみに、1998年の失業保険基金の管理費用は4.5億元であったが[76]、失業保険基金支出の51.9億元に占める割合は8.7%であった。この割合から見ると失業保険基金の管理費用は高いという批判がわかる。前述のように、1999年以降の管理費用は全額財政支出で賄うようになった。そこで、失業保険基金の管理費用に対する財政の支出もかなりの規模を有することがわかる。

(2) 失業給付受給者数の増加と失業給付水準

いうまでもなく、失業保険基金の支出の動向は、受給者数の変化によって大きく動いている。ここで、失業給付受給者数はどのように推移しているか、または彼らに対する失業給付の水準はいかなるものかを考察する。

①失業給付受給者の急増

失業給付受給者数の推移は前掲の図5-1に示されている。それを参照する

---

76) 1998年の失業保険基金の管理費用は『中国労働統計年鑑』1999年版表8-34-6に示されているが、ほかの年のデータは見つからない。

と、失業給付受給者数は 1991 年の 17.3 万人から、2001 年の 468.5 万人に達し、10 年間で約 27 倍に急増した。同期間中、被保険者数が 1.5 倍しか増加しなかったことを考えれば、失業給付受給者数の増加の著しさがわかろう。被保険者数の推移と同様に、受給者数も 1993 年から 94 年、1998 年から 99 年まで、2 度急増している。1993 年の急増は、受給者数が前年の 2.5 倍弱に急上昇した。その後、失業給付受給者数は 1998 年にいったん前年の半分にまで減少したが、1999 年以降再び増え続けている。1999 年には、前年より 113.3 万人、1.7 倍に急増した。その後、2000 年の 329.7 万人と比べ、2001 年の失業給付受給者数は 42.1% 増の 468.5 万人に達している。また、労働社会保障部へのヒアリングの結果によると、2001 年の月ごとの平均受給者数は 289.7 万人で、前年より 54.2% 増加した。これも 2000 年以降の増加ぶりを物語る。2 度の急増に、失業保険の範囲が拡大されてきたという共通の要因があるが、その後の持続的増加にはそれぞれの背景がある。1996 年までの急増の背景として、1993 年から 96 年にかけて、赤字国有企業が急増し[77]、国有企業における余剰人員の大規模なリストラが行われていたことが考えられる。1999 年から 2001 年までについては、再就職センターの下崗職工を失業保険制度の保障対象に統合させていく動きが顕著になってきたことが考えられる[78]。しかし、失業給付受給者数が増えたとはいえ、全体から見た場合、2001 年の受給率は 42.5%[79] にとどまり、まだ低い。ちなみに、受給者増加率の高い地域は、江蘇省など繊維業が盛んだった地域である。

被保険者の分析と同様に、所属別で受給者数の推移を分析できれば、失業保険基金の収支動向が一目瞭然になると考えたが、そのような資料がないため、上述のような全体像にとどまるしかない。しかし、一般的に言われているよう

---

[77] このようなことについて、小宮(1999 年)、10 頁の表 1-1 を参照してほしい。
[78] これについて、労働社会保障部に行ったヒアリングによって把握できたものであるが、後のいくつかの分析からもこのような動きが見られる。
[79] この受給率は、2001 年の月平均受給者数が 2001 年末の登録失業者数に占める割合である。ちなみに、2000 年の受給率はわずか 31.6% であった。

に、国有・集団企業における失業給付の受給者数が多いと考えられる。

②まだ低い失業給付水準

　すでに見たように、失業給付受給者数の急増は失業者への支出増をもたらした。しかし、失業者への支出の内訳を見ると、失業給付が増えてきたものの、1人当たりの給付水準はまだ低いといわざるを得ない。

　失業保険基金から失業者への支出内容は表5-6の通りである。それは失業給付、医療補助金、葬祭費、職業訓練補助金、職業紹介補助金など5種類で構成されている。失業者の基本生活に直接に関連している項目は、失業給付と医療補助金である。この2種類の割合を見よう。2種類の割合は1998年の73.4％から、1999年の81.7％、2001年の86.7％まで上昇してきた。単独で見ると医療補助金の上昇が顕著である。それは1998年の0.71億元から2001年の4.90億元へと約7倍も上昇した。同期間中に失業給付の上昇も4倍であったが、1人当たりの給付水準はまだ低いといわざるを得ない。例えば、2001年の全国平均賃金が10,870元[80]であったのに、同年の1人当たり失業給付金額が1,778.0元[81]と平均賃金の2割未満の水準であった。ちなみに、1998年に1人当たり失業給付金額は1,289.7元しかなかった。失業給付の受給率がまた低いことに加え、失業者への支出構造は失業者の基本生活と関連のない部分への支出が多く、1人当たり給付金水準が低いという印象が残る。

表5-6　失業保険基金から失業者への支出項目

単位：億元

	合計	失業給付	医療補助金	葬祭費	職業訓練補助金	職業紹介補助金
1998年	28.7	20.39	0.71	0.04	6.60	1.00
1999年	40.7	31.87	1.40	0.03	4.58	2.85
2000年	68.0	56.20	2.48	0.05	4.58	4.69
2001年	101.7	83.30	4.90	0.10	8.20	5.30

出所：『中国労働統計年鑑』1999-2002年版により作成。

80)　『中国労働統計年鑑』2002年版、33頁。
81)　この数値は図5-1と表5-6を基づき、計算したものである。

(3) 下崗職工数の動向と再就職センターへの支出

中国で失業保険の対象者とは都市部における登録済失業者を指している。登録済失業者とは企業との労働契約が解除され、都市部の失業管理部門で失業登録を済ませた失業者のことである。一方、国有企業を中心に、企業との労働契約が存在しているものの、実際に一時帰休となっている者は「下崗職工」と呼ばれている。公式上では、下崗職工は失業者とみなされず、登録済失業者に含まれていない。そのため、失業者対策は中国では、都市部登録済失業者に対応する失業保険制度と、国有企業を中心とする再就職センターにおける下崗職工に対応する基本生活保障制度とがあることになる。前者と比べると、後者が新しく短期的な制度である。すでに見たように、再就職センターに在籍している下崗職工に対して、失業保険基金から資金提供が行われている。ここで、改めて下崗職工数の動向と再就職センターへの支出について考察しておこう。

①国有企業改革と下崗

1980年代から、中国では国有企業に対する改革が実験的に始まった。一般に言われているように、国有企業改革は主に次の3段階に分けて進んできている。第1段階は1980年代半ばまでの経営自主権の拡大、第2段階は80年代半ばから1993年までの生産請負制（所有権と経営権の分離）の導入、第3段階は1993年以降の国有企業の株式化への転換である。これまでの国有企業改革は最近になって徐々に成果が現れてきた。その裏づけになるのは、2000年末の決算では約7割の赤字大・中型国有企業が黒字転換を果たしたことである[82]。国有企業改革が成功した最大の要因の1つとして大規模なリストラに踏み切ったことが挙げられている。国家経済貿易委員会の発表によれば、国有企業数は1989年の10.23万社から2002年半ばの4.69万社に急減した。また、1998年から2001年末まで、国有企業から下崗した職工の累計数は2,550万人に上る。そのうちの再就職者と退職者扱いの人を除くと、2001年末現在の下崗職工数は500万人あまりである。このような大規模なリストラによる国有企業の人件

---

82) 国家経済貿易委員会の発表によるものである。

費の大幅削減が、国有企業改革に貢献したといえよう。
② 「三三制」の通知による支出割合の急増

　しかし、膨大な余剰人員の削減はそれらの再配置と生活保障の面に大きな問題をもたらした。1990年代後半、国有企業改革が強化されるのに伴い、下崗職工数の増加と再就職率の低下によって、下崗職工の問題が失業問題と並んで最大の政策課題の地位に上ってきた。1998年6月に中共中央、国務院は「国有企業における下崗職工の基本生活保障と再就職業務に関する通知」を公布した。この通知を通じて、国有企業に再就職センターの整備を促し、国有企業下崗職工の基本生活を確保するように指示した。また、同通知は、再就職センターが下崗職工の基本生活費と代納する社会保険料費用のための財源を、「三三制」によって賄うと定めている。それは財政予算が3分の1[83]、企業自身が3分の1、社会が3分の1というものである。社会から調達する3分の1は、失業保険基金からの調整金が大きな割合を占めている。

　この「三三制」通知をきっかけとして、失業保険基金から再就職センターへの支出が一気に増加した。実際に、失業保険基金から再就職センターへの支出の失業保険基金支出全体に占める割合は、1998年に30.6%、1999年に44.7%、2000年に39.5%となっており、失業者への支出に次ぎ、2番目の規模となっている。それだけではなく、興味深いことに失業給付受給者率より、基本生活保障を受けている国有企業下崗職工の割合の方が高いのである。表5-7は失業保険制度と国有企業下崗職工の基本生活保障制度の受給者数の推移を示したものである。この表から計算した結果、1998年以降、再就職センターにいる下崗職工のうち、基本生活保障を受けている者の割合は平均約91%[84]である。しかし、失業給付受給者数の登録済失業者数に対する割合は制度初期の1991

---

83) 中央に属している企業の場合は中央財政からの調達であるが、地方に属している企業の場合は地方財政からの調達と規定している。但し、困難地域に関して中央財政からの支援を受ける。
84) 『中国労働統計年鑑』1999-2001年版の資料を基づき、筆者による計算結果である。1998年は76.9%、1999年は92.0%、2000年は97.2%、2001年は98.1%である。

表 5-7　2種類の保障体制の受給者数の推移

単位:万人

年	A 登録済失業者数	B 失業給付受給者数	C 再就職センターの下崗職工数	D 下崗職工の保障対象数	B:D
1998年	571.8	158.1	682.7	524.9	30:100
1999年	575.0	271.4	715.5	658.3	41:100
2000年	595.0	329.7	614.4	597.4	55:100
2001年	681.0	468.5	485.8	476.6	98:100

出所:中国労働社会保障部・国際労工組織・カナダ人力資源開発部編(2001.9)、『中国労働統計年鑑』1999-2002年版により作成。

にわずか4.9%であった。1999年以降ようやく40%を超えるようになったその受給率は、1991年から2001年までの平均でもわずか40%でしかなかった。両制度の適用者に対する受給者の割合から、一般失業者より国有企業下崗職工に重点を置いた保障を行っている様子がうかがえる。また、後に述べるように、保障金額から見ても国有企業下崗職工のほうが手厚い保障を受けているのである。

③再就職センターの縮小

同じ表5-7から読み取れるもう1つの事実は、再就職センターにいる下崗職工数の縮小である。1998年以降、失業給付の受給者数は右上がりに増えつつあるが、下崗職工数が1999年にピークの715.5万人から2000年の614.4万人に減り、さらに2001年に485.8万人の水準にまで減少した。減少幅と減少率ともに激しい。下崗職工のうち、基本生活保障を受けた下崗職工数も同じように拡大から縮小へ変化してきた。表5-7に示されているように、基本生活保障を受けた下崗職工数も1999年の658.3万人から2000年の597.4万人に減り、さらに2001年に476.6万人に減少した。

失業給付の受給者の上昇と基本生活保障を受けている国有企業下崗職工数の減少によって、この2種類の保障の受給者の動きが対照的になってきた。この2種類の保障の受給者を対比して見てみると、次のようになる。表5-7が示

しているように、失業給付受給者数と基本生活保障費を受給した下崗職工数の割合は、1998年に30：100、2001年には98：100となっており、失業給付受給者が急増していることと、下崗職工数が減少していることを知ることができる。なお、中国労働社会保障部・国際労工組織・カナダ人力資源開発部編(2001年) が毎年12月の数値に基づいて、同じような相対比を求めている。[85] それが示している数字は筆者のものとかなり乖離している。労働社会保障部・国際労工組織・カナダ人力資源開発部編 (2001年) によれば、両者の相対比は1999年12月に17：100、2000年12月に31：100、さらに2001年12月に44：100となっている。数値の違いはかなり大きいものの、失業給付受給者が大幅に拡大している点と下崗職工数が縮小している点では両者とも同じであるといってよい。

再就職センターの縮小は失業保険基金の支出からも見られる。すでに見たように、失業保険基金から再就職センターへの支出が失業保険基金支出全体に占める割合は2000年から減少している。1999年に44.7%であったその割合は2000年に39.5%に、さらに2001年に28.6%まで下落した。

再就職センターが縮小したことには次の2つの背景があると考えられる。1つは、1998年6月の「通知」に定められているように、「再就職センターに3年間まで在籍することは認めるが、3年を超えて再就職できていない者は失業者になる」ということである。それによって、国有企業下崗職工の失業者化が2001年後半から始まった。もう1つは、2001年以降、徐々に国有企業の再就職センターをなくしていく方策が出されたということである。それによって、新規下崗職工の再就職センターへの加入は少なくなった。彼らは下崗職工という潜在的失業者という段階を踏まず、直接に失業給付の受給者になっていくことになったのである。この2つのことにより、失業保険基金から再就職センターへの支出割合が減少したのである。

---

85) これについて、中国労働社会保障部・国際労工組織・カナダ人力資源開発部編(2001年)、6頁を参照してほしい。

失業保険基金支出の調べでは、所属別の受給者への支出金額を把握できていないため、保険基金の収入、とりわけ保険料収入は、どのように流されているかについて詳細な分析ができなかった。しかし、再就職センターへの支出の把握によって、保険基金収入、とりわけ非国有・非集団企業及びその従業員からの保険料収入の一部は、国有企業下崗職工の生活保障のために使われていることが明らかになった。

（4）小括
　第2項で最も印象深いものは再就職センターへの支出ではなかろうか。「なぜ再就職センターへ失業保険基金から資金を出さなければならないか」という素朴な疑問があるかもしれない。その答えを探るために、なぜ1998、99年に再就職センターというようなものができたかを解明しなければならない。その原因は、中国の従来の雇用体制にあったと思われる。
　1980年代まで国有企業はほぼ全部の雇用を担っていた。その国有企業の従業員は地位も高く、一生の生活保障が得られると思われてきた。しかし、このような状況は経済改革の進展とともに変わってきた。特に、1990年代半ば以降、国有企業改革の加速により、国有企業における人員削減が激しくなってきた。国有企業からの大量のリストラ者が一気に失業者になってしまう事態は、政権や社会に大きなダメージを与えかねないと考えられる。そこで、彼らに対して、一定期間の救済を行う政策が出されたのである。それが再就職センターの整備である。それによって、削減された企業従業員は下崗職工の形で企業内に残り、国有企業から生活保障を受けながら再就職の道を探っていく。こうして、政権と社会秩序も維持されていく。
　以上の考察から、失業保険制度の創設は以下のような意味をもつと結論づけられよう。①国有企業改革が進む中で、国有企業から排出された失業者に対する失業者給付費用を国有企業のみで賄うことができなくなったので、失業保険制度を創り、非国有企業およびその従業員の保険料負担を新たに導入し、これらを合わせて失業給付費用を賄い、国有企業改革を進めようとしたのであると

読み取れる。②失業という形はとらなかった国有企業の下崗対策も、非国有企業およびその従業員の負担を追加して実施する動きを見せている。つまり最初の1，2年は失業保険制度からの資金的援助を受け（三三制）、その後は潜在的失業者としての下崗自体を縮小、解消して直接失業者にし、これを失業保険制度で対応させようとしているのである。③要するに、国有企業は市場経済化の中で改革を迫られているが、そこから発生する下崗や失業者といった過剰人口対策費を国有企業だけでは負担しきれず、国有企業改革を進めるためには非国有企業およびその従業員負担を増やし国有企業の負担の肩代わりをしつつこれに対応していると考えられるのである。

失業保険制度と国有企業の再就職センターとの関係について、第3項でさらに詳しく考察しよう。

3 失業保険制度と再就職センター

（1）再就職センターの本質

これまで述べてきたように、中国の失業対策には、都市部登録済失業者に対応する失業保険制度と、国有企業を中心とする再就職センターにおける下崗職工に対応する基本生活保障制度という2つの制度がある。再就職センターは1998年から注目されてきた。この項では1998年以降の事情を踏まえて、この2つの制度の関係を明らかにする。

①国有企業の人員削減の受け皿

第2項ですでに述べたように、1990年代後半からの国有企業改革のさらなる推進に伴い、企業から大規模の余剰人員が下崗職工の形で現れてきた。下崗職工は国有企業に限らずすべての企業から発生しているが、国有企業下崗職工数が圧倒的に多い。各年版の『中国労働統計年鑑』によれば、下崗職工のうち、約7割が国有企業から発生している。

さらに、表5-8が示しているように、年末の未就職下崗職工数合計は1997年の634.3万人から1999年の937.2万人に増加したが、その後減少している。2000年に911.3万人、2001年に741.7万人となった。2001年末現在、都市部

表5-8　再就職センター人数及び保障待遇の受給者数の推移　　単位：万人

年	下崗職工数合計	再就職センター人数合計				保障待遇の受給者数合計		
			国有企業	都市集団企業	その他の企業		全額受給者数	非全額受給者数
1997年	634.3	70.3	55.6	——	——	324.8	——	——
1998年	876.9	682.7	582.6	90.7	9.4	524.9	——	——
1999年	937.2	715.5	623.3	83.0	9.0	658.3	568.9	89.4
2000年	911.3	614.4	591.0	——	——	597.4	580.6	16.8
2001年	741.7	485.8	463.6	——	——	476.6	471.5	5.1

出所：『中国労働統計年鑑』1999年〜2002年版により作成。

職工数合計に占める未就職下崗職工の割合は6.9％であったが、前年の8.1％より改善している[86]。2001年の登録済失業者は681.0万人であり、規模から見ると、未就職下崗職工の方が登録済失業者より多い。

　1998年以前は、わずかの下崗職工しか再就職センターに所属していなかったが、1998年6月の通知以降は、再就職センターが急速に整備され、1997年には約10倍の下崗職工がそこに入るようになった。しかし、再就職センターの設置は国有企業に重点を置いたため、依然としてすべての企業における下崗職工が再就職センターに入ることはできなかった。表5-8に示されているように、1998年以降再就職センターに入っている者は下崗職工全体の7割[87]であり、国有企業下崗職工がその9割前後を占めている。このような事実から、再就職センターの本質は国有企業改革によって淘汰された余剰人員の受け皿ではないかと考えられる。
②国有企業下崗職工に対する万全な保障体制
　第2項で述べたように、1998年6月に公布された「通知」によって、国有企業下崗職工に対する万全な保障体制がつくられたのである。その保障のすべ

---

86) 分母である都市部職工数は『中国労働統計年鑑』2001年版93頁、同2002年版157頁から得られた全国在職者数である。
87) 張（2001年）に指摘しているように、1997年ではこの比率はわずか1割しかなかった。

ては再就職センターを通じて実施されている。再就職センターの目的について、「再就職センターの設置は、国有企業における下崗職工の基本生活を保障することと、彼らの再就職を促進することに有効な措置である」と同「通知」に書かれている。また、再就職センターについて、「当企業における下崗職工の基本生活費の支給および、年金・医療・失業等の社会保険料の納付に責任を持たなければならない」ことと、「下崗職工の増加の抑制及び転職訓練や教育を行う」ことなどが同「通知」に書かれている。年金・医療・失業等の社会保険料の納付という特典は失業給付受給者は享受できない、下崗職工のみに与えられた待遇である。さらに、再就職センターに入っている下崗職工に関して、在籍年数は次のように定められた。下崗職工は再就職センターに4年以上在籍することは認められない。つまり、3年間の在籍を超えて再就職できていない者は失業保険の対象になるのである。最大2年間という失業者に対する給付期間より、下崗職工に対する給付期間は1年間長くなっている。1998年8月に、労働社会保障部等はさらに「国有企業における下崗職工の管理及び再就職センターの建設の強化に関する通知」を公布した。この2つの通知によって、1998年後半に国有企業に設けられている再就職センターが、潜在的失業者とみなされている国有企業下崗職工の再就職と基本生活保障において大きな役割を果たした。

（2）再就職センターの財政

　これまでの分析によって、1998年以降、再就職センターの整備とともに、失業保険制度と再就職センターとは互いに強く結び付けられていることがわかったであろう。失業保険制度と再就職センターの関係をより明らかにするため、再就職センターにおける資金の収支状況を見てみよう。
①再就職センターの収入
　表5-9によって、再就職センターの資金がいかに調達されているかを見てみよう。まず第1に、再就職センターにおける資金調達の規模が失業保険基金収入よりかなり大きいことがわかる。再就職センターにおける資金調達の合計

は、1998年には131.2億元で、同年の失業保険基金収入の1.9倍となっていた。同合計は2001年に224.5億元に増加したが、同年の失業保険基金収入の1.2倍に縮小した。これは、基本生活保障を受ける再就職センターの下崗職工数の減少と関連している。第2に、前述のように失業保険基金からの調整金は再就職センターにおける資金調達合計の中で大きな割合を占めていることがわかる。1998年に11.1%であったその割合は、1999年以降は20%を維持している。第3にわかることは、再就職センターにおける資金調達は財政からの支出が半分以上の割合を占めていることである。再就職センターの資金調達における財政補助は、1998年に68.4億元、資金調達合計の52.1%を占めていた。それは、2001年に128.5億元の規模に上り、割合も54.6%まで上昇してきた。財政補助に占める割合は前述の「三三制」と一致しないが、次のように説明できよう。国有企業下崗職工に対する生活保障を行う組織である再就職センターの財源において、国有企業を管轄している各級政府からの財政援助が大半を占めることは当然のように思われる。また、国有企業の改革にあたって、資金調達が困難な企業が増えている。そのために、財政支出でこれを補填するという政策的な要因もある。失業保険基金からの調整金の割合が安定的に推移していることから見て、国有企業下崗職工に対する生活保障にこれが大きな役割を果たしている、といえよう。

表5－9　再就職センターの資金調達状況の推移　　単位：億元

年	前期の繰り入れ	A合計	B失業保険基金からの支出	B対Aの割合	C財政補助	C対Aの割合	中央財政からの支出
1998年	36.3	131.2	14.6	11.1%	68.4	52.1%	18.5
1999年	27.1	196.4	40.9	20.8%	99.6	50.7%	──
2000年	23.1	235.4	48.7	20.7%	130.2	55.3%	──
2001年	15.4	224.5	44.8	20.0%	128.5	54.6%	──

出所：『中国労働統計年鑑』1999～2002年版より作成。

第5章　失業保険制度の創設　249

表5-10　再就職センターの資金支出状況　　　　　　　　単位：億元

年	合計	基本生活費	年金保険料	医療保険料	失業保険料	来期の繰り上げ
1998年	107.6	72.8	24.3	5.0	4.2	27.2
1999年	202.6	131.6	48.3	10.4	6.0	20.8
2000年	246.5	150.5	65.1	12.3	7.9	12.0
2001年	229.2	138.9	64.0	10.7	8.7	10.3

出所：表5-9に同じ。

②再就職センターの支出

　続いて、再就職センターの支出について検討してみる。表5-10によって、再就職センターの支出について次のようなことがわかる。まず第1に、再就職センターにおける下崗職工の基本生活費の支出はさほど多くないことである。下崗職工の基本生活費の支出は、1998年に72.8億元で、支出合計の67.6%を占めていた。同支出は2001年に138.9億元に増えたが、支出合計に占める割合は60.6%に下落した。第2に、年金・医療・失業などの社会保険料支出がかなりの割合を占めていることである。年金・医療・失業などの社会保険料の合計は、1998年に33.5億元、支出合計の31.1%を占めていた。同合計は、2001年に83.4億元に増加し、支出合計に占める割合も36.4%に上昇した。3種類の社会保険料のうち特に年金保険料の金額が大きい。社会保険料の支出を強化することが新しくできた各種社会保険制度を支える意味を持つだろう。また、それは国有企業における社会保障改革を順調に進めるためとも考えられる。

（3）失業保険と再就職センター

　これまで分析してきたように、1998年以降、中国の失業保険制度は国有企業における再就職センターと強い連帯関係で結び付けられている。第2項、またこの項でも述べたように、1998年から2001年半ばまで、再就職センターに在籍している国有企業下崗職工数は急速に増えた。彼らの基本生活保障のための財源は、財政資金、企業自身の調達のほかに、失業保険基金からの調整金に

よって賄われている。しかも、2001年までに、失業保険基金からの調整金は再就職センターの資金調達全体の20%も占めている。このような事実から、失業保険制度が、国有企業における下崗職工の基本生活保障と再就職プロジェクトに対して、大きな役割を果たしていることは明白である。

ところが、ここでの分析から次の動向も明らかにされた。それは、2001年以降、国有企業における再就職センターは縮小されつつあり、国有企業下崗職工が直接に失業保険制度に流されていく動きである。この動きは、①失業給付受給数の増加、②基本生活保障を受給している国有企業下崗職工の減少、③失業保険基金からの調整金の減少という3つの現象の分析によって証明されたと考える。

(4) 小括

本項で明らかにしたことは次のようである。つまり、1990年代以降の失業保険制度の改革は、国有企業下崗職工対策の色合いが濃いと捉えられることである。その色合いは1998年の「通知」と1999年の「条例」によって、より強まってきた。そのプロセスは、失業保険の保険料負担を非国有企業およびその労働者に求めて増収を図り、確保できた財源の一部を国有企業下崗職工対策に生かす。それは一時的な再就職センターを通じて国有企業下崗職工に基本生活保障のための資金援助を行う。ついで、再就職センターを縮小し、下崗職工それ自体を国有企業が抱えず、直接に失業者化させる。これをすべて失業保険制度で引き受ける。いわば、国有企業下崗職工の基本生活保障を失業保険制度に統合しようとしている。こうすることによって、負担を軽くしながら国有企業改革をさらに進めることを狙った対応ではないかと思われるのである。

4 失業保険制度改革の方向

1986年の待業保険は、改革路線の促進、市場経済の導入、経済構造の変化に伴って生じた失業問題を解決するために創設されたものであり、その後1993年の修正を経て1999年の失業保険となった。

中国の失業保険制度の特徴は次のようにまとめられる。まず第1に、多くの先行研究が指摘しているように、中国の失業保険制度は失業者の生活救済機能だけではなく、転職訓練、職業紹介、起業支援といったようなさまざまな措置を通して失業者の再就職の援助と促進機能も持っている。これは失業保険基金の支出項目における「職業訓練補助金」や「職業紹介補助金」などの大きさから明らかであろう。中国の失業保険制度におけるこのような機能は日本の雇用保険3機能（雇用安定事業、能力開発事業、雇用福祉事業）に似ているように思われる。とすれば今後の改善においても日本等の先進国の経験を参考にしていく必要があるに違いない。

第2に、1998年以降、失業保険制度は国有企業における下崗職工の基本生活保障と再就職プロジェクトと一体になって、失業者と潜在的失業者である下崗職工の生活保障および再就職の援助と促進に力を注いだことである。国有企業改革を強化するプロセスにおいて、財政支出とともに失業保険基金を活用して、赤字国有企業を救済することは他の国では見られない特色であろう。

第3に、1998年以降に関する分析とヒアリングによって証明されているように、今後の方向として、再就職センターがなくされ、失業保険制度に統合されていくのであろう。実際、2001年末に、中国は2004年までに再就職センターを完全になくす方策を打ち出したのである。

参考文献

〔日本語〕

張紀潯（2001年）、『現代中国社会保障論』創成社。
中国研究所編（1996年）、『中国年鑑1996年版』新評論。
中国総覧編集委員会編（1990年）、『中国総覧1990年』財団法人霞山会。
今井理之編（1994年）、『最新ガイド中国経済市場経済化の実態』日本経済新聞社。
小宮隆太郎（1999年）、「中国国有企業の赤字問題」総合研究開発機構編『中国市場経済の成長と課題』NTT出版株式会社。
西野久雄（1993年）、『資本主義をめざす中国―改革開放路線的展開』リーベル出版。
日本労働研究機構編（1997年）、『中国の労働政策と労働市場』日本労働研究機構。

王文亮（2001年）、『21世紀に向ける中国の社会保障』日本僑報社。
呂学静・田多英範（2000年）、「中国失業保険制度論」『流通経済大学論集』第35巻第1号。
労働大臣官房国際労働課編（1995年）、『海外労働白書1995年版』、日本労働研究機構。
于　洋（2002年）、「中国の医療保障制度の展開－市場経済と関連させて－」『早稲田経済学研究』早稲田大学大学院経済学研究科経済学研究会 No.54。

〔日本語雑誌〕

『人民中国』（1997年、1998年各期）。
『海外労働時報』（1996年、1997年各期）。
『経済の眼晴』（1997年各期、1998年各期）。
『北京週報』（1997年、1998年各期）。

〔中国語〕

『法制日報』1997年6月
『管理世界』1987年6月号
『管理世界』（京）1993年6月
『光明日報』1997年9月
『計画与市場探索』1996年第6期
『経済問題』1996年第2期
『経済研究』1993年各期
労働部課題組編（1994年）、『中国社会保障体系的建立与完善』、中国経済出版社。
令狐安、孫慎之編（1992年）、『中国改革全書－労働工資体制改革巻（1978－1991年）』、大連出版社。
劉雄編（1997年）、『社会保険通論』、中国労働出版社。
『人口与経済』1997年第2期
『人民日報』1999年1月
夏積智主編（1994年）、『中国労働力市場実務全書』、紅旗出版社。
『財政』1992年12期
中国国家統計局、『中国統計年鑑』、中国統計出版社、各年。
『中国労働報』1997年8月
『中国労働工資統計資料1949－1985』（1987年）、中国統計出版社。
『中国労働科学』1996年7月号。
『中国労働統計年鑑』中国労働出版社、各年。
『中国社会保険』1998年第3期
財政部編（2000）、『中国財政年鑑1999』中国財政雑誌社。
国家統計局編（a）、『中国統計摘要』中国統計出版社、1997〜2001年版。
国家統計局編（b）、『中国統計年鑑』中国統計出版社、1997〜2001年版。
国家統計局労働社会保障部編『中国労働統計年鑑』中国統計出版社、各年版。
胡鞍鋼（2002）、「談我国就業形勢」労働社会保障部編『中国労働』、2002年第6期。

労働社会保障部法規編集組編（2000年）、『下崗・失業・最低生活保障編』中国労働社会保障出版社。
毛健主編（2001年）、『失業保険』中国労働社会保障出版社。
宋暁梧主編（2001年）、『中国社会保障体制改革与発展報告』中国人民大学出版社。
中国労働社会保障部・国際労工組織加拿大人力資源開発部編（2001年）、『中国失業保険制度改革与発展検討会材料』中国労働社会保障出版社。

〔雑誌〕
労働社会保障部『中国労働』（1998年各号）。
中国労働社会保障部社会保険研究所『社会保険研究』（2001年各号）。

第6章

最低生活保障制度の創設

呂　学　静

はじめに

　公的扶助制度は国民が貧困に陥り、他の手段でその最低生活を維持できなくなったばあい、最後のよりどころとして出動する最低生活保障のための社会保障制度である。これには、災害による家族・個人に対する生活保障、身寄りの無い絶対的貧困者に対する生活保障、国家最低生活水準より低い家族・個人に対する生活保障などがある。

　貧困問題に対して、中国はどのような対策を立て、社会救済制度の整備に力を入れているだろうか。

　1978年以降、「改革開放」政策が実施されてから、中国は大きな転換期を迎えた。中国経済は計画経済体制から市場経済体制へ転換したが、これに伴って公的扶助制度も転換しつつある。中国の市場経済の進展と都市部失業者の急増によって、公的扶助事業の重点は農村から都市へと移行しつつある。

　国民生活の向上は市場経済化の成功をはかる重要な指標である。この視点から見れば、中国の「改革開放」政策およびこの政策にともなう市場経済化は確かに中国国民の生活水準を引き上げ、中国経済の活性化をもたらした。しかし、他方で所得、資産における経済格差など種々様々な社会問題をも生み出している。市場経済の進展にともない、貧富の格差が拡大し、富める者はますます富

み、貧しき者はますます貧しくなるという両極分化が目立つようになったからである。このように近年都市住民の貧困問題が社会問題として注目されるようになってきた。農村も同様で、扶貧制度と最低生活保障ラインなどを制定し、公的扶助制度の整備が施行されつつである。

本章はこれらの問題をとりあげて中国の公的扶助制度を分析したい。本章は三節から構成される。

第一節では中国の1980年代迄の公的扶助制度の変遷、つまり公的扶助制度の内容、その発展段階を見つつ、その特徴を検討したい。

第二節では90年代を中心にして、都市住民の最低生活保障制度（都市最低生活保障制度）に焦点を当て、都市部の貧困問題と貧困の発生要因を分析すると同時に、都市最低生活保障制度の理念・内容と仕組みを解明し、都市最低生活保障制度の実態と問題点及び対策などを検討する。

第三節では、農村の救貧制度の改革を中心に検討し、農村の最低生活保障制度とその問題点を述べたい。

第一節　中国の公的扶助制度の変遷（1980年代迄）

1　社会救済制度の展開

新中国が成立する以前には、中央解放区で設置された民政局が社会救済を担当していた。新中国成立後の社会救済のあり方は社会主義建設の異なる段階でそれぞれ異なっているので、それらを5つの段階に分けて論述しよう。

（1）初期段階（1949－52年）

中国では、貧困者救助を目的とする制度の確立は建国初期にスタートしたが、それは、通常「社会救済」と称する。社会救済制度は自然災害をはじめ、種々様々な事情で困難に陥っている国民を対象に救済する制度として重要な役割を果たしてきた。救済対象者によって救済金の財源と救済方法などが異なっているが、いずれも救貧的機能をもっている。救済の手段によって分類するならば

社会救済制度には家屋救済、医療救済、以工代賑、食糧救済、衣服救済、現金救済、等がある。

①家屋救済

家屋救済は、自然災害またはその他の理由で住居を失った者を救済対象とし、政府が住居建設資金の一部を給付する救済方式である。家屋救済の対象には、1)自然災害などの理由で家の一部または全部が破壊され、自力で修復することが困難な世帯、2)災害後、緊急避難のために簡易住宅の建設を必要とする貧困世帯、3)被災害区域における住居をもたない者などがふくまれている。家屋救済資金は中央及び地方財政から支出される。家屋救済資金は生活用住宅に限られ、生産用および社宅などは適用対象から除外される。

②医療救済

医療救済は、政府が社会救済費を使って、医療費の支払いが難しい貧困世帯又は貧困者を対象に医療費を給付する救済方式である。医療救済の対象者には、1)自然災害が原因で病気にかかり、かつ医療費を支払うことができない者、2)被災害地域において、労働能力を失い、最低限の生活水準を維持することができない急性病患者が含まれる。1)の医療救済金は災難救済経費から、2)の医療救済金は、一般社会救済経費から支出される。

③以工代賑

以工代賑は、中国の伝統的な救済方式であり、長い歴史を持っている。具体的には、政府が自然災害に見舞われた被災民と生活貧困者を組織して、水利工事、道路建設を行い、その被災民と生活貧困者に給与を支払う形で援助する方法である。先進諸国の公共事業に類似するといってよかろう。給与は建設部門から支給されるので、民政部の社会救済経費には計上されない。

④食糧救済、衣服救済

これらは政府または社会救済機構が現金ではなく、食糧、衣服、布団などの現物を給付する救済方式である。その費用は、社会救済経費、社会や個人からの寄付金及び国際援助資金によって賄われる。食糧、衣服のほかに、建築材料、医薬品、農機具、化学肥料などがある。新中国は、以上のような方法・制度を

通じて貧困脱却という事業に力を入れてきた。

1950年代の社会救済においては農村では飢饉や災害難民の救済を進め、都市では生活が困難な貧民に対する救済活動が行われた。政務院(国務院)の1952年の統計によると、当時上海、武漢、広州など8つの都市で、120万人もの被災民を農村に帰して農業生産に従事させた。貧困者に放出した食糧は26億キログラムで、120万人の都市住民貧困者が救助をうけた。20万人の流浪者を収容あるいは安置することができた。11万人の年寄り、障害者と孤児等の生活を保障することができた。しかし、様々な歴史的、自然的、政治的要因から、国民の貧困度合は、かなり緩和されたとはいえ、深刻な状況から完全に脱出するにはいたらなかった。

(2) 形成段階(1953-56年)

この段階には、旧中国からの社会救済問題が基本的に解決された。社会救済事業を推し進めるために、内務部(現民政部)は、旧社会が残した各種慈善機関を接収し、整備するとともに必要に応じて、新しい社会救済部門を設置した。この時期に中国の社会救済制度は基本的に形成されたといってよい。

これらの制度の運営は主として民政部によっておこなわれる。民政部の他労働部、人事部、労働組合など多くの部門が直接担当する。中でも民政部は最も重要な役割を果たしていた。

社会救済制度は、貧困者の生活を保障するとともに社会から貧困を消滅させることをその目的としている。その貧困者の多くは、災害による家族、個人、身寄りのない絶対的貧困者、国家の最低生活水準以下の家族、個人などである。したがって社会救済制度は、自然災害の被害者の扶助、特殊な人(各種の原因で貧困になっている人)の扶助と都市及び農村の貧困者の扶助などを内容としている。中国の社会救済制度は都市と農村のそれに分けられているが、実施する方式も異なっている。

以下、社会救済制度の救済の4種類についてより詳しく論じておこう。

①自然災害被災者の救済

中国は自然災害の多い国である。自然災害の被害者の扶助は中国では救災事業という。救災事業は、政府と社会が被災民を災害から救出し、被害状況の軽減、被災後の生活安定をはかるために供給する社会援助と定義している。この救災事業のウェイトが高いことが中国公的扶助制度の特徴の1つである。

中国の自然災害には以下の6種類がある。1つは気象災害、例えば水害、干害、風害、雹害など。2つは地質災害、例えば地震、火山の爆発など。3つは地形災害、例えば泥砂の流出、地滑りによる災害など。4つは水による災害、例えば津波による災害。5つは生物災害、例えばペスト、病虫害による災害。6つは森林火災等である。

中国では自然災害の発生が多く、その被害も大きい。毎年の各種の自然災害で大量の経済損失を被る。その損失の金額も多く、中国の国民経済の発展を制約することも少なくない。同時に、自然災害は被害者を生活困窮に陥れる。その被害者達は、国と政府からの扶助を要請し得ることになっている。救済活動は終始一貫政府、中でもとくに民政部の重要な仕事と位置づけられている。民政部の救済事業には、まず、自然災害が発生したときに被災民を救出し、その生命と財産を守ること、次いで、被害地域に救援物質を送り届け、被災民の生活を援助するとともに生産活動による自助努力を支援すること、3番目には、大衆的な互助共済事業を提唱、推進することなどがある。つまり、国の関係当局は人的、物的、財的資源を組織し、被災者を救済する。災害地域の被災者を組織し、民衆の安全を保証し、生産の回復や、家の再建を援助する等被災者の生活に適切に対処するのである。

1990年代以降、自然災害を受けていない地域が自ら被災地域を援助し、被災民を援助するという「送愛心活動」が繰り広げられ、新しい社会的な風潮にもなっている。

②特殊な救済

いわゆる特殊な救済対象者とは、歴代の政治運動で誤って打撃を受け、生活環境が悪化し、救済を必要とする者をいう。例えば、敗戦で中国共産党軍人に

なった元国民党員、世界各国から中国に帰国してきた華僑、ハンセン病患者などを指している。また、1957年の「整風運動」(反右派闘争)と1966年からの「文革」の中で「反革命分子」のレッテルを貼られ、追放され、公職を失った多くの党、行政機関の幹部、研究機関の知識人もそれに含まれる。彼らに対する救済活動は極めて重要な意義を持ち、その救済基準はいずれも党中央、国務院の関連規定によって定められている。

その扶助は特殊救済対象者に対する国による1つの生活保障の措置ともいえる。新中国になったばかりのときには、全国に多くのハンセン病患者が医療と扶助を必要としていた。元国民党の兵士の安置と扶助も重要であった。その人達の情況によって、国は専門的な扶助政策を実施した。その後、1950年代から60年代にかけて、特殊の扶助対象の人数は絶えず増加している。法院の審判の誤りでその家族の人が苦境に陥ったからである。

中国共産党の第11回3中全会以後、国は大量の誤審事件を見直し、名誉の回復に努めた。以前の大量の無実の罪は全て破棄された。そのため、専門的な扶助政策が実施された。現行の特殊救済対象者には、1、右派のレッテルを貼られた者、2、「文革」で冤罪などを蒙った者、3、生活困難に陥った元国民党政権下の県長、軍隊で団長クラス以上の者、4、「土地改革」運動で誤って地主、富農として認定を受けた者など合計25種類が挙げられる。1993年に全国の農村と都市で、特殊な救済者は23.2万人を数え、救済金の支出総額は9,557万元に達している[1]。

③都市貧困者の扶助

新中国が成立したばかりの時、多くの都市の工場が閉鎖され、失業労働者、身寄りのない老人、障害者、孤児などがたくさんいた。当時の政府は「自力更生の原則の下、住民を動員・組織して労働互助を行い、自己救助、他人救助を実行する」という都市貧困者の救済方針を打ち出した。この方針に基づき政府は失業労働者、知識人などに対して臨時的な救済を実施した。他方、身寄りの

---

1) 張紀潯(2001年)、543頁。

ない老人、障害者、孤児などに対しては経常的な救済を実施した。

当時の計画経済体制の下で、都市住民は、低収入ではあったが、高就業率を実現した。その上彼らは賃金のみならず保険・福利厚生も企業から受けることができていた。したがって、勤め先に属している貧困者の救助はその勤め先が担当していた。つまり、その時期の都市住民に対する社会救済制度は、企業ごとの"単位"救済ということになっており、これがその制度の特徴になっていった。

④農村貧困者の救助─五保戸制度

農村の社会救済は、1956年の高級農業合作社の「五保戸」制度(衣、食、燃料、年少者の教育、葬式の保障)の創設とともに始まり、のちに人民公社に組み込まれた。政策として初めて形成された中国の農村の社会救済制度である。「五保戸」制度は、主に農村地域の「三無」老人、身体障害者、孤児などの貧困者の最低限の生活水準を維持するために実施される社会援助制度を指す。

中国の経済が未発展であったということから、当時の農村では大量の失業者を公的扶助制度の対象者には未だ含めていなかった。つまり労働能力を持っている人は救済の対象者には含めていなかったのである。なぜなら、中国の経済力と生活水準が低水準であったこととともに、労働能力を持っている人は自分の力で生活することができるはずだという思想が一般的だったからである。

農村の貧困者に対する扶助制度は、時代とともに変わってきた。1949年末の統計によると、その時の全国の農村貧困者は4,000万人に上っていた。それらの農村貧困者の生活困難を解決するために、政府は大規模な救済策を展開していた。貧困者に大量の食糧を放出した。1950年から1953年までの3年間に国から出した救済金は10億元に達した。そこで、農村貧困者の基本的な生活を保障することができるようになった。その後、一部分のまだ貧困状態にある貧困者に対して、政府は主として2つの措置を講じた。1つは農業税を減免すること、もう1つは社会からの寄付金で扶助することであった。

1950年代からの人民公社時代にはその制度を通じて農民団体の公益金から貧困者の救済がおこなわれていた。1953年末に中国には、各種社会救済部門

が920ヵ所設けられ、収容者数が37万4,000人に達した[2]。

(3) 発展段階(1957-65年)

この時期の社会救済は順調に発展したといえる。社会救済はただ単純に救助する手段ではなく、社会の構成員の思想意識を改造し、社会構成員を組織して、社会主義建設に参加させる措置でもあった。この段階の救済方針は、「民衆に頼り、集団に頼り、生産によって自己救済することを主とし、国の必要な救済を従とすること」であった。この時期の社会救済策には2つのことがおこなわれた。1つは民衆を組織して生産自救策が展開されたことである。2つは、自らの求職活動を促進するために無職人員を組織したことである。但し、「三無人口」(法定扶養者、収入、労働力の3つを持たない人)と称せられる者のうち、高齢者、児童、身障者、精神病患者を対象とする公的扶助(特殊扶助制度など)は特定の「民政対象」に限定されている。この時期の社会救済対象者は建国初期と比べると73.4%に減少した。

(4) 縮小段階(1966-76年)

ほぼ10年間の「文化大革命」の結果、国家保障制度の多くは「企業保障制度」へ改変され、中国の社会救済制度も著しく破壊された。1969年、この救済工作を担当する部門・内務部も縮小された。したがって、この時期、管理計画も統一的にはできず、社会救済制度は混乱状態になっていた。

(5) 改革段階(1978-現在)

1976年文化大革命の終息後は、社会救済制度の改革期として位置付けられる。1978年9月に開かれた第7回全国民政工作会議において社会救済と災害救済が統一され、「基礎組織に頼り、生産によって自己救済し、民衆が助け合うことを主とし、政府の必要な救済を従とする」という方針が定められた。こ

---

2) 王嬰(1998年)、65頁。

の方針の下で救済範囲が拡大され、25種類の対象者が新たに加えられ、一部の特殊な救済対象者が増えた。

　改革開放政策を実施した後、1983年4月に開かれた第11回全国民政工作会議では、社会救済の方針を「民衆に頼り、集団に頼り、生産によって、自己救済し、互助共済することを主とし、国の必要な救済と扶助を従とする」と修正した。即ち、「基礎組織に頼り」という項目が削除されたのである。なぜなら、この「基礎組織」自体が弱体化したからである。たとえば、農村では農家請負生産責任制の導入によって、農村の基礎組織としての人民公社が廃止され、集団による「五保戸」の財源と扶養が困難となってきたのである。

　従来、中国の社会福祉、社会救済事業において、民政部の社会救済事業より、国有企業の労働福祉事業と国家機関の公務員福祉事業の方がむしろ中心的な役割を果たしてきた。ところが、このところ中国の社会救済事業は従来の内務部に代わり民政部により管轄されることが多くなっている。市場経済の進展にともない、「国有企業生活共同体」が改革の対象とされ、企業福祉制度を社会福祉制度に転換させようとした。計画経済から市場経済に移行する過程において、「国有企業生活共同体」から放出された失業者、「下崗職工」ならびにもともと「国有企業生活共同体」に属していない都市の貧困者をいかに救済するかが大きな課題となり、民政部の役割が注目されてきたのである。つまり、中国の経済改革を始めてから、労働制度なども変革し、伝統的な都市の救貧制度は社会の需要に適応することが出来なくなってきた。そこで、1990年代から、公的扶助制度はかなり大きく改革され、以前の"単位"中心の扶助制度から公的扶助制度に転換してきた。したがって、新しい社会救助制度の確立は、当面の貧困者救済のみならず、将来的な国民の貧困転落の防止にも重要な意義をもつ。

　農村では、1980年代からの農家請負生産責任制の導入によって、人民公社制度が廃止され、集団による「五保戸」の財源と扶養が問題となった。民政部はこの問題に注目し、「五保戸」制度の実施に必要な資金問題を優先的に解決することから着手し、従来の生産隊による資金の供給を郷・鎮政府を単位とする資金調達方式に変更すると同時に、優遇措置をもって、農村敬老院の建設

を奨励した。しかし、1997年に全国の「五保戸」の対象者数は279万人で、1990年の250.67万人と比べて、ややふえたに過ぎない[3]。「五保戸」対象者の審査条件が極めて厳しいことから、「五保戸」の対象者数はあまり増えていないのである。

〈農村貧民救済から都市貧民救済へ〉

この時期の社会救済の成果として、改革開放政策実施直前の1978年時点、中国の貧困人口は2億5,000万人という驚異的な規模に上り、当時の総人口9億6,000万人の26%を占めた。1978年以降、中国は農家請負生産責任制度を含む一連の「富民政策」を導入した結果、農村貧困人口は急速に減少しはじめた。それ以後、1980年代中期から組織的・計画的に展開されはじめた貧困脱却援助活動を経て、貧困人口は徐々に減ってきており、1993年は8,000万人にまで減少した。1998年中国では絶対的貧困ラインを満たさない都市住民は2,000万人、農村住民は4,200万人ぐらいいると推定されている。

しかし、1995年以前の中国の貧困脱却援助はほとんど農村部の貧困住民を対象としていたが、1995年以後、国有企業の本格的な改革が始まると、一時帰休者が増え、貧困者も大量に発生するようになった。年間収入が平均1,500元を下回り、最低所得層のそれの半分に相当する[4]、都市部の貧困者は1996年にはすでに1,000万人以上に達した。国有企業改革にともなって貧困扶助の重点が農村から都市に移った。1998年に民政部は全国で少なくとも7,339万人以上の生活困難者を救済した。これは中国総人口の5.9%にあたる[5]。

2 中国社会救済制度の特徴

以上見てきた中国の社会救済制度の特徴をまとめておこう。

中国の社会救済の制度的特徴としてあげられるのは、まずは企業的保障、国

---

3) 張紀潯(2001年)、244頁。
4) 王文亮(2001年)、176頁。
5) 1998年に中国総人口12億4810万人－人口数は馬洪「中国経済形勢与展望、1998－1999年」160頁による。

家的保障であろう。次に1980年代以前の社会救助は、基本的に社会的弱者、たとえば、老人、孤児と障害者などだけをその対象としており、生存権に関する規定を明文化していなかったことがあげられる。

しかし、労働能力がある者が救済の対象にならないということでは必ずしもない。なぜなら、中国の扶助制度は、1世帯の成員の収入を合計した世帯単位を前提としている。一方、中国の賃金制度は労働者個人が計算基準である。したがって、1人の収入で世帯の生活を賄うことはできない。その賃金等の合計収入が一定以下のばあいには、その世帯は労働能力者が含まれていても救済の対象となるのである。

労働能力がある者に対して救済金を給与することは適切ではないことがあるかもしれないということから中国政府と地方政府はいろいろな方法でこのような問題を解決しようとしてきた。筆者の知る限り、ある地方は貧困救済を受ける者のなかで労働能力がある者を組織して、掃除(衛生)、緑化(花、草を植える)、保安(安全を保障する)などの居住地域の公益労働に従事させ、そのような活動に参加しない人に救済金は給与しない、という方法をとった。

第二節　都市住民救済制度[6]の改革(1990年代を中心に)

1990以後、中国の公的扶助制度も大きく改革されている。これは都市の制度と農村の制度と分けられるから、本節と第三節で都市の制度と農村の制度を別々に述べたい。

1　都市の救済制度改革の背景

中国の貧困問題は従来ほとんど農村部にのみ存在していたといってよいが、近年、都市部にも貧困問題が現れ、農村部の貧困問題以上の深刻さをもつにいたっている。また、農村の貧困問題は比較的早い時期から重視され、貧困脱出へ

---

6) 救貧制度は現代的なものではなく、慈恵的恩恵的で前近代的とみなされる。

の援助も大規模に展開されてきているため、絶対的貧困者[7]の数は減りつつある。他方で、都市の絶対的貧困者と相対的貧困[8]者はともに増える状況にある。

1990年以来、中国の都市住民に貧困者が急増してきた。都市の貧困者はだいたい1,200－3,000万人と予想されていた。都市住民の貧困は全社会で注目されている。こうした都市の貧困問題を重視した中国政府は、1993年から都市住民の最低生活保障ライン制度を創設した。その後もこの制度は1999年の新たな都市住民の最低生活保障条例の公布・実施へと展開されていった。この制度が創設された背景は次ぎの4点と思われる。

(1) 都市貧困労働者の急増

中国の都市貧困者は主に、失業者、一時帰休者(下崗職工＝潜在失業者)、経営不振企業の従業員、多くの定年退職者、低収入や労働収入のない障害者、長期罹病者、孤児、無収入で社会保険に加入していない1人暮らし高齢者などである。現行の社会救済制度は主に「三無人口」(定職、定期収入、扶養親族のない者)を救済対象としている。しかもその財源を財政に頼るため財源が限られ、資金不足から対象者が少なく限定されていた。そのため、「下崗職工」の生活救済を行うのは元の職場であるとみなされるから、一度職を持った失業者は社会救済の対象になりにくいのである。したがって、再就職できない「下崗職工」は、元の職場から見放され、しかも社会救済制度の対象になり得ないということから、厳しい窮乏生活を余儀なくされている。調査によれば、こうした失業者世帯の1人当り月収はわずか298元である[9]。

ある試算によると、1990年代半ばにおいて中国の都市では約1,200万人が相

---

7) 絶対的貧困は、社会構成員の基本的生活欲求が満たされない状況を指す。その主な原因は、生産力の極度な貧弱及びそれがもたらした発展機会の極端な不足にあり、また経済資源の配分システムの不合理と不健全さにもある。
8) 相対的貧困は通常、社会構成員の基本的生活欲求の満足程度及び発展機会が社会平均値の半分を下回る状況を意味する。
9) 『海外労働時報』1998年1月号第24頁。

対的貧困の状態にあるという[10]。それらの人の1人当り年平均収入は1,059元で、全国都市の年平均収入の54.7%と低く、年平均1人当りの消費支出は1,183元で、収入は支出より124元も少ない[11]。

国家統計局の統計によると、1995年末、全国の都市の貧困人口は1,500万人に達した[12]。都市の貧困人口が増加する重要な原因は失業職工の増加であり、生活困難に陥った職工の増加である。

若干の例を挙げよう。東北3省では赤字国有企業の操業停止が蔓延し、破産企業が徐々に増えた。それに伴って多数の従業員が実質的に失業状態に入るとともに生活困難に陥ったのである。都市では一般に従業員総数の10%程度が生活困難に陥っており、困難度の高い地域では、賃金支給停止、減額状態にある従業員(定年退職者を含む)が従業員総数の18-20%に達している。東北3省だけで賃金支給停止、減額状態にある従業員は353.5万人、従業員とその家族を含む生活困難世帯人口は883万人にもなる[13]。

1993年末、黒龍江省の困難企業の従業員人数は230万人で、国有企業と集団企業従業員総数の32%を占めていた。賃金遅延は47億元に達していた。この状況は当時の中国のなかでもっとも悪いものであった[14]。

全国総工会(全国労働組合)の統計によると、全国的規模で見たばあい、1995年末現在賃金未払いの状況にある職場は58,223ヵ所、従業員数1,043万人余り

---

10) 農村における絶対数で計算する貧困ラインは平均年収が400元であるが、都市には年収1000元ぐらいの人達を相対的貧困という。もう一説では、1995年、国家統計局の統計によると、農村人口絶対貧困ラインは530元である(『中国市場経済報』1996年3月23日)。
11) 洪毅前掲論文11頁。もう一説によると、95年の都市部貧困住民は全都市住民人口(非農業)の8.6%を占め、約2428万人で、また、貧困家庭は非農業戸籍の7.6%で、約660万世帯であった。これらの数は絶対貧困と相対の総和であり、絶対貧困の範疇に限って計算すると1242万人で約333万世帯となった(『経済の眼晴』1997年9月号 6-8頁)。
95年の調査では月収143元を貧困層の境界線としたが、このラインは政府が実施する都市最低生活保護基準の120-170元に相当する(『経済の眼晴』1997年9月号 6頁)。
12) 『人口与経済』1997年第2期 40頁。
13) 中国研究所編(1997年)、160頁。
14) 『中国労働科学』1997年第7期 23頁。

に及び、生活困難な従業員は大幅に増えている。また96年第1四半期に破産や生産停止に追い込まれた企業は4.6万社、その被害を受けた従業員は754万人、賃金の支払停止あるいは減額者は469万人に達した15)。

(2) 少ない都市貧困者の収入

1995年における都市世帯総数の57.3%を占める「温飽戸」(やっと衣食が足りている世帯)の1世帯当りの年収入は12,195元であるのに対して、世帯総数の7.6%を占める貧困世帯の1世帯当りの年収入はわずか4,821元であった。1999年8月、1人当りの月収が100元を下回る世帯が6%、1人当りの月支出が100元を下回る世帯が6.7%にも上っている16)。

(3) 貧富の格差拡大

中国の改革開放政策の進展によって、国民の間で貧富の格差が拡大するという深刻な社会問題が浮上した。

ある計算によると、20%の高収入層が全収入の半分近くと貯蓄残高の75%以上を擁するのに対して、20%の低収入層は全収入の5%と貯蓄残高の4%以下しか有していない17)。

国家統計局が行った10万世帯の住民調査によれば、20%の高収入世帯と20%の低収入世帯の1人当りの収入を比べてみると、都市住民間の格差は1978年の1.8倍から1994年の4倍に拡大し、農村住民間の格差は1978年の2.9倍から1994年の6.6倍に拡大した。都市住民の中の20%高収入世帯と農村住民の中の20%低収入世帯を比べてみると、その格差は13倍にもなる18)。

---

15)『経済の眼晴』1997年5月9頁。
16) 国家統計局、労働・社会保障部などが全国31の省・自治区・直轄市の17万世帯の都市住民に対して行ったサンプル調査による。
17)「一個不可軽視的話題:内需不足与社会保障」『中国社会報』1999年5月18日。
18) 王文亮(2001年)、174頁。

2 都市住民最低生活保障制度の創設とその内容

以上のような都市住民の貧困者の増大に対応して、1999年9月28日、朱鎔基首相は「都市住民最低生活保障条例」に署名し、都市住民の最低生活保障制度を創設した。

都市住民の最低生活保障制度とは、政府が都市部の貧困者に対して、地元の最低生活保障基準に基づいて差額救済を行う新しい社会救済制度である。それは従来の社会救済制度を大きく改革したものであり、現実の条件の下で確立された中国式社会保障システムの重要な一環である。

（1）保障対象の範囲

都市住民の最低生活保障制度の対象者の範囲は、全国すべての都市及び県政府所在地の鎮である。こうした都市・鎮に住んでいる非農業戸籍を持つ都市住民は、共同生活をする家庭の成員の1人当り収入が当該地域の都市住民の最低生活保障基準を下回る場合、すべての住民が当該地域の人民政府から基本生活物資の援助を得る権利を有する。ここでいう収入とは、共同生活をする家庭の成員の貨幣収入と実物収入とを合計したものを指す。それは、法定扶養者の給付すべき扶養費を含むが、優遇葬送対象者が国の規定に基づいて受け取る喪葬費と補助金は含まれない（第2条）。

具体的に、保障対象とするのは、3種類の人である。すなわち、その1は、収入、労働能力、法定扶養者のない「三無人員」、その2は、失業救済金の受給期間、あるいは失業救済期限が切れてもなお再就職ができず、1人当りの収入が最低生活保障基準以下の住民、その3は、在職者、一時帰休者、定年退職者らが賃金あるいは最低賃金、基本生活費、年金をもらっても、1人当りの収入が依然として最低生活保障基準以下の住民、である。

（2）保障基準の決定

都市住民の最低生活保障基準は、当該都市住民の基本生活維持に必要な衣食住の費用によって、また水道、電気、石炭（ガス）などの料金及び未成年者の義

務教育費を適当に考慮して定める。直轄市、区等の市の都市住民最低生活保障基準は、市人民政府の民政部門が財政、統計、物価等の部門と共同で定め、本級人民政府に報告し承認を得て、公布し執行する。県（県級の市）の都市住民の最低生活保障基準は、県人民政府の民政部門が財政、統計、物価等の部門と共同で定め、本級人民政府に報告し承認を得た上で、上一級の人民政府に報告し記録に載せた後に公布し執行する。

都市住民の最低生活保障基準を引き上げる必要がある時には、前記の規定に基づいて新たに査定する（第6条）。

（3）保障金の給付

最低生活保障金の給付には、以下の規定がある。

県級人民政府の民政部門は審査を経て、都市住民の最低生活保障待遇の受給条件に該当する家庭に対して、以下の異なるケースに分けて都市住民の最低生活保障待遇の給付を認定しなければならない。

①生計費も労働能力も無く、しかも法定扶養者もいない都市住民に対しては、その都市の最低生活保障基準に基づいて全額支給を認定する。
②ある程度の収入を有する都市住民に対しては、1人当りの家庭収入がその都市の最低生活保障基準を下回る分の差額給付を認定する。

県級人民政府の民政部門は審査を経て、都市住民の最低生活保障待遇の支給に該当しない者に対して、書面で申請者に通知し、またその理由を説明しなければならない。

管理・審査認定機関は申請者の申請を受け付けた日から30日内に審査認定の手続を済ませなければならない。

都市住民の最低生活保障は管理・審査認定機関を通じて現金給付としておこなわれる。ただし、必要な時には、実物給付でもよい（第8条）ことになっている。

（4）保障の管理体制

都市住民最低生活保障の管理体制は、以下の通りである。

都市住民の最低生活保障制度は地方各級政府の責任において実施する。県級以上の地方人民政府の民政部門は具体的に本行政区域内の都市住民最低生活保障の管理を担当する。財政部門は規定に基づいて都市住民最低生活保障の資金を確保する。統計、物価、監査、労働保障と人事などの部門は仕事を分担して、各自責任を負い、各自の責任範囲内で都市住民の最低生活保障の関連の仕事を担当する。

県級人民政府の民政部門及び町内事務所と鎮人民政府の福祉事務所は都市住民の最低生活保障の具体的な管理・審査認定を担当する。

住民委員会は管理・審査認定機関の委託に基づいて、都市住民の最低生活保障の日常的管理とサービスを担当することができる。

国務院の民政部門は全国都市住民の最低生活保障の管理を担当する（第4条）。

（5）財源

都市住民の最低生活保障の必要な資金は、各地方政府が財政予算を組み、社会救済の専用資金支出項目に組み入れて単独管理し、単独使用する。もともと、最低生活保障資金は政府財政と保障対象者の勤め先が共同負担していたが、今後はすべて政府財政で担当するよう変更しなければならないこととなった。

（6）申請と認定審査

都市住民の最低生活保障待遇を申請する場合、世帯主が戸籍所在地の町内事務所あるいは鎮人民政府に申請書と関連証明資料を提出し、「都市住民最低生活保障待遇審査認定書」に記入する。都市住民の最低生活保障待遇は、所在地の町内事務所あるいは鎮人民政府が第1回審査を行った上で、関連資料と第1回審査の意見を県級人民政府の民政部門に報告し審査と認定を得る。

管理・審査認定機関は都市住民の最低生活保障待遇を審査認定するために、家庭調査、近所訪問及び手紙による証明取得などの方式を通じて、申請者の家

庭経済状況と実際生活水準に対して調査確認を行うことができる。申請者及び関係部門、組織あるいは個人は調査に協力し情報を提供しなければならない（第7条）。

（7）罰則
以下の2つの行為があったばあいには罰せられる。
①規定違反の職員に対する罰則
　最低生活保障の管理・審査認定に従事する職員は以下の行為の1つがあった場合、それに対して批判と教育を行い、法律に基づいて行政処分に処する。犯罪がおこなわれた場合は、法律に基づいて刑事責任を追及する。
　1. 最低生活保障の支給条件に該当する世帯に対して、最低生活保障の支給を認定する意見の書き込みを拒否したり、あるいは最低生活保障の支給条件に該当しない世帯に対して、最低生活保障の支給を認定する意見を故意に書き込んだりした場合。
　2. 職責を軽んじ、情実によって不正行為をし、あるいは最低生活保障の資金と物資を着服、流用、差し押え、給付遅滞した場合。
②規定違反の住民に対する罰則
　最低生活保障費を受給する都市住民は以下の行為の1つがあった場合、県政府の民政部門がそれに対して批判と教育あるいは警告を行い、不正に受け取った最低生活保障の現金と物資を返却させる。悪質な場合は、不正に受け取った金額の1倍以上3倍以下の罰金を科する。
　1. 偽りの申告、隠蔽、偽造などの手段を利用して、最低生活保障費を騙し取った場合。
　2. 最低生活保障費の受給期間に世帯の収入状況が好転したにもかかわらず、規定通りに管理・審査認定機関に報告せず、最低生活保障費を引き続き受給した場合。

3 都市住民最低生活保障制度の実施状況

　1990年代以降の経済体制改革の実施にともない、国有企業が苦境に陥り、酷い場合には破産あるいは吸収併合される企業も多くみられるようになった。つまり、多くの企業では従業員の生活を保障する力がすでになくなっている。こうした状況の下で、都市住民の最低生活保障制度が実施されるようになったのである。この制度がスタートしたのは1993年のことであるが、まず上海市で試行された。

〈各地域での実験〉

　1993年6月1日、上海市は都市住民の最低生活保障制度を成立させた。当時設けられた最低生活保障基準は毎月1人当り120元で、1人当りの収入がこの基準を下回る世帯はすべて保障の範囲に組み入れられた。上海市で始められたこの画期的な社会救済制度は間もなく中央政府に承認され、全国に広められるようになった。

　1994年5月に開かれた第10回全国民政部会議において、民政部は上海の経験を認めて、「都市の社会救済対象者に対して逐次地元の最低生活保障基準にもとづいて救済を行う」という改革目標を打ち出し、東部沿海地域でのテスト施行を決定した。

　1995年上半期までには、上海市を含めて、厦門市、青島市、大連市、福州市、広州市など6つの都市も相次いで都市住民の最低生活保障制度を成立させた。つまり、1994年から民政部はいくつかの都市で最低生活保障のガイドライン制度の試行を実施してきた。1995年年末までに、この制度を確立した都市は12ヶ所に増えた。

　1996年からは全国的規模で、民政部によりこの制度が逐次実施されていった。1997年5月末迄に、同制度が実施されたのは206都市であって、全国の都市の3分の1を占めている[19]。地方によって経済発展の水準や物価指数などが異なるため、各都市が規定する最低生活保障ガイドラインは同一水準では

---

19)「為改革催生―城市最低生活保障制度発展綜述」『中国社会報』1997年8月21日。

ない。

〈都市住民の最低生活保障制度の確立〉

1997年8月、国務院第64回常務会議において「都市住民の最低生活保障制度の各地での確立に関する国務院の通知」が採択された。そして同9月末、国務院は「全国で都市住民の最低生活保障制度を確立することに関する通知」を通達し、1999年までに全国すべての都市でこの制度を確立しなければならないと求めた。

1993年から1999年9月まで6年間の努力によって、全国668の都市と1,838の県政府所作地はすべて都市住民の最低生活保障制度を確立した。同年10月末までに全国では281.7万人が最低生活保障を受けている[20]。

今のところ、都市部の救済者に関する全国統一的な基準は定められていない。そのため、救済対象と居住地域が変われば、救済基準も大きく変わっている。救済金の給付水準は地域経済の発展水準と消費水準の違いによって異なり、地域格差が大きい。消費水準の高い地域の給付水準は消費水準が低い地域より高くなっているのが特徴である。

2002年7月1日現在、救済対象者1人当り生活補助金は北京のばあいは290元／月；広州は300元；武漢は195元；海口は221元；西寧は155元；南昌は143元などである[21]。

4 都市住民最低生活保障制度の問題点

都市住民最低生活保障制度は、救済基準の統一、救済対象者の範囲拡大、救済標準の引き上げ、救済手続きの規範化、といった側面をもつ。この点からこの制度は中国の社会救済が規範化と法制化の道を歩み始め、公的扶助制度として整備されつつあるものとして高く評価されるべきである。しかし同制度にはいろいろな問題がまだ存在している。

---

20) 王文亮(2001年)、194頁。
21) 人民ネット――時政2002年8月10日より。

（1）関連保障制度との連携不足

　生活困難な状態にある都市住民は、現在整備・実施中の失業保険、年金保険、医療保険、一時帰休者の基本生活保障、都市住民の最低生活保障といった社会保障制度と密接な関係を持っている。したがってこれらの関連制度は互いに連携し合わなければ、貧困者の基本的な生活はできないだろう。最低生活保障制度の運営にあたって、他の関連保障制度との連携を十分に考慮しなければならないのである。

　中国の社会保障制度は主に社会福祉、社会保険、社会救済、恩給優遇という4つからなる。恩給優遇は別にして、社会福祉の目的は生活の質を高めること、社会保険の目的は基本生活を保障すること、社会救助の目的は最低生活を保障することにある。これらの社会保障のうち、社会救済は最後の拠り所ともいうべき位置にある。もし、上位次元に位置する社会福祉と社会保険が健全なものではないならば、社会救済はより多くの負担を課せられ、耐えきれなくなる恐れがある。したがって、企業は労働法で定められた最低賃金規定を遵守した上で、従業員を各種社会保険にも加入させなければならない。これらのことによって企業からの貧困者の発生を最大限に防ぐことに努めるべきである。

　また、都市貧困世帯に対して、最低生活保障のように現金と現物を支給するほか、企業の福利厚生、社会福祉、地域福祉サービスを優先的に提供しなければならない。

　貧困住民のうち労働能力のある者が再就職するために、社会環境を整備することも非常に大切である。現在中国の第3次産業、とりわけ地域社会福祉サービスといった分野は、多くの労働力を吸収する場になっている。労働者を再訓練してそういった分野へ再就職させることは最低生活保障制度への圧力軽減にもつながるだろう。

（2）少ない受給者数

　従来都市部の社会救済対象者は「三無人員」に限定されており、1992年全国で国から定期・定量的に救済を受けている貧困世帯の人数はわずか19万人、

都市人口の 0.06% しか占めていなかった[22]。それは余りにも多くの制約条件があるためで、救済を必要とする貧困住民の多くは放置されたままだった。実際、彼らは民政部による社会救済対象者のそれよりもっと酷い状態にあった。

都市部で増大した貧困人口に比して、実際に生活救済金、生活補助金を受給する貧困世帯と貧困者数はあまりにも少ない。その数は 1997 年でわずか 268 万人。うち、定期的に一定金額の生活救済金を受給する民政対象者は 29.8 万人に過ぎない。これは都市部で救済を必要とする 3,700 万人の 0.72% でしかない[23]。

1999 年 10 月末までの統計によると、1998 年には合計 233.7 万人に対して最低生活保障の給付を行い、最低生活保障の対象者数は 281.7 万人に上った。そのうち、もとの「三無人員」以外で、保障を受けている貧困世帯は貧困者総数の 79% に上る[24]。しかしこれらの人数でも、最低生活の保障を受けるべきすべての人数には遠く及ばない。全国 31 の省・自治区・直轄市のうち、9 つの省・直轄市を除いた 22 の省・自治区では最低生活保障から漏れている住民が数多く存在している。その原因は以下の 2 つが考えられる。

①一部の地域では、保障すべき住民の数に基づいて資金を調達するのではなく、むしろ地元財政が割り当てた資金額の枠内で保障対象者の人数を決める。地方財政難、資金不足のため、様々な制限条件を設けて貧困住民の中から最も困っている者を選びだして保障を与えるというやり方が一般的である。また、一部の地域では、一定の年齢で労働能力をもっているが就職していない貧困住民は最低生活保障から排除されている。さらに、もともとの「三無人員」にしか最低生活保障を給付していない地域すらある。

②中央政府直属企業の従業員の最低生活保障に関しては、地元政府が責任をもって面倒をみるという政策がある。こうなると、その従業員は公的扶助の対象になる。これも大変実施しがたい政策であるため、やはり財政難を理由

---

[22] 唐鈞(1998 年)、97 頁。
[23] 張紀濤(2001 年)、530 頁。
[24] 王文亮(2001 年)、200 頁。

に、地方政府は中央政府に対して抵抗を続けている。面倒をみる力がないと表明する地方政府もあれば、税収を直接中央に納める中央政府直属企業は地方が保障すべきでないと主張する地方政府もある。こうした中央政府と地方政府の間に起っている責任逃げれのたらい回しによって、貧困生活に陥った企業の従業員の中には必要な最低生活保障を受けられない者も少なくない。

（3）低い扶助額

民政部が所管する社会救済事業は、その設立の歴史が短いなどの理由で労働部と人事部が管理する労働保険制度、労働福祉事業と公費医療制度、職員福祉事業に比べ、大きく遅れている。民政事業の発達は遅れ、救済費の増加が都市貧困者の増加に追い付かないのが現状である。そのため、社会救済適用者の数が限られる上、救済金の支給額が少ないため、救済金受給者の生活水準は一般住民より低い。

1992年都市貧困世帯に支給された定期・定量的救済金は8,740万元で、救済対象者が毎月受け取った救済金額は1人当り38元で、当時の都市住民1人当りの生活費収入の25％にしか相当せず、当時都市住民1人当りの食品支出の3分の1にも及ばなかった[25]。

（4）足りない扶助積立金

1992年全国都市社会救済資金総額(臨時救済を含む)はわずか1.2億元しかなかった。それは当時の国内総生産の0.005％でしかなく、国の財政収入の0.033％にも及ばなかった[26]。こうした構造的欠陥を抱えている社会救済制度に対して抜本的な改革を行わない限り、新しい時代の貧困問題に有効に対処することは不可能である。その原因の1つは民政部のほかに労働部、人事部、中国人民保険公司、衛生部などの行政部門も、社会救済事業に関係しており、それぞ

---

[25] 唐鈞(1998年)、98頁。
[26] 『中国統計摘要』(1994年)。

れ異なる5つの運営管理体制を形成していることにある。このような体制の下で、生じる問題として、1. 各行政機関がそれぞれの利益を優先し、救済活動に乱れをもたらすこと、2. 企業や個人から救済金や寄付金を重複して徴収すること、3. 限られた社会救済金を各管理の段階において、管理費の名目で流用してしまうことなどが挙げられる。

5　今後の対策

（1）科学的な救貧標準の設定

都市住民の最低生活保障条例に基づいて、各地域の状況にあった科学的な救貧標準を制定する必要がある。また、最低生活保障の実施状況、とりわけ保障資金と保障対象者の認定状況をチェックしなければならない。

①国務院の要求にしたがい地元にある中央政府直属企業の従業員を迅速に最低生活保障範囲に入れなければならない。

②給料、年金、基本生活費、失業救済金をうけているにもかかわらず、1人当りの家庭収入が最低生活保障基準を下回る者を保障対象者に認定しなければならない。

（2）統一的な公的扶助制度の管理体制の創設

職員の訓練を急ぎ、コンピュータ管理を普及させなければならない。コンピュータの端末を扱える管理職員が少なく、資質が低いということは、現在最低生活保障制度において大変突出した問題である。この状況は全国各地の末端民政部門、とりわけ内陸部では普遍的に存在している。しかし、よい実施者がいなければ、よい制度が作られても役立たない。従って、最低生活保障制度に直接携わる職員たちの資質を高めることは当面最も重要な課題である。

（3）多方面からの扶助資金を投入することが必要である。

主として次ぎの3点がある。

①中央政府直属企業の最低生活保障に力を入れること。

②必要な資金は地方財政が負担する。

③民政部としては中央財政の支援を求める。

第三節　農村の救済制度の改革

1　農村の救済制度の変遷

　中国では都市部と比べて比較的早い段階から農村の貧困問題が注目され、農村地域の経済発展を促進することによって貧困人口を減らすことに力が入れられてきた。

　1978年に開かれた第7回全国民政部会議は農村の救貧制度を民政部の伝統的な救済事業を改善するための新しい事業と位置づけた。つまり、従来の単なる政府による貧困救済を改め、政府の援助と貧困者自身の自助努力とを結びつけ、生産活動への援助に重点を移そうとしたのである。したがって、ここに新しい救貧事業の特色があるといえる。中国ではこの事業を「輸血」というより「造血」ととらえ、単なる救済活動から生産、経営活動を行うことによって、貧困の原因を取り除き、貧困者が貧困から完全に脱却するために新しい道を切り開いた。

（1）民政部の救貧対策

民政部が実施する救貧対策には以下の4つの政策が含まれている[27]。

①資金による援助。政府によって定められた救貧対象者が実施する救貧プロジェクトに必要な投資資金を融資する。

②政策と思想上の援助。政策上の援助は規制を緩和し、救貧事業に対する優遇措置、例えば減免税措置を講じることであり、また、救貧対象者に貧困脱出の自信をもたせるための思想教育を強化することも効果的である。

③科学技術と情報の提供による援助。救貧対象者に対して市場の情報を提供し、救貧対象者が生産技術を速く身につけ、救貧プロジェクトで利益を生み出すように技術サービスを提供する。

---

27) 唐鈞(1999年)。

④救貧対策とセットとなる措置。それには1)救貧対象者の組織化、2)幹部救貧請負責任制度の実施、3)無償資金の交付を有償による融資に変更すること、4)救貧プロジェクト運転基金制度の確立、5)多ルートによる資金の確保などの措置が含まれる。上記のような政策的手段をもって救貧事業を推進するのである。

このように中国の農村の救貧事業は1984年から1992年迄に、ただ、貧困者に援助資金を支給する伝統的な扶助方式を、貧困者に科学技術と生産技能を授与して自助を援助する積極的な方式に転換した。

（2）積極的救貧対策への転換

1994年5月に開かれた第10回全国民政部会議では、全国の大・中都市で住民の最低生活保障制度の確立が、農村住民の最低生活保障制度の確立に有益な経験を提供した、と指摘している。実際、一部の条件が整った地域は、農村住民の最低生活保障制度を確立するために、いち早くテスト施行を行っている。例えば、1995年末までの統計によると、広東省、広西チワン族自治区、山東省、山西省、上海市の一部の郷鎮ではすでに最低生活保障制度が確立していたという。こうして1995年から、農村の最低生活保障制度が創設された。

農村では、末端社会保障ネットワークや、「貧困扶助基金会」、「貧困扶助・災害救済基金会」といった組織と機構が相次いでつくられた。いろいろな農村の救貧方式で救貧活動が推し進められた。貧困脱出策の中で、科学技術による貧困脱出、教育による貧困脱出が重視され、希望工程（学校に行けない子供達を救済する事業）をはじめ種々様々な事業が行われ、大きな成果を収めた。

①科学救貧とは、科学技術を勉強し、技能を身につけることによって貧困者の素質を向上させ、生産活動に参加できるようにして収入を増やし、貧困から脱出することをいう。つまり、政府が研究部門から大量の技術人員を貧困農村地域に派遣し、農業の栽培技術、養殖技術などを農民に教えるのである。

1985年に民政部と中国科学協会は連名で「関与開展科技扶貧工作的通

知」を公布し、1986年に密雲県など15ヵ所の県を科技救貧テスト県と指定し、科技救貧事業を展開した。1989年に科技救貧テスト県を102ヵ所に拡大した。科技救貧を通じて、多くの貧困者が貧困から脱却した[28]。
②教育救貧は、主に貧困地区への教育投資を増やし、教育事業を発展させることによって、貧困地区の適齢児童の進学率と労働者の素質を高めることである。政府は貧困地区の教育の条件を改善するために、貧困地区で義務教育を実施するなど多くの措置を打ち出した。1987年から全国の116ヵ所の貧困県で、教育救貧の実験が行われた。
③希望工程とは、社会の各界から資金を調達し、貧困地で授業料が払えない児童を再び入学させるための全国的な運動である。国務院は「90年代中国児童発展綱要」で希望工程を児童の生存、保護発展の権益とした。希望工程は「国際文盲一掃の年」に呼応して1989年の秋にスタートした。その資金は主として、3つの方面に使う。1は貧困児童の教科書代などに、2は貧困農村に小学校建設に、あるいは学校の増改築に、3は一部分の貧困小学校のために教具、図書等の購買等のために使う。1992年4月に「百万送愛心運動」（百万人の失学児童に愛の心を送る運動）が繰り広げられた。1992年、希望工程基金は5,300万元に達し、15万人もの失学の生徒・児童に勉学のチャンスを与え、49ヵ所の「希望小学」を建設した。1995年末迄、社会各界から寄付された資金は3.58億元に上った。"希望小学校"は749ヵ所が建てられた。101万人も"失学児童"は小学校に入学することができた。
④貧困の母親に対する"幸福プラン"
　これは中国人口福祉基金会が始めたものである。貧困の母親のために3つのことをした。1つは貧窮を治める。貧困の母親に無利息資金あるいは無償資金を貸し付ける。貧困の母親の希望する事業(例えばニワトリ、豚を飼うこと、野菜の種を買うことなど)の実現を資金援助で支援する。2

---

28) 張紀潯(2001年)、549頁。

つは病気を治める。都市の病院から医者を貧困の山間部と農村へ派遣して、貧困の母親に対する定期的な身体検査を無料で提供する。病気に罹っている場合は治療する。その上に、薬が不足するところに必要な薬品を贈呈する。3つは愚昧を治める。貧困の母親には文化的に立ち後れ、無知な人がいる。その様な人に、クラスを設置して教育し、文盲をなくそうとするものである。その上で、科学技術知識や医学衛生知識を教えて、普及させる。

　一部の貧困世帯は生産発展の道で貧困から脱出し、まずまずの生活、ひいては豊かな暮らしができるようになった。

『人民日報海外版』[29]によると、全国2,687県(市・区)のうち、およそ2,000の県(市・区)がすでに農村住民の最低生活保障制度を確立し、316万人の貧困住民に保障給付を行っており、保障金額は9.3億元(実物の金銭換算額を含む)に上るという。

2　農村最低生活保障ラインの設定

　1984年、中共中央書記処農村政策研究室ははじめて農村貧困ラインを定めた。それによると、最貧困郷の基準は1人当りの年間収入120元以下、南方水稲生産地域の1人当りの食糧200kg以下、北方雑穀生産地域の1人当りの食糧150kg以下とする。1985年以後、農村住民の貧困基準はおよそ以下の2本のラインに沿って定められた。すなわち、1人当りの年間純収入は150元以下を窮貧世帯とし、200元以下を貧困世帯とする。この基準にもとづいて推計すれば、1986年5月、農村1人当りの年間純収入200元以下の貧困世帯は1.02億人、当時農村総人口の12.2%を占める。一方、150元以下の窮貧世帯は3,643万人で、農村総人口の4.36%を占める。

　1990年になると、郷鎮企業の発展にしたがって、農民は農業労働から農村工業に従事するようになったが、それに伴って窮貧人口と貧困人口は双方とも大幅に減少し、1人当りの年間純収入150元以下の農村人口は1980年の34.5

---

29)「中国三百多万貧困農民、受益最低生活保障制度」『人民日報』海外版2000年8月8日。

％から90年の1.39％に減り、200元以下の農村人口は1980年の61.6％から90年の3.59％に減少した。国際的に見れば、中国の貧困人口は決して多い方ではないようだが、その原因は中国の貧困ラインが大変低く設定されているところにある[30]。後に、物価指数や生活費用指数の上昇にともない、貧困ラインは修正され、1991年は300元、1993年はさらに350元に引き上げられた。その基準に基づいて計算すれば、1993年の農村の貧困人口は8,000万人であった。新しい状況を踏まえて、中国は「87扶貧攻関計劃」を作成し、1993年から2000年までの7年間に8,000万人もの貧困者をなくすという目標を打ち出した。

農村では、1998年年末まで年間400元を下回る住民は5,000万人いる。そのうちの2,000万人は年間収入200元未満の住民である[31]。

農村での最低生活保障制度は以下のような内容をもっている。農村住民の最低生活保障の対象者は1人当りの収入が最低生活保障ラインを下回る農村家庭である。最低生活保障基準は県政府、或は郷・鎮政府が定める。保障資金は県財政と郷・鎮財政が協同で負担する。給付の方式は現金給付と現物給付とに分けられる。農村住民は先ず村民委員会に申請書を提出し、村民委員会がそれを審査してから郷・鎮政府の民政担当事務所に報告し審査を受け、さらに県政府の民政局に報告し記録に載せる。農村住民の最低生活保障の実施と管理は県政府の民政局と郷・鎮政府の民政担当事務所が担当する。

3 農村の最低生活保障制度の問題点

農村の最低生活保障制度の主たる問題は以下の3つである。

(1) 困難な統一的制度の実施

いまは、農村住民を対象とする全国的に統一された最低生活保障制度はまだ確立していない。なぜなら、中国は国土が広く、各省・自治区・直轄市等の経

---

30) 朱勇等(1995年)、198頁。
31) 王文亮(2001年)、192頁。

済発展の水準が極めてアンバランスであるため、すでに豊かな段階に入っている先進地域もあれば、中西部には依然として数多くの貧困県が存在しているからである。たとえば、1995年農村住民の1人当りの年の純収入は1,578元であるが、西部地方を1として地域別にその収入をみれば東部・中部・西部の比率は2.30：1.30：1である。農村の貧困者は中国の西部に集中しているのである。そのうち、江蘇省錫山市農民の1人当りの年純収入は4,290元、貴州省異節地区は486元、雲南省思茅地区は426元、格差は10倍を超えている[32]。これらの貧困地域で暮らしている住民は必要最低限の生活必需品すら確保することが難しい状況にある。したがって、農村の最低生活保障の統一的制度の実施は当分の間難しいと思われる。

（2）都市より低い農村部の貧困者カバー率

中国の社会救済事業は都市社会救済事業と農村社会救済事業に分かれている。都市と農村の生活環境、経済発展レベルなどが大きく異なっているので、社会福祉、救済の対象者及び救済基準も大きく違っている。1994年末、中国の社会保障対象者数は2億人に近い1億9,483万人である。うち、都市部の社会保障対象者数が1億8,215万人で、全体の93.5％を占めている。都市部の被保障率(カバー率)が高いのに対して、農村部の社会保障カバー率が低いのが特徴である[33]。

（3）低い農村の貧困保障標準

1996年農村住民の1人当りの純収入は1,926元で、そのうち、農村総人口の8％を占める住民の純収入は800－1,000元、5.56％の住民は600－800元、1.88％の住民は500－600元、1.2％の住民は400－500元、0.66％の住民は300－400元、0.67％の住民は300元以下であった[34]。

---

32) 王文亮(2001年)、177頁。
33) 張紀濤(2001年)、519頁。
34) 王文亮(2001年)、184頁。

第6章　最低生活保障制度の創設　285

　現在、農村住民の最低生活保障を支える必要な資金は完全に財政負担で賄っているが、極めて限られた県財政は明らかに負担し切れない状況にある。年間わずか数百元の給付金（しかも差額給付）では最低生活保障者にとって大した支援にならない。一部の郷・鎮は保障資金の財政予算もないし、また一部の村は負担すべき資金を調達できず、ただ上位政府機関から割り当てられた保障資金を貧困農家に均等分配するだけである。

　農村の被救済者の給付基準は、低いレベルに抑えられている。例えば、1997年に都市部住民の平均年収入は5,188.5元だが、特大都市住民のそれは6,555.8元、小都市のばあいは5,657.7元である。「五保戸」を例に見れば1998年に「五保戸」1人当りの受給額が年間869元で農村住民世帯1人あたり平均純収入（2,090元）の41.6%を占めるにすぎない[35]。

　以上の状態から見れば、中国農村住民の貧困状態の改善は、かなり難しく、都市部より相当長い年月がかかるに違いない。農村部では、地域の具体的な状況に応じて適切な措置をとり、徐々に進めていくことになる。すでに農村住民の最低生活保障制度が確立している地域では、管理や実施上において都市の経験を参考にして、健全なものにしなければならない。まだ、確立していない地域では、調査研究、事情探求、予測を行い、今後の展開のために準備を整えなければならない。

おわりに

　要するに、中国における市場経済化に伴って社会保障制度の中の公的扶助制度も大きく変わり、現在では新しい制度が創設され、最低生活水準すら維持できない一部の国民に対して、国と社会が関連法規に基づいてその最低生活需要を満たし、あるいは貧困状態から脱出するために極めて低い水準ながら生活費を提供する制度として機能しつつある。

35）中国国家統計局（1998年）、328頁。

その新しい最低生活保障制度はすでに全国あらゆる都市で確立され機能しているが、広大な農村部においてはまだ一部に限られた地域のみの実験的な試みにとどまっており、農村の貧困者全員をカバーするほど大規模な制度が完全に構築されるまでにはまだ時間がかかりそうである。

参考文献

〔日本語〕

張紀濤(2001年)、『現代中国社会保障論』創成社。
中国研究所編(1997年)、『中国年鑑』新評論。
王文亮(2001年)、『21世紀に向ける中国の社会保障』日本僑報社。
〔日本語雑誌〕
『海外労働時報』(1998年1月号)。
『経済の眼晴』(1997年5月号、9月号)。

〔中国語〕

馬洪(1999年)、『中国経済形勢与展望、1998‐1999年』社会科学文献出版社。
民政部(2002年)、『中国的城市貧困与最低生活保障』中国城市反貧困論壇主題報告。
王思斌等主編(1998年)、『中国社会福利』中華書局。
中国国家統計局(1998年)、『中国統計年鑑』中国統計出版社。
『中国統計摘要』(1994)、中国統計出版社1994年
『中国社会福利与社会進歩報告』(1998年)、社会科学文献出版社。
〔中国語雑誌〕
『当代社会保険』(1997年第1期)。
『東南学術』(1999年第5期)。
『人口与経済』(1997年第2期)。
『人民日報』(海外版2000年8月8日)。
『中国労働科学』(1997年第7期)。
『中国社会報』(1999年5月18日)。
『中国市場経済報』(1996年3月23日)。

第7章

公的介護制度の模索

張　京　萍

はじめに

　いま、世界中で、社会保障制度の再構築が検討されている。その中で介護問題の進展は従来の社会保障制度を動揺させる主な要因の1つとなっている。中国もその例外ではない。高齢化、核家族化、工業化の進行につれて、以前の家族介護と貧弱な公的介護では中国の介護問題に対処することができなくなり、公的介護制度の整備が求められている。社会保障制度全般の改革の中で、介護制度に関する動きとしてとくに注目されているのは「社区サービス」である。しかし、この社区サービスとは何か、またこれで中国の介護問題をうまく解決することができるであろうか。以下、中国の公的介護制度の歴史をふりかえりながら、これらの問題を検討してみよう。

第一節　1980年代以前の貧弱な公的介護

　公的介護制度は、国家あるいは政府が計画、出資した公的な制度を通じて、自立して生活できない人々に対して、自立を支援する介護サービスを現物あるいは現金で給付する措置であり、生活保障制度の中に位置づけられている。公

的介護はその実施方法の違いにより、大まかに現金給付と対人サービスとしての現物給付に分けられる。現金給付は介護手当てか、介護費用の給付をいうが、対人サービス部分は現物としての介護サービスの給付をいう。また、対象者の違いにより、公的介護制度は高齢者介護、心身障害者介護などに分けられる。中国の公的介護サービスに関わる制度には職業傷害保険制度、社会救済と社会福祉、軍人優撫制度がある。また、中国の公的介護制度は、他の制度と同様、都市部と農村部との間に大きな格差があることを示すいわゆる「二元構造」という特徴を持っている。

中国の公的介護サービス制度は1990年代に入る前には、生活保障制度の中のごく小さな一部でしかなかった。しかも独立した制度はなく他の制度の中に含められ、埋没していた。

1 公的介護制度の基礎

新中国の公的介護サービスに関わる最初の制度的基礎は、1948年12月27日に東北行政委員会が公布した「東北条例」（「東北公営企業戦時暫行労働保険条例」）である。「東北条例」は主に労災保険、疾病手当、葬祭手当、出産手当、養老金、医療制度に関して規定したものであるが、公的介護に関連する内容も含まれている[1]。この条例の第17条（「乙、政府が指定した銀行に預けられている労働保険総基金は、東北労働者・職員工会の決定により、以下の労働保険事業に使われる。1、労働者・職員療養所。2、労働者・職員障害者福祉院。3、なくなった労働者・職員の子女の保育院及び学校など。4、老年労働者の休養所。5、各企業の不時の場合に支払う労働保険金の補助。6、他の集団労働保険事業」）によって、公的介護に関する療養院、休養所、福祉院、保育院などの公的介護事業[2]が規定された。

解放戦争の勝利に伴い、解放区が迅速に拡大され、多くの地区と産業企業は、それ自身の経済条件に応じて、「東北条例」に準じた地区、部門の医療厚生の

---

1) 日本の労働保険は、労災保険と雇用保険の2つを指すが、当時中国の「労働保険」の内容はほぼ福利厚生全体に相当する。
2) 企業集団福祉事業と呼ばれている。その後、歴史の原因で、企業内従業員の福祉になった。

方法を作った。1951年全国統一の「中華人民共和国労働保険条例」が発布され、実施された。また、公営企業組織が医療厚生に関する文書を作ったケースも見られた。このような企業には、例えば、石景山鋼鉄公司、江西タングステン鉱場などがある。

1951年に制定された「中華人民共和国労働保険条例」は1953年に修正され、実施され、中国の労働保険の根拠法となった。その第17条には、公的介護施設に関する規定がある。

「第17条、集団労働保険事業の規定

丙、中華全国総工会は以下の集団労働保険事業を始める、または各地方或は産業工会に委託する事が出きる。1、療養所、2、養老院、3、孤児保育院、4、身体障害者院、5、その他。」

この条例によって、全国総工会は各種の介護施設を設けることができるようになった。こうして、公的介護施設は都市部では企業集団労働保険事業の1つとして、全国規模の企業内従業員福祉の中に入れられた。

「中華人民共和国労働保険条例」は前述した「東北条例」より適用範囲が広かった。国営企業だけではなくて、公私合営、私営企業までも実施範囲に入れられていたが、1958年頃から、その適用範囲は国営企業（全人民所有制企業）に限られるように変わった[3]。

---

3) 中国では、建国初期に、国営企業が設立されたが、私営企業が依然として国民経済の中に大きいウェートを占めていた。1949年に私営企業の従業員が約300万人おり、全国従業員総数（800万人）の37%を占めた。建国初期、中国政府は、私営企業を発展させる政策を採っていたため、1952年末に、私営企業・事業組織の従業員が367.3万人に増えた。1953年から、中国は、生産手段私有制に対する大規模の社会主義改造と計画的に社会主義建設を行う時期に入った。1956年に、全国の多くの地区では、生産手段私有制の社会主義改造が基本的に完成された。私営企業の工業、商業別の全業界公私合営が実施され、私営工業の従業員の99%、私営商業の従業員の85%にわたった。私営企業・事業組織の従業員は2.8万人しか残らなく、全国従業員（2,423万人）の1.16%に減少した。それに対して、公私合営企業・事業組織の従業員が1952年の25.7万人（全国従業員人数の1.61%）から352.6万人に上昇し、全国従業員総数の14.6%に達した。公私合営が実施された後、国が合営企業に対して、全人民所有制化の措置を採った。それにより、1957年末に、私営企業は殆ど絶滅したと言える（夏積智・党暁捷（1991年）、81-86頁）。こうして、1951年に実行し始めた「中華人民共和国労働保険条例」の適用範囲は全人民所有制の企業に限るようになった。

公的介護を規定する法規が憲法にまでなったのは1954年のことである。1954年9月に開かれた中国の第1次全国人民代表大会において中華人民共和国憲法が制定された。公的介護に関する内容は、その第93条に見られる。「第93条中華人民共和国の勤労者は老後、疾病或は労働能力を喪失した場合、国から物質的な援助を受ける権利がある。国が社会保険、社会救済と公衆衛生事業を行い、且つこれらの施設を次第に拡大していくことにより、労働者の上述した権利の享受を保障する」と規定した。この中の「これらの施設」は福祉施設のことを指していると考えられる。

2 具体的な公的介護関係制度

(1) 職業傷害保険制度の中の公的介護

職業傷害保険制度の中で触れられている公的介護は主に介護費用の支給制度である。

新中国建国初期の職業傷害保険制度は統一的で独立した体系となっていたのではなく、幹部と企業従業員によって2つに分けられていた。1950年、内務部が「革命工作人員傷亡褒恤暫行条例」を制定した。これによって、国家機関と事業組織体の職員の職業傷害保険制度が創られた。企業従業員の職業傷害保険制度は前述した「中華人民共和国労働保険条例」により創られた。この2つの条例はそれ以後の実践の中で何回も修正され補充されたが、制度の大枠に根本的な変化はなかった。その主要な特徴は、職業傷害保険は勤め先により実施されていたということである。保険待遇の基準については、国家の統一基準がある。これらの基準は医療待遇、障害待遇、死亡待遇、職業病待遇の4つに分けられているが、公的介護に関する部分はその中の障害待遇に入っている。

障害待遇について、医療が終結して、労働能力を完全に喪失したと判断された者は定年退職者の待遇基準に基づいて障害年金を享受する。その中の要介護者に対して、従前の賃金の90%を支給する以外に、普通の2級労働者[4]の賃金に相当する介護費用を支給する。この介護費用は公的介護費用と見なされる

---

4) 当時の中国労働者賃金制度は八級賃金制であった。1級が最低で、8級が最高である。

であろうが、労働能力を完全に喪失した者に限られていた。条件が厳しかったことが分かろう。

（2）軍人優撫制度の中の公的介護

中国の軍人優撫制度は革命に伴う中国共産党の軍隊に関する制度である。1931年、「紅軍優待条例」は中国共産党革命根拠地の第1次全国ソビエト代表大会で通過した。その後、「紅軍優撫条例」、「優待紅軍家属条例」等が出された。これらの条例は新中国建国後の軍人優遇制度の基となっている。傷痍軍人に対して、施設介護が提供されたのである。これらの施設は光栄院、療養院などと呼ばれた。この制度は福祉的な褒賞的な性質を持っている。しかし、このような公的介護を享受する資格条件もまた極めて厳しかった。

（3）身障者保護制度の中の公的介護

1950年代初め頃、中国の身体障害者は施設介護と救済を受けることができると同時に基本的な生活権利と政治権利を獲得した。前述したように、1951年の「中華人民共和国労働保険条例」に基づいて、政府が次々と盲聾唖学校、社会福祉施設等福祉企業を作った。各種の養老院、福利院は身障者を含む36万人を収容した。これらの中には身障者の公的介護が含まれていた。

（4）社会救済と社会福祉制度の中の公的介護

新中国成立初期、都市部社会福祉は社会救済と結び付いて、一括して救済福祉事業と呼ばれていた。その任務は主に当時の貧困者、浮浪者、孤独者、身障者に対して収容、扶養、就労等の手配を行うことであった。1950年代後期から、都市部社会福祉は福祉事業と救済事業に分けられた。都市社会福祉事業が「三無」対象者を主要なサービス対象とするものになった。

当時の社会救済と社会福祉は、主に戦争捕虜と国民党の軍隊の降伏者に対する帰郷・就職斡旋援助、農村から都市に移転してきた被災地の住民と貧困な農民達に対する帰郷援助措置、多くの市鎮失業者に対する生産自助、浮浪者・「三

無」者の収容、旧来の慈善社団組織の改造、受け取った外国の救済組織体の処置、軍人優待、救済などを初め、社会福祉生産と社会福祉サービスも含む制度であった。救済に傾いた特色を持っていたため、現在では救済的社会福祉と呼ばれている。

社会救済と社会福祉制度の中で触れられている公的介護は主に高齢者に向けた介護制度である。それは、都市部の定年退職高齢者に対する福祉と農村「五保戸」高齢者に対する福祉に分けられる。

都市部においては、新中国建国後、主に福祉院と敬老院という施設介護を通じて生活保障のない高齢者に公的介護を行った。

農村部においては、1950年代から農業合作化を実現した後、政府が農村の生活困難者である高齢者に対して社会救済制度を実施した。1956年に中国第1回全国人民代表大会第3次会議で通過した「高級農業合作社示範定款」及び1962年に中国共産党中央委員会が発布した「農村人民公社工作条例修正草案」は、農村に社会保険と生活福祉制度を作ることに関する原則的な規定を決めたものである。しかし、当時農業生産力の発展レベルが低かったことに制約されて、大都会の近郊にある生産力レベルのより高く、経済的により豊かな少数の社隊（生産組織単位の名称）しか高齢者に対する社会保険を実施しなかった。他の多くの農村地域においては、ただ労働能力のない、収入のない、身寄りのない高齢者及び身障者と孤児に対して、救済的な「五保戸」制度を行ったにすぎない。いわゆる「五保戸」制度とは国家と集団（社、隊）が食保、衣保、宿保、医保、葬祭保（対象者が児童の場合は葬祭の代わりに教育）を提供する制度である。「五保戸」制度は2つの方式で行われる。1つは敬老院に入所する方式である。もう1つは入所しなくて、農村の基礎組織がその生活の世話をする方式である。この制度は公的介護に関わるが、前記の2つの方式で世話される者は必ずしも重度の介護を必要とする者ではなかった。ほとんどの制度享受者は軽い程度の世話が必要となる者でしかなかった。

3 貧弱な公的介護

以上、公的介護制度に関わる4つの制度を見てきた。新中国建国初期の公的介護の特徴は一言で言えば貧弱だということである。その貧弱さは主に以下の3点に現れている。

(1) 広い意味での公的介護しかなかったこと

中国の生活保障制度の中に公的介護という要介護者、とりわけ要介護高齢者に対する専門的な制度はなかった。この意味では、1980年代以前の中国には介護制度は整備されていなかったということができる。

(2) 狭い公的介護手当ての実施範囲

前述した具体的な公的介護に関わる制度から見れば、公的介護手当てを享受できる者は職業障害保険対象者の中の労働能力が喪失した者に限られている。この介護手当ての享受者の要介護者に占める割合はいうまでもなくごく小さかった。

(3) 制限的な公的介護

公的介護施設[5]は、入所要件が厳しく、著しく制限的であった。その入所要件は正式に規定されていなかったが、各地の実施方法を見てみると、当時の経済的負担能力に応じて、頼れる人がいない、労働能力がない、所得がない者のみとされていた。この入所資格規定から見て、救済的な色が強かったといえよう。

当時の社会福祉事業[6]の対象者となったのは、主として、公的介護施設に入

---

5) 養老院という施設が挙げられる。日本の特養老人ホーム或は養護老人ホームに相当する。
6) 中国の社会福祉は、経済改革・開放までは、2つの「二元構造」を持つ体制であった。その1つの「二元」は、集団経済組織に頼る農村部社会福祉制度と国家財政と公有制企業に頼る都市部社会福祉制度という「二元」である。もう1つの「二元」は、都市部社会福祉制度の中に労働部が管轄する従業員福祉と民政部が管轄する都市社会福祉が併存しているという「二元」である。
1949年新中国成立後、中央人民政府政務院の下に、生活保障を管理する行政機構として労働部と内務部が設立された。労働部は、企業の養老、医療、福祉サービスを管轄するのに対して、内務部は社会救済と社会福祉を管轄していた。
中国の企業内従業員福祉も社会福祉の一部を構成していた。その管理機構は1949年から、労働部と中華全国総工会により管轄された。

所できる人々、いわゆる「三無」状況にある人々であった。「三無」の人々に、政府は「五保戸制度」という公的扶助制度で救済を行った。「三無」の人々、特に農村地域の大部分に対し、施設入所ではなくて、各地区あるいは生産組織に分散して事実上の公的扶助制度を意味する「五保戸」が行われていた。したがって、1967年までは、社会福祉院、養老院、敬老院（これらは日本の老人ホームに相当する）を含めて、公的福祉施設は少なかった。当時、設けられていた福祉施設は、全部で323ヶ所、5万ベッド程度であった。

　公的介護制度は、このように貧弱であったうえにその後も順調に発展することはなかった。1967年以降、文化大革命の時期に入った。この「大革命」は中国国民の日常生活の隅々にまで大きな影響を与えただけでなく、中国の労働保険制度の発展に破壊的な結果をもたらした。この時期の中国においては、法律、規則、制度などがすべて封建主義・資本主義・修正主義的なものと見なされ、社会保険制度は破壊された。公的施設介護も廃止された。

　文化大革命期に、企業の福祉・労働保険事業は大きな打撃を受けた。工会（労働組合）の幹部は迫害を受け、転職させられ、工会組織も休眠状態を余儀なくされた。相当部分の企業の労働保険文書が焼かれたり、政策基準が変わったりして、企業福祉・労働保険事業が執行できなくなった。1968年に、労働部は各地方政府の労働部門に通知して、労働保険事業の統一管理を指示した。民政部が管理していた社会福祉もそれと同じ運命を辿った。1969年に民政部は廃止された。社会福祉は財政部、衛生部、公安部と国務院行政工作組により、管理された。各地で、多くの民政機関は仕事ができなくなり、多くの社会福祉生産組織と社会福祉事業組織は廃止されたり、移管されたりした。

　公的介護を含むサービス制度はすべて革命に反するものとされた文化大革命時代には、旧来の支配階級も社会福祉サービス制度から排除された。「知識階層」の人々は、労働者階層と区別され、福祉サービスを含む年金、医療などの色々な面において差別された。文化大革命によって、社会福祉施設の利用は停止され、5万ベッドを持つ福祉施設（323ヶ所）のすべてが閉鎖された。介護

サービスは国の制度としては考える事も許されなかったのである。

1949年から1977年までの間は、社会主義革命段階から「文化大革命」の段階までの時期であり、政治的動きの激しい時期であった。「先ず生産、それから生活」という政府の指針のもとで、国民は一種の宗教的な情熱に囲まれ、生活のニーズを無視してきた。この政治的動きの下で、公的介護はこの時期、その発展を望むことはできなかった。

第二節　1980年代以降の公的介護制度の動向

1　高齢者介護問題の社会問題化

1980年代に入ってから、中国の公的介護のニーズは徐々に高まってきた。

1978年から中国政府は経済改革・対外開放の政策を採ったが、経済改革の一環として、社会保険制度の再建を含む一連の改革を行った。「国民経済発展7次5ヶ年計画」(1985-89年)の中で、中国の国情に応じた社会保障体系を作る方針が出された。ここで、初めて「社会保障」という言葉が使われた。社会保障制度の再建によって、年金制度が実施されるようになり、医療制度が改革された。公的介護ニーズもこの改革の過程で現れてきた。その中に特に高齢者介護サービスが求められ、論じられ始めた。

1979-89年の間に、中国において高齢者介護は依然として家族介護を中心としていたが、この時期には、核家族化現象、家族介護の担い手の変化、企業内福祉の弱体化などによって、家族介護の基盤が揺らぎ始め、公的介護ニーズが高まることになったのである。

（1）核家族化現象の発生

1980年代に入ってから、「一人っ子」政策を実施した結果、欧米諸国の家族観の影響、中国国内の住宅事情などで、家族規模は縮小し始めた。1970年代以前までは全国の平均家族規模は4.71人であった。それに対して、1981、1983、1987年にはそれぞれ4.52、4.44、4.23人となった。また、6人以上の大規模家

族の減少が見られる（表7-1）。一方、3人、4人家族が増え、その他規模の家族は減少している。

このように、80年代には大規模家族が顕著に減少し、3、4人規模の小家族ないしは核家族が急速に増加していった。このような核家族化の進展は、いうまでもなく、老親の扶養・介護能力という点から見れば、その減退を意味している。

（2）家族介護の担い手の変化

家族介護の担い手は新中国における女性の社会への進出と家庭内の役割の変化によって変わった。従来女性は家庭に縛られ、経済的に自立できず、家庭内では何の権利も持たない立場に置かれていた。従来中国の家族介護の担い手は女性であった。1949年新中国成立後、女性解放、男女同権は本格化した。政府はまた女性雇用に大いに力を入れた。1950年代初頭、全国の都市における女性雇用者は160万人で、雇用労働者総数の7.5％しか占めなかったが、1989年には都市の女性雇用労働者は5,137万人に達し、雇用労働者総数の37.4％を占

表7-1　世帯人員別家族（構成比）の推移
(％)

家族規模 \ 年	1982年	1987年	1993年
1人家族	7.95	5.53	5.88
2人家族	10.07	9.50	11.22
3人家族	16.05	20.70	26.21
4人家族	19.56	24.14	25.75
5人家族	18.35	19.28	16.42
6人家族	13.12	10.65	7.79
7人家族	7.95	5.45	3.64
8人以上家族	6.95	4.69	3.07

出所：中国国家統計局編『中国統計年鑑』国家統計出版社　1994年。

め、都市部女性の97%を占めるに至った(『北京週報』、1990年11月13日)。

1978年就業者(農村生産組織に入って、集団労働に参加する者を含む)4億152万人のうち、女性就業者は17,386万人で、43.3%を占め、1988年就業者54,334万人のうち、女性が43.0%を占め、23,352万人であった。

1978年の経済改革開放以前には、農村の女性は主に農作業に従事し、雇用労働者ではなかったが、改革以降は畜産業、工業、商業、手工業、サービス、交通運輸などさまざまな業種に従事し、雇用労働者になった。全国郷鎮企業の雇用労働者のうち、農村女性は大きなウェートを占めるようになった。また、都市化と工業化の進展につれて出稼ぎが増え、農村女性も農村地域から都市へ移動し、アルバイト、契約労働者として働くようになっている。特に、1980年代後半には外資系企業の契約労働者として働くケースが増えた。1990年には農村部の女性の76%が職に就くようになった。

こうした女性の社会への進出は、家庭内の男女の役割に影響を与え、女性が高齢者介護の担い手でありつづけることを困難にしている。いまや中国の高齢者家族介護の担い手は、同居する前期高齢者(60-74歳)、あるいは農村出身の住み込みの若い女性に代わりつつある。

中国では、身寄りがなく生活保護を受けている(「五保戸」)人々以外の高齢者は自宅で家族に頼って生活している。若い世代は男女とも職を持ち、家にいる時間は僅かであるため、時間と体力がある前期高齢者世代が要介護者の世話をすることになる。いわゆる老々介護が中国でも多くみられるようになっているのである。

また、農村の女性は大都会に憧れて、若いうちに都市に出稼ぎに出ているが、彼女たちが働くことのできる職種は限られている。中国では労働力過剰のため、会社、工場のアルバイトはなかなか探しにくい。そのため、一部の人は住み込みの家政婦として、高齢者介護の仕事を担当している。1980年代前半までは、このような人たちによって、一時的に大都会の家庭内における介護難が解決された。

ところが、1980年代後半に入って、出稼ぎの農村女性の働き口も増えてき

た。家政婦は長期的な仕事としてではなく、初期の宿泊問題を解決するための一時的な職と見なされた。その結果、農村の女性は高齢者介護の担い手として期待しにくくなり、家庭内介護の限界がしだいに顕在化した。

(3) 企業内福祉の弱体化

中国の企業内福祉は高齢者の少ない時期に、前述した「中華人民共和国労働保険条例」に基づいて作られたものであった。高齢者が少なかった時期には、企業にとって定年退職年金の負担も少なく、医療費負担も少ないので、福祉事業の経費には余裕があった。そこで、各企業はその福祉事業資金を利用して、企業を1つの単位として、従業員療養院・休養所、食堂、公衆浴場、美容、診療所または保健所、幼稚園、住宅、小学校などさまざまな付属施設を作った。企業内の高齢者が病院に入院し家族が看護できない場合、企業が組合の会員を派遣して付き添い看護をするような措置を採っていた。また、死後の葬祭費を負担し、葬式も企業がしていた。さらに、1980年代以降、一部の企業・事業体は、職業傷害で労働能力を喪失して、介護が必要となった職員に対して、月々の給付を従前賃金の75-90%までアップし、月に一定金額の介護費（普通労働者給料1人分以下）を支給するようになった。

しかし、1980年代の経済改革開放政策の実施と同じ時期に、中国の企業内年齢構成も高齢型となってきた。企業の定年退職金と医療費の膨張によって、従来の企業内福祉事業の運営が窮境に陥った。これは中国国有企業における保険福祉改革の1つの要因にもなった。

古い大手国有企業と新しい企業との保険福祉費用負担の違いは古い大手国有企業の競争力を弱め、国有企業は一層赤字を増やし、従来の企業内福祉体制は弱体化した。

以上のように、1980年代には高齢者人口が増加する一方で、核家族化、女性の社会進出、さらには企業内福祉の弱体化が加わり、高齢者介護は従来の家族や企業に頼ることができなくなり、高齢者介護問題が徐々に社会問題化し、論じられ始めたのである。

2 公的介護制度創設への動き

　徐々に社会問題化し始めた高齢者介護問題に対して、従来の貧弱な公的介護では対処できず、政府は不十分ながら公的介護サービスの充実を図らざるを得なくなった。すなわち、介護に重点を置いた公的福祉施設の増加、公的介護への受益者負担制の導入、高齢者介護の地域的、部分的制度化が進められた。しかし、公的介護制度はこの時期でもただ社会福祉制度の適用範囲の拡大として見られたにすぎない。

（1）介護に重点を置いた公的福祉施設の増加

　この時期に、文化大革命時代に廃止された323ヶ所の公的福祉施設（公的介護施設を含む）が再建され、新規施設も建設された。労働者向けの療養院・休養所、地域（省・市）レベルの福祉施設・農村集団組織が運営する福祉施設を含む福祉施設は1980年に9,892ヶ所となり、1988年に38,874ヶ所となった（表7-2）。

表7-2　1980年代中国の福祉施設数

年	労働者向けの療養院休養所	省・市レベルの福祉施設（居住施設）	農村集団組織の福祉施設（敬老院・光栄院=居住施設）	計
1980	791	839	8,262	9,892
1981	877	866	8,544	10,287
1982	887	864	10,586	12,337
1983	903	886	14,047	15,836
1984	1,359	927	21,190	23,476
1985		924	27,103	
1986	1,226	1,007	32,792	35,025
1987		1,057	35,015	
1988	1,128	1,081	36,665	38,874

出所：国家社会統計局社会統計司編『中国社会統計資料』国家統計出版社　1990年　133頁。

1980年から1988年まで施設総数は28,982ヶ所増えたが、その内、中央と地方財政の出資で賄われる省・市レベルの福祉施設（居住施設）は1980年の839ヶ所から、1988年の1,081ヶ所へと、8年間の間に242ヶ所増えた。また、この時期に農村集団組織の福祉施設（敬老院、光栄院――高齢者介護施設）は1980年の8,262ヶ所から1988年の36,665ヶ所へと、28,403ヶ所増えた。このデータを見れば、1980年代には農村部の福祉施設数が、地域型生活保障体系（「社区型」生活保障体系）の創設により、顕著に増加したということがわかる。

（2）公的介護への受益者負担制の導入

　省・市レベルの福祉施設の費用は、1988年までは民政部、集団組織によって負担されていた。1988年、省・市レベルの福祉施設費用総額65.54億元のうち、集団組織の負担分は0.33億元で、0.53％でしかなく、ほとんどが国庫負担であった。以前の福祉施設は入所要件が厳しく、高まる高齢者介護の需要に応じられなくなった。福祉施設を一般大衆に開放し、入所者の対象範囲を拡大しなければならなかった。この需要に対して、受益者負担なしで国庫負担中心という、従来の方法で応ずることはできず、受益者負担制を導入しつつ公的介護施設を増やすという方法で応じることになった。

　1980年代以降中国の企業改革にともなった社会保障制度改革の1つの決着点は生活保障の社会化である。この生活保障の社会化は組織者の多元化、出資者の多元化とサービス提供の多形式化を意味するが、この時期の生活保障の社会化は、当初主に出資者の多元化として現れ、この出資者の多元化の1つが受益者負担の導入を意味した。この受益者負担の導入は既存の社会保険制度の改革にまず現れた。旧ソ連で行われた労働者が拠出しない社会保険制度の真似をしてきた中国の社会保険制度の下で、企業は国家の代わりに労働者の生活保障を行っていた。受益者負担の導入は企業が背負っている社会的責任の軽減のためである。この受益者負担の考えは社会保険だけではなくて、社会保障制度全般の改革にも影響を与えた。こうして、国家負担を増やさないために、施設費用は国家と集団組織の資金によって賄われる以外に、「三無」者を除き、入所

者個人も費用を負担するようになった。福祉施設の中で、有料入居者と無料入居者が混在する「一院二制」が採られたが、有料の部分は一般高齢者の介護と考えられる。この現象は農村部より都市部の高齢者介護に多く現れるが、それは都市部の高齢者には年金収入があり、入所費用にあまり困らないからである。

（3）公的介護サービスの地域的、部分的制度化の動き

このような状況のもとで、政府は、1985年に「社区型」生活保障制度の創設を提案した。この提案は農村地域が広いという中国の実情に応じたものである。農村地域では、農村行政組織（県・郷）が公的介護サービスを含む社会保障・社会福祉を担当した。1988年に民政部の社会保障懇談会で、社区型社会保障制度の創設に関して、地域経済の発展レベルに合わせた3つの対策、つまり貧困地域対策、一般地域の対策、豊かな地域の対策が出された。これらの対策は主に高齢者の生活保護対策であり、公的介護制度の創設とは言いがたいが、その中には公的介護サービスの地域的、部分的制度化の動きが見られる。特にこれらはいずれも中国政府が提唱した社会保障制度の組織者の多元化という点で共通している。

①貧困地域の対策

貧困地域では、災害救済と貧困救済を主とする貧困扶助に力が入れられ、介護に関しては公的介護サービスより家庭介護の監督指導が主である。例えば、湖北省西北部の隕陽地区は貧しい山村地区で、5つの県と1つの市を含んでいる。1987年に、この地区の総人口は283.56万人で、その中で60歳以上の高齢者数が266,259人と総人口の9.4%を占めていたが、高齢者扶養・介護などのトラブルがしばしば起った。1987年から、地区政府の指導のもとで高齢者協会を創設し、同協会を通じて高齢者の生活保障を改善しようとした。1987年以降、全地区141の郷鎮、3,044の村民委員会に高齢者協会がつくられた。

しかし、この高齢者協会は公的介護サービスの提供ではなく、家族介護の指導と家庭扶養・介護に関するトラブルの解決を目的としている。高齢者協会は高齢者の子女に対して倫理教育を行い、高齢者とその子女の間の「扶養・介護

協議書」の作成を指導する。また、高齢者活動ステーション（高齢者会館）を設置し、高齢者にコミュニケーションや文化活動の場を提供した。これも公的介護サービスとは違って、単なる文化・娯楽施設であるが、将来的には公的介護の基盤となっていく可能性が高い。

②一般地域の対策

一般地域では、敬老院、福祉工場の設置、貯金組織[7]の創設を主とする農民相互扶助策が図られた。

一般地域における生活保障体系は家庭保障の実現を目指して、国の補助を補足的に位置づけ、農民の自助努力・相互救済を通じて農村の社会福祉事業・「五保戸」制度・貧困脱却措置を実施するシステムである。

例えば、湖南省鐘祥県では1980年代後半から農村養老制度の創設を目指し、集団協力保障措置、集団福祉サービスが採られた[8]。介護サービスに関して、鐘祥県では、下記の集団福祉が採られている。

〈社会福祉院（介護施設）の開設〉

鐘祥県には農村社会福祉院が41ヶ所あり、そのうち、郷鎮経営が36ヶ所、村営が5ヶ所である。この社会福祉院は、1人暮らし高齢者を対象としており、1980年代末、1,050人が入所している。福祉院は郷鎮を1単位として、福祉院に入所する高齢者の生活費に使う資金を県政府が農民たちから調達する。現金調達基準は入所高齢者1人に480元/人・年である。現金以外に現物を調達することもある。現物調達基準は、入所高齢者1人に食用油6キロ/月、食糧300キロ/年である。

〈高齢者マンションの建設〉

1989年、省政府からの補助金、県財政からの経費、庶民からの募金を集め、80万元余りの資金で、3,000㎡、24部屋、100ベッド付の高齢者専用ビルを建

---

[7] 一種の民間の相互扶助という性質を持つ救済組織である。実際の業務は金銭だけに限られなく、福祉サービスも扱っている。

[8] 別旭道「鐘祥県農村養老社会保障の初歩探索」『老齢問題研究』No.131、1991年9月中国老齢科学研究センター。

てた。このマンションは身体障害者でも上り易い階段設計で、娯楽室、リハビリ室も設けられている。

〈高齢者協会の創設〉

1988年から、全県におけるすべての行政村と街道では、高齢者協会が創設された。高齢者協会の役割は、高齢者の法律的権利を保障し、虐待される高齢者の訴訟代理を行うこと、高齢者の扶養における家庭トラブルの調停、高齢者と子女間の扶養・介護契約の締結の指導、家庭の団欒を維持して高齢者の老後不安をなくすこと、養老保障措置の実施監督、高齢者相互扶助の指導、高齢者の能力を発揮させる指導等にある。

〈専門サービス機構の設立〉

高齢者の特殊な需要に対応するため、商業部門は高齢者用品のコーナーを開いて、90種以上の高齢者生活用品を用意している。県郷鎮の病院では、老年病室が66室設置され、病床数は158ある。他にまた、書画協会、体育協会、老年大学、老年婚姻紹介所なども設置されている。

③豊かな地域の対策

豊かな地域では、養老保険と災害救済保険を主とする社区型保険の整備が図られた。

このような地域では、敬老院、「五保戸」1人暮らし高齢者への集団的生活保障と年金保険などの農村高齢者福祉を整備するほか、行政的な立場から農村の家庭による高齢者扶養機能の強化を進めている。例えば、江蘇省の太倉県陸渡鎮政府は、高齢者1人の居住面積は20㎡を下回ってはならない、食糧の供給は毎月12.5キロを下回ってはならない、また小遣いは毎月5元以上とする、等のように具体的な規定を設けている。

要するに、農村に居住する高齢者の介護・福祉に関して、公的介護サービスより家庭保障を中心とする農村地域型社会保障体系を作ろうとしたのである。

こうして、1980年代に各地域はそれぞれの地域の状況に応じた生活保障体系の創設を図った。また、社区型生活保障体系の創設が行われている中で、高齢者介護が地域的、部分的に制度化されている。

以上考察したように、中国では1980年代に家庭介護の限界がしだいに感じられるようになり、高齢者介護問題が徐々に社会問題化し始めた。しかし、国民のニーズが増えたにもかかわらず、公的介護施設はそれを充足させることができず、地域サービスも規模が小さかったため家庭介護を代替できるものではなかった。徐々に社会問題化しつつある介護問題の解決策として2つの方法が採られた。1つは福祉施設の入所者資格条件の緩和、すなわち利用者の範囲の拡大である。もう1つは従来の福祉制度を維持しながら一般の高齢者に入所料金を支払わせること、すなわち受益者負担の導入であった。

第三節　1990年代における公的介護制度の整備

　1980年代には高齢者介護が徐々に社会問題化し、介護ニーズが上昇したが、公的介護制度は顕著な変化を見せなかった。1990年代の社会保障制度改革の中で、公的介護制度の整備が求められ社区サービスが登場しはじめた。また、公的介護制度の整備と関連して、他の制度の整備も見られた。社区サービスを見る前に、関連制度の整備を見てみよう。
　今まで、中国の高齢者はほんの一部しか社会福祉施設に入所できず、本当の意味での公的介護は存在しなかったといえる。ここでの関連制度とはこのような公的介護の対象者以外の要介護者に対する制度のことである。これら関連制度の考察は、本文の最後に触れる公的介護の民営化論の考察に役立つであろう。

1　関連制度の整備

　関連制度の整備としてまず、労災保険制度と社会優撫制度のなかの介護手当ての支給と施設介護に関する規定があげられる。

（1）介護手当ての整備
①労災保険の介護手当ての法定化
　1992年に、労働部、衛生部と全国総工会は「従業員職業傷害障害程度鑑定

基準」を出し、障害認定に関する科学的で合理的な基準をつくり、非科学的にしか認定されなかったそれまでの数十年間の歴史に終わりを告げた。また1996年には、労働部が各地の労災保険制度改革の経験に基づき、「企業従業員職業傷害保険試行方法」を発布した。これにより、労災保険は独立した制度として制度化された。

「従業員職業傷害障害程度鑑定基準」は職業傷害障害者の介護需要を、食事、寝返り、トイレ、着衣・洗顔、移動という5つの項目で、完全要介護（1級介護、前述の5つの項目がすべてできない者）、大部分要介護（2級介護、前述した5つの項目の中で3つ以上の項目が出来ない者）、部分要介護（3級介護、前述した5つの項目の中で1つの項目が出来ない者）という3級に分け、介護を障害程度と結び付けた。

「企業従業員職業傷害保険試行方法」は上述した3級の介護に対し、原則として、前年度当地従業員の平均月給の50％、40％、30％の基準で職業障害者に介護手当てを支給することを規定した。労災保険において介護手当てが法定化されたのである。

②社会優撫制度の介護手当てに関する規定

社会優撫制度の前身は軍人優撫制度で、給付には遺族手当て、障害手当て、優遇措置、退役生活援助及び社会奨励などがある。その中の障害手当てと優遇措置の中に介護に関する規定が見られる。

障害手当ての中に介護費についての規定がある。障害の類型は専門の審査許可機構によって認定・判断される。介護費の金額も障害の性質、類型、労働能力の喪失程度及び生活能力への影響などの要素により決められる。

優遇措置の中の介護手当てについての規定は次のようである。「（都市部にある）障害軍人休養院に入所せず、出身地に戻っている特級・1級革命障害軍人に対しては、国家が、その出身地の幹部の基準に基づいて食糧を提供する。生活が自立できない者に対しては、国家が民政部門を通じて当地の2級普通労働者賃金基準に相当する介護費を支給する。」「戦争、公務で障害者となり、完全に労働能力が喪失し、自力で食事や寝起きができない特級・1級の革命障害軍人に対して、定年退職金以外に、元の所属先から介護費を支給する。」

(2) 施設介護の整備

上述した両制度には介護手当てのほかに施設介護についても規定がある。そこでは主に介護施設の量的拡大、施設介護の適用範囲の拡大、介護サービスの質の改善等が規定されている。

①労災保険制度における施設介護に関する規定

「企業従業員職業傷害保険試行方法」は、職業リハビリについて、関係病院・療養院などの機構と協力して職業リハビリを行うことができ、職業傷害リハビリセンターを作ることが出来ると規定した。この職業リハビリセンターは介護施設としての機能をも併せ持っていると思われる。

②社会優撫制度における施設介護に関する規定

社会優撫制度では「他に拠り所のない障害軍人に対し、障害軍人休養院あるいは療養院を作り、障害等級にしたがってその生活、治療、休養を保障する」優撫事業をおこなうことが定められている。

1999年まで、政府は優撫休（療）養院・光栄院を1,405ヶ所つくり、45,885人を収容した（中国国家統計局『中国統計年鑑』中国統計出版社　2000年　762頁）。

③身障者施設介護に関する規定

1990年に、「中華人民共和国身体障害者保障法」が制定された。その第41条第2項では、「国家と社会は労働力のない、法定扶養人のない、収入のない身障者に対して、規定にしたがい救済を行う」と定めている。また第43条では「地方各級人民政府と社会は福利院とその他生活援助収容機構をつくり、法律に基づいて身体障害者を収容し、かつその生活を改善させなければならない」と定めている。

1999年、中国の各種公的福祉院の施設数（優撫休・療養院・光栄院・児童福祉院・精神病福祉院・都市部高齢者福祉施設・農村部高齢者福祉施設・他の収容施設など）は2,561ヶ所で、収容人数は160,526人であった（中国国家統計局『中国統計年鑑』中国統計出版社　2000年　762頁）。

2　公的介護制度の整備

前述した関連制度の整備は公的介護の整備とも深い関わりを持つ。1990年

代に作られたさまざまな施設の中に公的介護施設がどの程度あったかを示すデータはないが、1990年代において公的介護は主に介護施設の増加、利用者範囲の拡大、介護サービス管理の制度化という形で整備されてきたといえる。

（1）公的介護施設の量的増加

　民政部が管理する社会福祉施設には、身体障害軍人、慢性病・精神病をもつ退役軍人と社会的救助対象である身寄りのない老人、孤児と精神病患者をその対象とする療養院、社会福祉院、光栄院、敬老院、児童福祉院などがある。この中で、高齢者介護施設に当たるものは社会福祉院と敬老院である。社会福祉院は主に「三無」の高齢者を収容する施設であり、主に都市と鎮に設立されて、民政部門によって運営されている。福祉院の一部には、孤児と身体障害者を収容するものもある。敬老院は都市部と農村部に広く設けられており、中国の都市部と農村部の末端地域組織9)によって運営され、社会福祉院と同じく「三無」の高齢者を収容することを主な目的とする施設である。

　1990年代以降、中国では公的介護施設が量的に拡大された。1989年には介護施設数が39,743ヶ所、ベッド数が737,817床、入所者数が568,800人であったが、1997年には施設数が42,385ヶ所で、ベッド数が1,031,022ベッドで、入所者が785,199人となった（中国国家統計局『中国統計年鑑』中国統計出版社、1998年、792頁および1990年、809頁）。

　経済発展の地域格差等によって、公的介護施設の都市部と農村部における普及状況は大きく異なる。例えば、1万人当たりのベッド数を見ると、普及率が最も高い吉林省では16ベッドであるのに対して、海南省では1ベッドしかない。このような地域格差には以下の原因が考えられる。1つは、重工業が集中している吉林省では大型国有企業の企業福祉が発達したことである。1948年の「東北公営企業戦時暫行労働保険条例」と1951年の「中華人民共和国労働保険条例」によって、ほとんどの大企業が養老院、療養院などを作り、施設介

---

9) 都市部の街道（町）・居民委員会、農村部の郷鎮村の村民委員会を指す。

護を行った。2つ目は地理的環境である。吉林省は寒い所に位置するため、人々の生活にとって暖房は重要で不可欠な要素である。しかし、多くの家庭ではこの暖房が不十分な状態にあった。そこで暖房が十分に整備されていない家庭より、暖房のより整備されている施設が選択されることがあったと考えられるのである。このことは従来の五保戸制度に燃料保障が規定されていたことからも理解できよう。

都市部の民政部門により運営されている福祉院・敬老院は農村部の敬老院より、質的に充実していた。1993年、中国の都市部では、福祉院が696所設けられていた。福祉院1所当たりの従業員人数は22名（その内医務関係者6名）、自動車1台を含めて固定資産が68万元あり、高齢者福祉サービスの供給能力がかなりあった。また、民政部門が創った精神病患者福祉院では、高齢精神病患者5万人が入所していた。

全行政村において高齢者介護施設を設置している村の比率は全国平均で62.80％であった（1993年）。しかし地域の差が大きく、例えば山東省と江蘇省のような経済発達地域ではそれぞれ96.66％、98.41％と高い設置率を示しているが、チベット、広西省と青海省ではわすが10.26％、16.41％、20.29％の設置率でしかないのである。

（2）公的介護における福祉施設の役割増大

従来、社会福祉介護施設は、身寄りのない、労働能力がない、収入がない者を対象としていたが、現在ではこの条件が緩和され、一部労働能力のある高齢者も一定の費用を払えば入所できるようになった。しかし、実際に入所するのは主に日常生活が自立できる軽度の要介護者であり、重度要介護者の利用は困難である。

公的福祉施設は主に民政部と地方政府によって管轄されている。民政部が管轄している施設は主に都市にあり、優撫休養院・療養院と都市福祉院に分けられる。前者は軍人及び軍人家族、国に貢献した者が休・療養をとるところである。後者の都市福祉院はさらに社会福祉院、児童福祉院と精神病患者福祉院に

分けられる。この中で高齢者介護の役割を持つのは主に優撫休・療養院と社会福祉院である。一方、市や鎮等の地方政府が管轄している福祉施設は、主として光栄院と敬老院であるが、これらの施設では、一定の条件を満たす高齢者の介護だけではなく、孤児の扶養とその他身寄りがない身体障害者の介護も行われている。

しかし、ここで注意すべきことが3点ある。すなわち、①福祉施設の入所者の中には、高齢者以外に身体障害者がかなりの比率を占めていること、②上記の福祉施設の中に軍人向けの福祉施設がかなり含まれていること、③休・療養院のような福祉施設はそのほとんどが長期的ではなく一時的な利用であること、である。つまり、中国の福祉施設は高齢者介護の機能を持っているが、もっぱら高齢者介護だけを目的にした施設はまだ少ないのである。また、施設に入所できる高齢者は限定されており、しかも一時的介護しか行わない施設も多い。従って、一般の高齢者はこれらの施設で介護サービスを受けることができない。1990年代においても、一般的な高齢者の介護需要を満たすような公的介護施設は明らかに不足している。

(3) 介護サービス管理の制度化

政府は介護サービスの管理の制度化を目指し、1993年4月22日に「国家級福祉院評定標準」を制定した。この「評定標準」は国が投資し、県級以上の民政部門が管理する社会福祉院、児童福祉院と精神病患者福祉院に適用され、規模、機能、従業員などについて規定したものである。評定標準は下記の通りである。

「規模
　第5条　国家級福祉院は一定の規模を擁しなければならない。国家1級福祉院の場合、ベッド総数は150以上、国家2級福祉院の場合、ベッド総数は100以上となる。
　第6条　仕事の需要に相応しい専門家チームを擁しなければならない。またその中の医療リハビリ専門チームには高級肩書きを持つ専門員がいなければならない。国家1級福祉院の医療・看護人員は福祉院従業員の70％以上を占め、国家2級福祉院の医療・看護

人員は福祉院従業員の65%以上を占めること。

第7条　より完備した生活サービス保障施設を擁すること。

第8条　基本的な現代的医療リハビリ施設を持つこと。

機能

第9条　高齢者、身体障害者の児童、精神病患者に治療、介護及びリハビリを行う能力を持つこと。

第10条　サービス範囲を広げ、地域社会へサービスを提供する能力を持つこと。

第11条　専門技術の育成訓練と科学研究能力を持つこと。

第12条　自己発展能力を持つこと。現有の施設と医療条件を利用して、社会的活動を行う。それによる収入を入所者の生活レベルの向上と福祉施設の完備に用いること。

管理

第13条　健全な指導チームを持つこと。指導チームの成員は事業に対する向上心が高く、廉潔奉公、団結協力、実質を求め、新たな仕事を始め、業績をよくするように勤めること。

第14条　効率の良い、敏腕な管理機構を持つこと。

第15条　主管部門の認可を得て、実行性がある中長期の発展計画と年度実施計画をつくること。

第16条　完璧な職場責任制を主要な内容とする各項の規則と制度をつくること。

第17条　福祉院の環境を良くすること。生活環境が奇麗で、居心地が良い。国家1級福祉院はその所在地区の庭園式組織とし、国家2級福祉院はその所在地区の緑化組織とすべきである。

第18条　精神文明建設の成果が目立つこと。

質

第19条　入所者に質の良いサービスを提供し、入所者の食事、衣服、宿泊と治療及びリハビリをごまかさず良く手配すること。入所者の生活レベルを当地の民衆の一般的な生活レベルより低くならないようにすること。国家1級福祉院と国家2級福祉院の入所者及び家族の満足度がそれぞれの95%と90%以上に達すること。

第20条　医療保健を行い、定期的に入所者に健康診断をし、カルテ制度を整備し、連続

して3年間に医療事故がないようにすること。国家1級福祉院は単一病気の回復率が95%以上、国家2級福祉院はそれが90%以上に達すること。

第21条　心を込めて、病気に罹っている入所者に介護を提供すること。介護を実施する従業員は職に就く前に介護の基礎知識と技術の育成訓練を受けなければならない。基礎介護合格率、介護技術操作合格率、介護規程合格率は一定の比率に達すること。

第22条　入所者のリハビリの効果が高い。国家1級福祉院の入所者の回復活動に参与する比率が98%に達し、回復有効率が90%に達する。国家2級福祉院の入所者の回復活動に参与する比率が90%に達し、回復有効率が85%に達すること。

効果と利益

第23条　ベッドの利用率が高いこと。国家1級福祉院のベッド利用率が98%以上、国家2級福祉院のベッド利用率が85%以上に達すること。

第24条　従業員と入所者の比率が合理的である。国家福祉院は以下の標準に達するべきである。従業員と正常な高齢者との比率は1対4で、自立して生活する事ができない高齢者との比率が1対1.5となる。健全な児童との比率が1対6、嬰児及び身障者の児童との比率が1対1.5で、精神病患者との比率が1対2.5人となる。

第25条　事業費の支出が合理的である。国の財政から支出した事業費は主に入所者の生活費に用いること。国家1級福祉院の場合、入所者の生活に使う費用は年間事業費の80%に達し、国家2級福祉院の場合、入所者の生活に使う費用は事業費の70%に達すること。

第26条　別途に利益を儲けること。従業員の人数で計算して、国家1級福祉院の場合、1人当たりに別途に利益を4,000元儲け、国家2級福祉院の場合、3,000元と定められている。」

例えば、天津養老院は天津市民政局が管轄する大型高齢者介護施設であり、1953年に作られ、敷地面積が26,667平米で、その敷地内に6,667平米の公園があり、3つのビルがある。当該養老院には320のベッドがある。1999年で入所者は300人いた。入所者の中には、「三無」高齢者、企業から定年退職した独りぼっちの高齢者、一般の高齢者が含まれている。入所者の平均年齢は76

歳で、70歳以上の高齢者が入所者の80%を占めている。半分介護、全部介護、特別養護高齢者は入所者の60%以上を占める。脳卒中後遺症、脳萎縮、半身不随、行動不自由な高齢者にいかにして美味しく、栄養がある食事を提供するかは、現在の中国高齢者介護施設の中でも研究の必要がある重要な問題である。また天津養老院の大きな問題でもある。1997年、当該養老院は高齢者飲食テストで入所高齢者の栄養レベルが科学的になっていないことが分かった。そのために、当該養老院はわざわざ食膳栄養課を設立して、天津医学大学の栄養と食品衛生専門の卒業生を招聘して、科学研究の仕事に従事させている。栄養課は高齢者科学食膳栄養について食膳干与、飲食治療と栄養支持という3つの内容を総括した。関係者はまた高齢者に対して栄養知識の宣伝教育を行い、非常に良い効果をあげた。

3 社区サービスによる介護の拡大

〈社区サービスの拡大〉

　核家族化による家庭介護能力の低下や中央集権による官僚主義の弊害を克服するために、高齢者福祉における社区すなわち地域の役割の重視がいま世界的な潮流となっている。このような潮流を背景に、中国でも1990年代に社区サービスによる高齢者介護を広く発展させてきた。

　ところで、中国で「社区」というのは、主として末端の社会組織、即ち同一地域に住んでおり、互いに助け合っている住民の集落、地域を意味する。行政区域から言えば、「社区」とは、都市部では「街道(町)・居民委員会」を指し、農村部では「郷鎮・村民委員会」を指している。

　社区サービスとは、都市の街道居民委員会と郷鎮村落の村民委員会が中心となって、社会各方面の財力、人力を動員し、住民の相互援助によって、柔軟かつ多様な福祉サービスを地域住民に提供する事をいう。具体的には託児、買い物の手伝い、障害者・高齢者の介護、中小学生の給食、高齢者会館・各種の文化センター・図書室などの施設の提供などがある。これらの「社区」によるサービスは、住民のニーズを把握しやすい、情報伝達が速い、人手の調達が比較的

表7-3 中国の社会福祉院・敬老院（老人ホーム）の状況

		合計	政府が運営するもの	社区組織が運営するもの
支出（万元）	1993年	97,194	50,000	47,194
	1995年	133,862	74,269	59,593
ベッド数（床）	1993年	867,422	114,433	752,989
	1995年	913,621	124,066	789,555
入所者（人）	1993年	678,844	92,426	586,418
	1995年	701,920	99,264	602,656
従業員数（人）	1993年	153,102	37,975	115,127
	1995年	155,647	40,332	115,315
施設数（ヶ所）	1993年	41,679	1,213	40,466
	1995年	41,651	1,264	40,387

出所：中国国家統計局『中国統計年鑑』国家統計出版社 1994年 652頁。
『中国統計年鑑』1996年国家統計出版社 724頁。

容易である、などの特長がある。

　民政部は1987年から社区サービスの拡充を呼びかけており、1990年代初めになると高齢化が進んでいる大・中都市では社区サービスが既に一定の体系となっている。1992年の末までに、各種の社区サービス施設は11.2万ヶ所で、その内、高齢者向けのサービス施設は16,952ヶ所である。農村では、この社区サービス事業が各地の生活保障ネットワークのなか[10]に入れられた。民政部の統計によれば、1994年末に、都市における社区サービス施設は9.5万ヶ所あり、1つの都市街道組織（組織数、22,074）当たり平均4.3ヶ所となっている。1994年末に、全国の社区サービスの利用者は7,000万人以上に達しており、社区サービス事業に従事する者は41.4万人となっている。農村においては、生活保障ネットワークを持つ郷・鎮は1.5万ヶ所で、郷鎮総数（4.8万個）の31.25

---

10) 敬老院、社会福祉工場、社会保障基金、五保戸の優遇などを含む社会保障・社会福祉体系のことを指す。

％を占めている。その内、郷の創った敬老院は2.5万ヶ所、入所者は34.5万人となっている。

社区サービスの実施により、従来の国家による救済型の社会福祉は地域相互扶助型社会福祉へと転換しつつある。従来の救済型社会福祉はすべて国家財政によって賄われていたが、この「社区型」社会福祉は地方政府、民間企業と個人・家庭によって賄われるように変わった。

家庭を中心とした伝統的な高齢者介護パターンは高齢者介護の中心的な地位を占めており、伝統的家族観が家庭介護を支える重要な道徳的、倫理的支柱であったが、核家族が中国の世帯構造の主要モデルになるにつれ、高齢者介護の担い手が家族から地域へ変わりつつある。社区サービスが家庭と公的施設の間で、介護の役割を果たすようになってきた。現在、中国の社区は高齢者にとって、最も直接的で、重要な福祉サービスの供給者となっている。また表7-3が示すように、都市部と農村部の社会福祉院の多くは、社区組織によって運営されている。社区によって運営されるものと政府によるものとをベッド数と入所者数で比較すれば、前者は後者の約6.4倍である。

また、福祉施設と社区サービス組織をその数と従業員の人数で比較すると、表7-4のように、社区サービスの組織数と従業員の人数の増加速度は福祉施設より速いことが分かる。

〈社区サービス組織の種類〉

社区サービスは2つの組織によって構成されている。その1つは、区（県）級以上の政府が管理する社区サービス組織である。これは、政府の各部門の代

表7-4 福祉施設と社区サービス組織の比較

項目	施設・組織数			従業員の人数		
	1998年	1999年	増加 (%)	1998年	1999年	増加 (%)
福祉施設	2,288	2,561	112	46,729	68,902	147
社区サービス組織	6,154	7,623	124	33,277	51,600	155

出所：中国国家統計局『中国統計年鑑』国家統計出版社 2000年 763頁。

表から構成される行政的な社区サービスの指導機関である。もう1つは街区（郷村）居民委員会が管理する末端地域自治組織の社区サービス管理機関である。

街区（郷）にある政府機関は、末端の政府機関である。その管轄範囲に入っている地域に、また幾つかの住居ブロックでできた住民委員会（都市の場合）、村民委員会（農村の場合）がある。

実際に高齢者の世話・援助などの活動を行っているのは住民・村民委員会を中心とする地域組織である。住民・村民委員会は、もともと住民が自発的に組織する集団管理機構であったが、中国政府の介入によって、行政組織に類似する性質を持つようになり、政府の指示に従って地域の活動を行っている。

〈社区サービスの対象者〉

社区サービスの対象は、その地域で生活する住民、家庭と社会組織であるが、特殊なニーズを持つ者（高齢者、身体障害者、貧困家庭等）、社会に特殊な貢献をした者（烈士家族、栄誉軍人等）へのサービスに重点が置かれている。管轄地域内の住民に対して、政府が居民委員会を通じて調査を行い、特殊なニーズを持つ者を登録・管理する。

〈社区サービスの実施者〉

社区サービスの実施者は、専門サービスチーム、ボランティア、専門職以外のサービス提供者から構成されている。専門サービスチームとは、病院の社区サービス担当者、地域にある労働サービス会社の従業員を指す。このような専門サービスチームは決まった地域で、定期的にサービスを行う。専門職以外のサービス提供者は居民委員会の委員を指す。居民委員の仕事は従来政府の政策の宣伝・教育に重点が置かれていたが、現在は福祉の地域化により社区の福祉サービスを行うようになっている。

〈社区サービスの財源〉

日本の高齢者福祉サービスは県、市町村の財政収入や保険料収入等により賄われているのに対し、中国の社区サービスの創設、維持、発展に必要な財源は、主に社会からの寄付金、末端地域社会組織の営業活動収入、サービスの利用料、政府からの支援によって賄われている。しかし、政府からの資金援助は実際は

少なく、主に政策上の支持に限られている。

〈社区サービスの特性〉

　社区サービスによる介護は基本的に在宅介護であるが、在宅介護は施設介護に比べてコストが低いだけでなく、高齢者は自宅で残りの人生を送ることができるという利点がある。それに、自分自身の好みに応じて生活をすることができるなどの利点がある。施設介護が重度の要介護高齢者にとって不可欠であるとしても、コスト削減が最大の課題となっている中国で施設拡充は現実的な選択ではないのである。

　例えば、現在200以上ある北京市の養老院の料金基準は、生活能力を持つ高齢者の場合は月400－500元で、生活能力の半分喪失した高齢者の場合は月500－550元、完全に生活能力を喪失した高齢者の場合は月650－700人民元とけっして安くない。自宅でより少ない費用で介護が受けられるとすれば、高齢者にとってはその方がはるかに受け入れやすい。

　1999年人口センサスによると、北京市の高齢者家庭のなかで、夫婦2人の世帯の比率が27％、1人世帯の比率が7％で、合計34％である。このように、子供たちと同居しない高齢者のみの世帯が増えており、それに伴って高齢者の介護ニーズは益々高まっている。たとえば、社区サービスに対する北京市の高齢者の希望項目を調査したところ、介護を希望する高齢者は被調査対象の22.6％を占めた。

　以上のように1990年代の中国において、高齢者の介護の主な拠り所はなお家族であるが、公的介護も社区サービスを中心に、整備が進められつつあるのである。

第四節　1990年代以降の介護サービスの特徴

　中国における公的介護は既に見てきたように、1990年代以降、労災保険、社会優撫制度、社会福祉制度の整備による介護手当ての法定化、施設介護の整備、社区サービスによる介護の登場によって進められてきた。そのなかで、公

的介護制度の整備とともに、介護の民営化傾向も見られる。これは1990年代以降中国の介護の大きな特徴だと思われる。以下、介護の民営化傾向について詳しく見てみよう。

1 集団組織による介護費用負担

現在、中国の福祉施設の費用は一部の利用者負担を除けば、主に国家支出と集団支出で賄われている。つまり、公的介護の役割を持っている福祉施設でもますます3者負担あるいは利用者負担が強調されているのである。この点は社会保障制度全般の改革の傾向と一致している。

表7-5をみると、「三無」対象者の施設外扶養費用、都市農村各種福祉施設費用の2項目即ち、国家財政から公的介護サービス、施設に投入する費用は、年々増加している。1990年に3.08億元であった、福祉施設が使う費用への国家財政からの支出額は、1999年には13.00億元に、この10年間で4倍に増加している。1999年の国家財政の福祉施設費用への支出は1993年の3.22倍となっている。それに対して、集団組織(住民・村民委員会、企業・事業組織)による出資も増えている。集団組織からの出資は1990年、2.95億元であったが、1999年には9.37億元に増えている。1999年における集団組織による福祉施設費用の支出は1990年の3.18倍である。また1990年から1998年までのデータを見れば、この期間、集団組織による出資の増加が一番大きいことがわかる。集団組織による介護サービスの提供が進められつつあるのである。

2 施設外介護への集団組織による出資

表7-5に示したように、福祉施設以外で扶養されている「三無」対象者に対する国の財政支出は少ない。1995年、国家財政からの支出金額は2.23億元であって、集団組織からの支出金額は13.78億元で、後者は前者の6.45倍である。1999年になると、国家財政からの支出金額は1.61億元であって、集団組織からの支出金額は17.96億元で、後者は前者の11.16倍となっている。施設外の介護は、むしろ集団組織からの出資によって賄われているといってよいほ

表7-5 社会福祉救済費の推移

(億元)

項目\年	1990	1993	1995	1997	1998	1999
総額	42.68	57.26	79.73	107.75	118.01	140.80
国家支出	20.25	26.75	37.53	46.17	49.66	80.25
集団支出	22.43	30.51	42.20	61.58	68.35	60.54
優撫対象補助金額	24.27	30.17	43.54	61.54	68.01	81.68
国家支出	14.12	17.02	24.10	29.37	32.37	51.14
集団支出	10.16	13.16	19.44	32.17	35.64	30.54
生活困難家庭救済費	3.87	5.32	5.62	7.51	8.81	16.48
国家支出	1.86	2.16	2.69	3.61	4.11	13.81
集団支出	2.01	3.16	2.93	3.90	4.71	2.67
施設外で扶養される「三無」対象者の扶養費	8.51	11.06	16.01	19.70	20.93	19.57
国家支出	1.19	1.63	2.23	2.65	2.87	1.61
集団支出	7.32	9.43	13.78	17.04	18.06	17.96
都市農村の各種福祉施設費用	6.02	10.71	14.56	19.00	20.25	23.06
光栄院	0.62	0.99	1.17	1.71	1.63	1.95
国家支出	0.59	0.93	1.09	1.60	1.52	1.82
集団支出	0.03	0.05	0.08	0.11	0.10	0.13
都市農村福祉施設費用	5.40	9.72	13.39	17.30	18.62	21.11
国家支出	2.49	5.00	7.43	8.94	8.78	11.87
集団支出	2.92	4.72	5.96	8.35	9.84	9.24

出所:中国国家統計局編『中国統計年鑑』中国国家統計出版社1996年版725頁、2000年版763頁。

どである。これは、90年代に入り介護サービスの民営化が進んでいることを示すものであるといってよい。

3 社区サービスの役割

前述したように、中国では1990年代に入って、社区が高齢者介護の重要な

担い手として浮上してきた。1996年の「中国高齢者権益保障法」には、社区を通じて高齢者の需要に合った生活のサービスを提供することが明記された。

さらに、民政部は2001年6月8日に「社区高齢者福利サービス星光計画」を発表した。「星光計画」とは、3年間の福祉宝くじによって調達された福祉資金の約80％（約40－50億人民元）を都市部社区高齢者福祉施設・活動場所と農村部の郷鎮敬老院の建設に使うという計画である。その投資総額は、地方政府と社会組織からの支援を含めて100億元以上になると見込まれている。

今現在、この計画に基づいて各地の社区サービスの充実が着実に進められている。都市部ではここ数年来、社区サービスの中で高齢者介護に関わるサービスが「社区扶助」として実施されてきたが、具体的には①「1対1」援助サービス、②「緊急ベル」サービス、③「市民の援助を求める電話注文サービス」、④電子呼び出しシステムサービスが挙げられる。①は、社区内におけるボランティアやボランティア家族組織が1人暮らしの高齢者、自立できない高齢者に対し、1対1で家事の手伝いなどをするシステムである。その②は、同じ建物に住んでいる各家庭にベルをつけ、緊急の場合高齢者がベルを押して、隣人に助けを求めるサービスである。その③は、社区内における高齢者が電話で様々なサービスを注文することができるサービスである。最近では、パソコンを使った、ネットワークサービスシステムまで登場してきた。その④は、高齢者の家に、社区サービスセンターやその他関係組織と繋がる電子呼び出し装置をつけて、異なる呼び出し音によって、援助需要、医療需要、警報を知らせるサービスである。

4 社区サービスとしての高齢者介護

「中国老齢事業発展15年計画綱要（2001－2015年）」によると、社区の高齢者サービスには下記の8つの内容が含まれる。

(1) 社区それぞれに特色のある、機能の完備した高齢者サービス施設の建設を促進する。施設には社区の介護院、託老所、社区保健所、高齢者学校、高齢者活動ステーション（室）、高齢者トレーニング広場などが含まれる。

(2) 高齢者サービスシステムと専門チームをつくり、それを完備する。また法律に基づいて、それぞれ特色のある社区高齢者組織をつくり、それを管理する。
(3) 社区内にある高齢者サービスの資源を活用し、高齢者サービス項目の充実とサービスの質の向上を図り、高齢者のいる家庭に全面的、多層的なサービスを提供する。
(4) 社区の特色のある高齢者娯楽とスポーツ活動を組織すると同時に、多くの高齢者を社区内の各種活動に参加させ、高齢者の精神文化生活を豊かにする。
(5) 高齢者の教育活動を行い、高齢者大学、社区内の発表会などへの参加を通じて、高齢者の教養を向上させる。
(6) 住民の力を合わせて、生活困難な高齢者への援助活動を行う。
(7) 社区内の高齢者、特に各種の専門的知識・技能をもっている高齢者を、社区の種々なる活動に参加させ、社区サービス、社区治安、社区衛生、青少年教育等の面で活躍してもらう。
(8) 高齢者の法律的権利を守り、高齢者への差別、虐待、遺棄などと戦い、社区内の敬老精神の形成を促進する。

第五節　21世紀初頭の公的介護の諸問題

　今、中国の公的介護サービスは、社会化・地域化・社区化の方向へ改革が行われており、その特徴は民営化にある。この民営化されつつある高齢者介護は本来の役割を十分に果たせるのであろうか。現在進行中の改革にみられる問題は主に下記の4つである。

1　経済収益の追求と介護保障との矛盾

　高齢者介護サービスの民営化により、従来の公的介護サービスの問題点はある程度解決できたが、新しい問題も出てきた。それはまず経済利益の追求と介

護の保障の矛盾という問題として現れている。介護サービスへの政府支出が削減される反面、民間企業による参入が増加した。民間の投資家は急速な核家族化から中国の介護市場が今後20-40年に急成長すると予測し、次々と施設を建てて、入居者を募集している。しかし、民間介護施設は経済パフォーマンスを追求するために、実際の介護需要との間に大きいズレが生じる。現在、高齢化の進展に伴って介護が必要な高齢者は増えているが、彼らの多くは民間投資家が期待しているような高所得者ではなく、高齢者マンションなどの高級介護施設に入所できないのである。

また前述したように、政府は公的介護施設の質を向上させるために、評価基準をつくったが、公的介護施設入所者の生活自立能力の不足、施設設備と条件の不備から、公的介護施設の質の向上は殆ど空文化している。中国青年政治学院と香港城市大学が共同で実施した、北京市の高齢者介護施設に対する調査(公的介護施設と私的介護施設の利用者それぞれ140人を対象)[11]は、上述のような問題点を浮き彫りにしているのである。

(1) 著しく低下する公的介護施設入所者の生活自立能力

表7-6が示すように、公的介護施設の入所者も私的介護施設の入所者も入所後に、健康状態と自立能力が入所前より低下しているように見受けられる。なかでも公的介護施設入所者の低下速度は私的介護施設入所者の低下速度より著しく速いことが分かる。公的介護施設の場合、健康状態が非常に良い者は入所前に23人いたが、入所してから3年も経たないうちにその人数は12人に減った。一方、私的介護施設の場合、健康状態の非常に良い者は27人から23人に減るにとどまっている。健康状態が良くない者は、公的介護施設の場合、入所前に37人であったが、入所後の3年間に47人に増えた。それに対して、私的介護施設の場合、入所前の31人から入所後の22人まで減っている。生活自立能力を見ると、自立できる高齢者は公的介護施設の場合、入所前の71人

---

11) 江罡 (2000年)、22-25頁。

表7－6　高齢者入所前後の健康状況の比較

類型	項目	健康状況（人）				自立能力（人）			
		非常に良い	良い	普通	良くない	自立できる	一部分自立出来る	基本的自立できない	完全に自立できない
公的施設	前	23	42	37	37	71	32	28	9
入所	後	12	40	38	47	49	36	32	20
私的施設	前	27	34	48	31	77	41	12	10
入所	後	23	37	58	22	59	50	17	12

出所：江罠『北京280名養老院入所者に対する調査と分析』
　　　中国老齢問題研究センター　2000年　第8期　22－25頁。

から、入所後の49人まで減ってきたが、私的介護施設の場合、入所前の77人から、入所後の59人にまで減った。自立できない者は、公的介護施設の場合、入所前の9人から22人に増えたが、私的介護施設の場合、入所前の10人から12人と2人しか増えなかった。これらを見れば、公的介護施設における介護の質が問題であるということが分かる。これはまた、次の問題にも関わっている。

（2）施設設備と条件の不備

　施設入所高齢者の健康状態と生活自立能力の低下は、北京の介護施設の設備と条件の不備を示している。現在、北京の一部の介護施設には専門の医務人員が配置されていない、あるいは専門の医務人員が配置されていても、高齢者の健康維持には余り役に立っていないのである。
　調査によると、北京の多くの介護施設は共同トイレしか設置されていない。一部の高齢者は長い通路を歩いてトイレにいくしかないので、特に寒い冬には風邪を引いたり、滑って転んだりする高齢者が多い。
　こうした介護施設の設備と条件の悪さは、各級政府からの資金援助の不足の結果でもある。施設の民営化と介護の質の保障は現在の中国では両立しがたい

ことである。

2 公的介護の性格の変化

　1990年代、中国社会福祉制度の改革に伴って、公的介護は閉鎖的な施設サービスから開放的なものへ転換し、またその性格も民間の参入によって、公私をミックスしたものになった。このような転換は政府の政策方針に符合するもので、今後も社区介護サービスは中国社会保障体系の重要な一部として発展すると予測される。しかし、その多くが民間によって提供される社区介護サービスは、まだ明確には法律上位置づけられておらず、実際の運営方法も様々であるため、統一的に管理することは非常に困難である。

　この問題はもちろん中国の社会保障制度全般の改革と結び付いている。社会保障制度体系の改革は今の段階では他の国の方法を参考にし、それらをミックスしたものに見える。例えば、養老保険の場合は、賦課方式年金保険と積み立て方式の年金保険をミックスした。医療保険も賦課方式医療保険と積み立て方式の医療保険をミックスしたものである。この養老保険と医療保険も個人口座の導入により、管理上と資金上の問題が出てきている。それも個人口座を法律の上できちんと位置づけていないからである。同じように、公的介護の分野においても法律上の位置づけを明確にすることが問題になっている。

3 施設責任の明確化

　中国の介護サービス、特に施設介護サービスは1990年代以降社会化、民営化などの改革によって大きく変貌した。それに伴い、介護事故の解決方法や管理部門を明確にすることは緊急の課題となっている。

　例えば、2001年に、ある施設の精神病患者が同施設のお年寄りを殺害した事件が発生し、施設の責任が話題になった。この事件をきっかけに、高齢者介護施設の管理責任を法律によって定めるべきだという意見が主流となったが、1999年12月30日（民政部第19号令）に制定された「社会福祉施設管理の暫定方法」には原則的規定しかなく、今後より具体的で実用性のある社会福祉施

設管理法の制定が必要である。

4 「高齢者権益保障法」の適切履行

1996年に公表された「高齢者権益保障法」は全部で6章50条から構成されているが、その第2章の第3条で、「国と社会は必要な措置を採り、高齢者の社会保障制度を完備させ、高齢者の生活、健康及び社会発展への参与を保障する環境を漸次的に改善し、『老有所養』、『老有所医』、『老有所為』、『老有所学』、『老有所楽』を実現しなければならない」と定めている。この理念を履行するには、介護の量と質の両方を改善しなければならない。すなわち、量的には介護需要の増大にあわせた施設の建設やサービスの拡大が必要であり、質的には介護人員の人数とサービスの質、介護設備と条件の確保が必要である。労働力が豊富な中国では、介護人員の人数は問題ではないが、専門的技能をもった人は多くない。現在の中国においては介護施設の建設とともに専門家の育成と介護サービスの質の向上が強く求められている。

第六節　公的介護サービスの体制づくり

前述したように、中国の公的介護サービスは色々な問題を抱えているものの、社区サービスを中心とした公私ミックス型の介護サービス体制の構築という改革の方向をはっきりと辿りつつある。問題は、如何にしてこのような介護サービス体制をつくるかである。各地域の高齢化状況と経済発展水準が違うので、全国にわたって画一的なモデルをつくることは無理である。したがって、各地域の基層政府が社区サービスを如何に指導、管理するかが決定的な意味をもつ。実際、すでに高齢者問題へ対処するための老齢工作委員会が各地で作られ、この委員会がそれぞれの地域的特色のある公的介護サービスの体制づくりの中心的存在となりつつある。ここでは北京市西城区の老齢工作委員会の例を通じてその動きを確認してみたい[12]。

---

12) 田秀良（2002年）、10-17頁。

西城区老齢工作委員会が実施したサンプル調査は西城区の阜外、月壇、豊盛、新街口、徳外の5つの街道にある8つの居民委員会における、子供と同居しない766人の高齢者から200人（男性が70人、女性が130人）を選んで行われた。調査の結果、高齢者の最も希望する介護方式は在宅介護であることが分かった。在宅介護を選んだ者は155人で、調査対象者の77.5％を占め、圧倒的な第1位であった。敬老院への入所が第2位で、調査対象者の19.5％を占め、高齢者マンションは第3位で、調査対象者の3％を占めるにすぎなかった。在宅介護の選好は、住みなれた所で介護を受けたいという高齢者たちの主観的願望であるともに、他方では、経済的な制約によるものでもあることが調査によって分かった。上の調査結果から、社区介護サービスへの期待が非常に高いこと、また、高齢者の多様なニーズに応えられる多層な公的介護サービス体制の構築が要求されていることがわかる。

　高齢者介護サービス体制の構築について、西城区老齢工作委員会は下記の提案を出した。

①社区高齢者サービスを積極的に推進して、社区高齢者介護サービス体系を構築する。それに合わせて社区高齢者サービス施設の整備を加速させる。例えば、敬老院、日帰り託老所、文化活動室、高齢者食堂、スポーツ室などを作り、専門職と兼職による高齢者サービスチームを組み、社区高齢者サービスの環境を改善し、在宅介護を支援する。

②高齢者介護サービスの新しい理念を樹立し、高齢者の生活の質を高める。単一の高齢者介護サービスのパターンを超えて、生活面の世話、精神面の慰め、心理面の調整、リハビリ等を一体化した高齢者介護サービスの理念をうち立てる。

③様々な形式の敬老助け合い活動を行う。例えば、若年高齢者による老年高齢者の世話、健康な高齢者による病弱な高齢者の世話、ボランティアと要介護・要世話高齢者の1対1サービス、緊急ベル、定期的なお見舞いなどが挙げられる。要するに、子供が近所に居ない高齢者の生活を様々な側面からサポートし、高齢者の事故の発生を防止しようとするものである。

④社会的資源を動員して、高齢者援助サービスを行う。例えば、商業、サービス業、医療衛生などの部門はその業界の特色を生かして、入居サービスを行う。
⑤テクノロジーを利用して、高齢者援助サービスを行う。例えば、呼び出しネットワークシステムを作り、高齢者にすばやく、便利な家政サービス、医療サービス、治安警備サービスなどを提供する。
⑥都市改造、住宅区の開発と住宅の設計などにおいて、高齢者の需要を配慮する。マンションを分譲するときは、老親が近くに住んでいる子供への分譲に便宜を図る。

社区サービスを重視すると同時に、地域の状況によって、公的施設介護も一層発展させるべきである。高齢者の物質的生活と同時に精神面でのケアを重視し、市レベルの福祉院（敬老院）に相談員を設けた大連市のやり方はこの点において示唆的である。

要するに、社区サービスにしても公的施設介護にしても、中国の実情に相応した、コストのかからない、要介護者の需要を満たすことができる効率的な公的介護サービス体制を作る事が今後の課題である。

おわりに

以上、中国の公的介護制度について考察した。目覚しい経済発展と高齢化、核家族化、工業化に伴い、高齢者介護は介護問題の中で最も重要な問題となっている。従来の家庭介護にはもはや頼れなくなり、公的介護へのニーズは益々高まっている。どのような公的介護制度を構築すべきか。1980年代以来の市場経済化の中で、公的介護サービスは従来の税方式による施設介護から社区型サービスに重心を移しつつあり、この傾向は今後も続くだろう。

参考文献

〔中国語〕

別旭道（1991年）、「鍾祥県農村養老社会保障的初歩探索」『老齢問題研究』No.131、中国老齢科学研究中心。
江罠（2000年）、『対北京280名養老院入所者的調査及分析』中国老齢問題研究中心。
史探径編（2000年）、『社会保障法研究』法律出版社。
孫光徳・董克用編（2000年）、『社会保障概論』中国人民大学出版社。
田秀良（2002年）、「関注"空巣老人"生活状況 構築"空巣老人"関照体系」『老齢問題研究』中国老齢科学研究中心。
夏積智・党暁捷（1991年）、『中国的再就業及失業』中国労働出版社。
楊燕綏編（2000年）、『社会保険法』中国人民大学出版社。
鄭功成（2000年）、『社会保障学』商務印書館。

〔中国語雑誌〕

『老齢問題研究月刊』中国老齢科学研究中心、各年各号。
『社会保障制度月刊』中国人民大学書報資料中心、各年各号。

索 引

■あ
安全生産……………………………………………… 167,184,186

■い
威海市………………………………………… 70,88,93,95,96,103
以工代賑……………………………………………… 12,187,257
一時帰休者………………………………………… 264,266,269,275
医療機構………………………………… 74,81,82,83,84,91,94,99
医療救護………………………………………………… 153,163
医療供給………………………………………………… 79,81,100
医療保険………………………………………………… 10,18,70
医療補助金……………………………………………………… 239

■お
恩給優遇………………………………………………………… 275

■か
解雇制………………………………………………… 191,192,217
海南モデル………………………………………………… 89,90
核家族化現象……………………………………………………… 295
下崗職工…… 203,219,236,237,238,240,241,242,243,244,245,246,247,248,249,
　　　250,251,263,266
過剰検査……………………………………………………… 83,95,99
過剰処方……………………………………………………… 83,95,99
家族介護の担い手………………………………………… 295,296,297
家庭介護……………………………………… 301,304,312,314,326
家庭養老………………………………………………………… 145,149
空口座……………………………………………………… 141,143,144
管理費用………………………………………………………… 235,237

■き
企業間調整……………………………………………………… 156
企業内福祉……………………………………………………… 295,298
企業破産法……………………………………………… 190,192,201,203
企業保険…… 112,113,116,120,127,142,156,158,159,160,163,166,175,179,180
企業保障（単位保障）………………………… 74,84,85,90,92,181,262
基本養老保険………………………………… 18,126,135,136,137,138,143
基本生活保障制度……………………………………… 240,241,245
義務教育費……………………………………………………… 270
救貧制度……………………………………… 4,5,6,8,9,256,263,265,279
供款基準制……………………………………………………… 143
業種別料率……………………………………………………… 170
強制加入………………………………………………………… 161,179
勤続年数………………………… 106,107,109,110,111,193,205,206,207,221
■く
軍人優撫制度………………………………………………… 288,291,305
■け
経済体制改革……… 66,86,104,116,119,126,127,160,161,164,190,203,216,273
契約制労働者………………………………………………… 111,130,197
敬老院………… 263,292,299,300,302,303,307,308,309,313,314,319,325,326
■こ
光栄院………………………………………… 291,299,300,306,307,318
高額医療費の社会化（「大病統籌」）……………………………… 84
公助……………………………………………………………… 96
郷鎮企業………………………… 86,98,120,145,146,147,148,149,169,202,282,297
公的介護……………… 287,288,289,290,292,295,301,306,309,322,325,326
公的扶助制度………… 4,5,6,20,21,22,255,256,259,261,263,265,274,278,285
公費医療（制度）…………………… 11,70,72,73,75,76,79,81,84,92,93,98,277
公募制………………………………………………………… 190,191,192

高齢者権益保障法··· 319,324
国有企業改革···· 19,20,22,59,63,65,76,86,91,99,100,102,103,119,129,162,163,
　　　　　　216,234,235,240,241,244,245,246,250,251,264
孤児·································· 12,174,258,261,265,266,289,292,307,309
個人口座······ 17,18,19,21,85,87,90,91,92,95,96,100,126,131,132,133,134,135,
　　　　　　137,138,139,140,141,142,143,144,148,323
固定工制度·· 16,191
五保戸·· 261,263,264,285,302,303,308,313
雇用体制··· 244
■さ
再就業工程·· 209,211
再就職訓練費··· 193,207
再就職センター······· 236,237,238,240,241,242,243,244,245,246,247,248,249,
　　　　　　250,251
財政補助金··· 233
最低生活水準··· 223,255,258,285
最低生活保障ライン··· 256,266,282,283
最低賃金······································· 212,221,223,225,269,275
三三制·· 236,241,245,248
3者負担··· 92,102
三重構造·· 76
3段階式··· 90,95
三無················ 12,261,262,266,269,276,291,294,300,307,311,317,318
■し
自助································· 63,96,98,259,279,280,291,302
施設介護·· 291,292,304,316,323,326
自然災害·· 12,14,123,256,257,258,259
失学児童··· 281
失業救済······· 62,187,199,200,207,208,209,210,212,213,222,223,225,269,278

失業救済費……………………………………………199,212
失業給付受給者………………………227,236,237,238,239,241,247
失業保険……………………19,187,215,220,226,235,245,250
死亡葬祭補助金………………………………………193,204,221
社会救助……………………………………………62,263,265,275
社会主義市場経済…45,59,66,85,92,99,120,132,136,160,164,201,203,215,217
社会性養老金…………………………………………………131,134
社会プール基金………17,18,87,88,90,91,92,94,95,96,98,100,102,127,137,138,141,144
社会福祉……………288,291,292,293,301,302,304,307,308,309,313,314,316,318,323
社会保障………………………………………………………2,16
社区サービス……………62,63,289,304,314,315,316,317,318,319,320,324,326
重工業優先発展戦略………………………………………70,77,78,79
終身雇用………………14,58,78,114,128,129,163,191,192,194,218
集団所有制企業…………………………………………………111,197
受益基準制……………………………………………………129,143
受益者負担制…………………………………………………299,300
朱鎔基………………………………………………1,17,24,91,234,269
傷害……………128,153,154,155,163,166,170,171,183,290,298,305,306
障害程度の認定………………………………………………157,164,171
障害等級………………………………………………164,172,173,306
障害補償金………………………………………………………159
傷亡裏恤………………………………………………………290
職業訓練センター………………………………………………198
職業訓練補助金………………………………………………239,251
職業紹介……………189,197,198,207,208,209,210,211,221,222,239,251
職業傷害保険制度……………………………………………288,290
職業紹介補助金………………………………………………239,251

職業病……………19,155,156,157,158,159,163,165,168,170,171,184,185,290
職業リハビリ……………………………………………………153,171,306
身障者保護制度……………………………………………………………291
深圳モデル……………………………………………………………………89
人民公社………………………12,74,75,78,79,80,145,190,261,263,292
■す
スライド制……………………………………………164,165,167,175
■せ
生産請負(責任)制……………………………………………………145,240
生産援助費……………………………………193,199,204,207,208,221
生産自救費…………………………………………………………………197
生産隊………………………………………………………………190,263
生産リンク請負制………………………………………79,80,82,98,100
世界銀行（World Bank）……………………69,75,80,100,104,117,135,142,151
絶対貧困……………………………………………………………………271
全国総工会……………11,71,73,108,156,157,159,165,219,267,289,293,304
漸進主義…………………………………………………………98,99,102,103
■そ
葬祭費………………………………………………………………239,298
総枠予算制……………………………………………………………………94
■た
退休制度………………………………………………………………105,113
待業保険制度……………………19,20,187,190,192,197,199,200,203,209,211
待業保険積立金………………………………189,193,194,197,198,199,200,206
待業保険料……………………………………193,199,204,205,206,221
退職一時金…………………………………………………………108,110
体制移行………………………………………69,70,77,97,98,99,100,101,102,103
■ち
地域社会福祉サービス………………………………………………………275

中途退職……………………………………………………… 109,111,192
徴収原則……………………………………………………… 175
直系親族扶養金……………………………………………… 193
鎮江市………………………………………… 70,87,93,94,95,96,104
積立方式……………………………………………… 100,125,134,140

■て
定年退職者……… 109,111,113,118,119,125,126,128,129,133,138,140,141,142,
　　　　143,144,193,204,266,267,269,290
定年退職年金………………………………………………… 105,109,298
定年年齢……………………………………………………… 107,108
天津・青島モデル…………………………………………… 89,90

■と
統収統支…… 28,29,30,31,32,33,34,35,36,37,38,39,40,41,42,43,45,46,47,48,51,
　　　　52,53,55,58,59,61,63,64,66,127
統帳結合……………………………………………………… 132
登録済失業者………………………………………………… 240,241,245,246
都市部従業員基本医療保険制度（基本医療保険）………… 17,18,70,87,91
都市部従業員基本医療保険制度の整備に関する国務院の決定………… 70

■な
南巡講話……………………………………………………… 20,85,201,215

■に
二重構造……………………………………………………… 29,39,121,122

■ね
年金の管理運営機関………………………………………… 108

■の
農家請負制…………………………………………………… 190
農業合作社…………………………………………………… 261,292
農村合作医療………………………………… 12,70,74,75,76,78,79,80,82,98,100
農村社会養老保険…………………………………………… 146,147,148,149

納付性養老金‥‥‥‥‥‥‥‥‥‥‥‥‥‥‥‥‥‥‥‥‥‥‥‥‥ 131,134
■ひ
非国有セクター‥‥‥‥‥‥‥‥‥‥‥‥‥‥ 86,92,93,96,101,102,119
非農業戸籍‥‥‥‥‥‥‥‥‥‥‥‥‥‥‥‥‥‥‥‥ 189,267,269
一人っ子政策‥‥‥‥‥‥‥‥‥‥‥‥‥‥‥‥‥‥‥‥‥‥ 123
標準報酬月額‥‥‥‥‥‥‥‥‥‥‥‥‥‥‥‥ 107,110,111,129
標準賃金‥‥‥‥‥‥‥‥‥ 109,123,130,131,193,199,204,205,206,207,229
■ふ
賦課方式‥‥‥‥‥‥‥‥‥‥ 11,15,115,125,126,128,134,139,140,143,323
福祉施設‥‥‥290,291,294,299,300,301,304,306,307,308,309,314,317,318,319, 323
負担の不均衡‥‥‥‥‥‥‥‥‥‥‥‥‥‥‥‥‥‥‥‥ 113,156,182
普遍主義‥‥‥‥‥‥‥‥‥‥‥‥‥‥‥‥‥‥‥‥‥‥‥ 6,75,76
文化大革命‥‥‥‥‥‥ 2,36,73,75,76,112,113,114,156,157,188,262,294,295,299
■ほ
法定職業病‥‥‥‥‥‥‥‥‥‥‥‥‥‥‥‥‥‥ 155,159,171,184
法定扶養者‥‥‥‥‥‥‥‥‥‥‥‥‥‥‥‥‥‥‥‥ 262,269,270
保険待遇‥‥‥‥‥‥‥‥‥‥‥‥ 107,111,112,121,155,156,175,290
保険料納付比例型‥‥‥‥‥‥‥‥‥‥‥‥‥‥‥‥‥‥‥‥‥ 143
保険料未納‥‥‥‥‥‥‥‥‥‥‥‥‥‥‥‥‥‥‥‥‥‥‥ 233
■ま
末端地域組織‥‥‥‥‥‥‥‥‥‥‥‥‥‥‥‥‥‥‥‥‥‥ 307
■み
民営化‥‥‥‥‥‥‥‥‥‥‥‥‥‥ 98,99,304,317,318,320,322,323
■め
名義口座‥‥‥‥‥‥‥‥‥‥‥‥‥‥‥‥‥‥‥‥‥‥‥ 141
メリット制‥‥‥‥‥‥‥‥‥‥‥‥‥‥‥‥‥‥‥‥‥‥‥ 177
■よ
養老院‥‥‥‥‥‥‥‥‥‥‥ 289,291,293,294,307,311,312,316,322,327

■り

両江モデル……………………………………… 69,87,89,90,91,92,93,99
療養院………………………………… 288,291,298,299,306,307,308,309
離職休養制度…………………………………………………………… 113
臨時工………………………………………………………………… 167,191

■ろ

労災事故…… 157,158,159,162,163,167,168,171,174,175,177,179,180,181,184,185
労災賠償基準…………………………………………………………… 154
労災保険制度改革………………… 160,164,165,167,168,179,180,186,305
労災保険料率制………………………………………………………… 177
労災手当て………………………………………………………… 171,172
労災リスク………………………………………………………… 153,177
労働鑑定機構…………………………………………………………… 164
労働契約制……………………………… 111,130,190,191,192,202,217,218
労働就業サービス企業………………………………… 198,207,209,210
労働服務公司…………………………………………… 189,194,200
労働法………………………………………………… 19,71,166,168,275
労働保険…… 2,10,11,13,15,17,19,23,24,71,72,73,74,75,76,78,81,84,85,87,98,
105,106,107,108,109,110,111,112,115,118,127,153,154,155,
156,157,158,159,164,167,277,288,289,290,291,294,298,307
労働保険条例……… 10,71,72,105,106,107,108,110,111,115,153,154,155,158,
159,167,288,289,290,291,298,307
労働保険制度……………… 2,10,11,13,15,17,19,23,24,71,106,112,127,277,294

編著者略歴

田多英範（ただひでのり　序章）
現　在　流通経済大学経済学部教授
1942 年　中国山西省生まれ
1976 年　東京教育大学大学院博士課程修了　博士（経済学）
主要著書　現代日本経済研究会編『日本経済の現状』（学文社、1978〜99 年、共著）
　　　　　『日本社会保障の歴史』（学文社、1991 年、横山和彦と共編著）
　　　　　『現代日本社会保障論』（光生館、1994 年）

朱 思 琳（Zhu Silin　しゅしりん　第 1 章）
現　在　流通経済大学経済学部助教授
1956 年　上海生まれ
1983 年　上海外国語大学日本語学部卒業
1997 年　横浜国立大学大学院経済学研究科博士課程修了　博士（学術）

李 蓮 花（Li Lianhua　りれんか　第 2 章）
現　在　早稲田大学アジア太平洋研究センター助手
1975 年　中国黒竜江省生まれ
1998 年　中国北京大学経済学院卒業
2001 年　早稲田大学大学院アジア太平洋研究科博士後期課程

陳　　紅（Chen Hong　ちんこう　第 3 章）
現　在　首都経済貿易大学（北京経済学院と北京財貿学院との合併により改称）労働経済学院助教授
1961 年　中国北京生まれ

1984 年　北京経済学院労働経済学部卒業
2002 年　流通経済大学大学院経済学研究科博士後期課程在学中

郭　暁　宏　（Guo Xiaohong　かくぎょうこう　第 4 章）
現　在　　首都経済貿易大学安全工程学部助教授
1960 年　北京生まれ
1984 年　北京経済学院安全工程学部卒業
2000 年　流通経済大学大学院経済学研究科修了
2003 年　流通経済大学経済学部へ霞山会の派遣研究員として留学中

呂　学　静　（Lü Xuejing　ろがくせい　第 5 章 1－3 節、第 6 章）
現　在　　首都経済貿易大学労働経済学院教授
1958 年　北京生まれ
1983 年　北京経済学院労働経済学部卒業
1999 年　流通経済大学大学院博士後期課程修了　博士（経済学）

于　　　洋　（Yu Yang　うよう　第 5 章 4 節）
現　在　　早稲田大学経済学研究科客員研究助手
1971 年　北京生まれ
1993 年　中国北京外交学院中退
1999 年　早稲田大学政治経済学部卒業
2001 年　早稲田大学大学院経済学研究科博士後期課程

張　京　萍　（Zhang Jingping　ちょうきょうへい　第 7 章）
現　在　　首都経済貿易大学法律学部助教授
1962 年　北京生まれ
1984 年　北京経済学院工業経済学部卒業
1998 年　流通経済大学大学院博士後期課程修了　博士（経済学）

現代中国の社会保障制度

発行日	2004年2月10日　初版発行
	2007年4月3日　第2刷発行
編者	田多英範
発行者	佐伯弘治
発行所	流通経済大学出版会
	〒301-8555　茨城県龍ケ崎市120
	電話　0297-64-0001　FAX　0297-64-0011

©Ryutsu Keizai University Press 2004　Printed in Japan/ アベル社
ISBN4-947553-30-8 C3036 ¥3000E